21世纪经济金融类高等职业教育实用教材

财经应用文写作

（第二版）

沈培玉　主　编

ZHEJIANG UNIVERSITY PRESS
浙江大学出版社

图书在版编目（CIP）数据

财经应用文写作 / 沈培玉主编. —杭州：浙江大学出版社，2003.12（2019.2 重印）

21 世纪经济金融类高等职业教育实用教材

ISBN 978-7-308-03457-9

Ⅰ.财… Ⅱ.沈… Ⅲ.经济－应用文－写作－高等学校：技术学校－教材 Ⅳ.H152.3

中国版本图书馆 CIP 数据核字（2003）第 081580 号

财经应用文写作（第二版）

沈培玉　主编

丛书策划	周庆元	
责任编辑	董凌芳	
出版发行	浙江大学出版社	
	（杭州市天目山路 148 号　邮政编码 310007）	
	（网址：http://www.zjupress.com）	
排　　版	杭州中大图文设计有限公司	
印　　刷	嘉兴华源印刷厂	
开　　本	787mm×960mm　1/16	
印　　张	22.5	
字　　数	392 千	
版 印 次	2013 年 8 月第 2 版　2019 年 2 月第 11 次印刷	
书　　号	ISBN 978-7-308-03457-9	
定　　价	56.00 元	

浙江大学出版社市场运营中心联系方式：0571-88925591；http://zjdxcbs.tmall.com

21世纪经济金融类
高等职业教育实用教材编委会

学术顾问：江其务　龚方乐

　　　　　张忠继　郑子耿

主　　编：周建松

副 主 编：吴　胜　王　琦

编　　委：（以姓氏笔画为序）

方　华　王　华　王　琦　王　静

孔德兰　朱　明　吴　胜　刘俊剑

陈利荣　张劲松　沈培玉　何惠珍

周建松　杨智勇　姜　进　章安平

龚宏富　章金萍　盖晓芬　楼裕胜

潘上永

总　序

　　21 世纪是我国全面建设小康社会的新时期。在这新的发展阶段,教育作为发展科学技术和培养人才的基础,在现代化建设中具有先导性和全面性作用,处于优先发展的战略地位。新的世纪、新的目标,我们的教育事业面临着更艰巨的任务:提高全民族的素质,造就数以亿计的高素质劳动者,数以千万计的专门人才和一大批拔尖创新人才。

　　职业教育是我国教育体系的重要组成部分,是国民经济和社会发展的重要基础,推进职业教育的改革与发展是实施科教兴国战略,促进经济和社会可持续发展,提高国际竞争力的重要途径;是调整经济结构,提高劳动者素质,加快人力资源开发的必然要求,是拓宽就业渠道、促进劳动就业和再就业的重要举措。源于上世纪末兴起与发展的我国高等职业教育,既是我国高等教育大众化进程的产物,更是职业教育层次上移的必然要求。随着我国高等职业教育从无到有,从试点到大规模发展,高等职业教育的办学理念与培养目标定位已日渐清晰;作为一种新的教育类型,其人才培养的特色已越来越被社会所认可与接受。

　　高等职业教育的特色在于实践性与应用性。这是传统的普通高等教育所缺乏的,也是学校教育在面向社会过程中最难突破的,但这恰恰是高等职业教育的生命力所在。也许从高等职业教育在我国兴起的那一刻起,高职教育的决策者、高职院校的管理者与从教者,就注定被赋予了教育改革的重任;高等职业教育的每一次探索,每一次创新,必定是一个改革的过程。

　　从教育理念到专业人才培养模式,从专业定位到课程建设,浙江金融职业学院作为一所经济金融类高职院校,一直在努力探索高职教育的办学特色,致力于构建突出实践性与应用性的办学模式。在立足大金融,面向大市场,依托行业,面向基层的办学过程中,我们始终把上岗就业能力作为人才培养的直接目标,把产学研一体化作为实现实践性与应用性这一特色的重要手段,把教学与实践的零距离、教师与学生的零间隙、毕业与上岗的零过渡作为教育质量的评价标准。

　　教材建设是高职院校教学基本建设的重要环节,拥有一套能满足高职教育特点的特色化教材,是许多高职院校在开展教学改革与创新时所急切希望解决的问题。由高等职业教育的办学特色所决定,适合于高职教育的教材也应当具有鲜明的实践性与应用性。我们在近几年的高职教育实践中,积累了一些符合高职教育规律的有益的教学经验,较深入地开展了课程教学改革,并把这些经验与教改成果应用于教材建设,在此基础上,我们编撰与出版了"21世纪经济金融类高等职业教育实用教材"丛书,整套丛书共计20种教材,具体包括:《现代货币银行学》、《证券投资理论与实务》、《期货市场导论》、《基础会计》、《保险概论》、《网络金融》、《商业银行业务与管理》、《现代商业银行客户经理》、《经济法律概论》、《财经应用文写作》、《统计原理与实务》、《现代投资学》、《财务会计实务》、《成本会计实务》、《财务管理实务》、《银行会计实务》、《国际金融理论与实务》、《保险中介理论与实务》、《金融公关礼仪》和《财经职业道德》。

　　编撰特色化的高职教材,是一项艰难的工作。对于高职教育教学中的一些难点问题,如理论以必需、够用为度,知识点、能力点及岗位针对性的把握,理论教学模块与实践教学模块的处理,实际业务部门专业人士参与教学与教材编写,适用课程的主修与辅修在教材内容上的取舍等等,我们尽其所能作了较为妥善的处理,但这些问题本身还在探索之中,不完善的方面在所难免。我们真诚希望与高等职业教育的各位同仁一道,在不断改革中探索高职特色化教材建设及高职教育特色化办学的新路子。

　　在本系列教材的编撰与出版过程中,得到了浙江省金融系统有关部门的大力支持,得到了浙江大学出版社的大力支持,在此我们表示衷心的感谢。

浙江金融职业学院

《21世纪经济金融类高等职业教育实用教材》编委会

2003 年 1 月

目　　录

第三篇　法规与规章文书写作

第四篇　事务文书写作

第五篇　专用文书写作

第六篇　交际文书写作

概　　论

一、应用文的概念和分类

（一）应用文的概念

应用文是指具有实际应用价值的文章，是党政机关、企事业单位、社会团体、人民群众在日常工作、生产和生活中交流思想、反映情况、传递信息、经济往来及处理各种事务时经常使用的，有一定惯用体式的文体的总称。

经济应用文是应用文的一个重要分支，其内容以经济活动为主，是反映经济情况，处理经济事务，研究解决经济问题的一种具有特定格式的专业应用文体。

随着我国社会主义市场经济体制的不断完善和改革开放的深入发展，党政机关、企事业团体及人与人之间相互联系的广度和深度日益增大。作为必备工具的经济应用文已经成为人们从事经济、行政、法律、公共关系等大量实务工作的基本手段。无论是国际交往、国家机关，还是新闻媒体、企事业单位都离不开处理行政和业务的各种文书。上令下达要用命令、通知、批复，下情上达要用请示、报告；年初要造计划，年终要作总结；经济往来要签订合同；打官司要呈递法律文书；科研过程和成果要写出科研报告；大专院校的学生最后要以毕业论文的形式来完成自己的学业……一个现代经济工作者，不仅要具有深厚的专业知识，精通业务，而且要具备一定的管理能力，向全方位、一专多能的方向发展，才能使自己成为最为抢手的复合型人才，其中写作能力是必须的智能因素。总之，掌握应用写作的基本理论和基本技能，既是现代社会发展的需要，更是一个文明社会成员所必备的基本素质，它能使我们如虎添翼，在广阔的经济领域里更好地发挥自己的聪明才智。

（二）应用文的分类

由于使用范围的广泛，应用文的种类极多，实际上它包括了很多体式不同的文种，并随着时代的需要不断地发展、变化。人们在从事各种社会经济活动时，交往关系是多层次的、复杂的，根据不同的工作性质和内容要求，从不同的角度可以有不同的分类标准。所以至今对应用文没有一个统一的分类。为了适应教学的需要并考虑到应用文本身的性质、特点、用途和格式,本教材将应用文分为行政公文、法规规章文书、事务文书、专用文书和交际文书五大类,以便教学。

1.行政公文

行政公文是行政机关在行政管理过程中形成的具有法定效力和规范体式的文书,是依法行政和进行公务活动的重要工具。它是党政机关、社会团体、企事业单位在行政管理过程中普遍使用的、通用的公务文书,是使用范围最广、使用频率最高的一种应用文。

根据国务院 2000 年 8 月 24 日发布,2001 年 1 月 1 日起施行的《国家行政机关公文处理办法》规定,我国现行的行政公文种类有 13 种:命令(令)、决定、公告、通告、通知、通报、议案、报告、请示、批复、意见、函、会议纪要。

2.法规规章文书

法规规章文书是指党政机关、社会团体、企事业单位和人民群众,依照法律、法令、政策,对行政管理、生产操作、学习和生活等方面制定出要求大家共同遵守的、带强制性和约束力的各种法规、规章、制度和公约的总称。它包括以国务院名义制定和公布的条例、规定、办法等行政法规;以地方政府和人大制定颁行的地方法规和规章;以政党、社会团体和某个学术、经济组织名义制定的章程,以单位名义制定的规则、守则、制度;以及由群众公议订立的公约等。

3.事务文书

事务文书是指各机关团体、企事业单位及个人在日常工作、生活学习中为交流沟通、处理事务而普遍使用的常用文书,具体包括计划、总结、调查报告、简报、告启类文书、会议记录等。

4.专用文书

专用文书是指在一定的工作部门和业务范围内,为进行业务管理、生产经营、商贸往来而处理经济事务,协调经济活动,传递经济信息时使用的文书,如各种新闻体裁、经济文书、司法文书等。本教材将对常用的消息、评论、广告、经济活动分析、经济预测分析等进行讲述。

5.交际文书

交际文书是指人们在日常的工作、学习和生活中,处理公私事务和人际交往时常用的、具有惯用格式的一类文体,如求职信、推荐书、讲话稿、论辩词、倡议书、海报、请柬与聘书等。

二、应用文的特点和作用

（一）应用文的特点

1.写作目的明确，实用性强

应用文是用来直接处理事务的，写作目的十分明确。如果说记叙文是"以事感人"，议论文是"以理服人"，那么，应用文是"以实告人"。请假要写假条，找工作要写求职信，调查结果要用调查报告的形式上报，新闻要用消息传递，会议要做记录以便日后查考，通报表彰意在鼓励先进、树立榜样，下级机关报送请示是为了得到上级机关的指示和批准——凡此种种，皆意在务实办事，解决实际问题，达到预期的目的。

直接的实用价值，是应用文的基本特征，为此，我们必须在写作活动中采用务实的态度，一切从实际出发，求真务实，着眼于调查研究，讲求实效，以解决工作、学习、生活中的实际问题。

2.政策界限明确，规范性强

应用文是据以办事的，它往往直接体现党和政府的有关方针、政策和本系统、本单位的规章制度，所以在行文时，政策界限要明确。例如，一个下级机关制订工作计划，首先考虑的因素是必须符合国家有关的法律、法规和方针、政策，其次再根据上级下达的工作任务，最后要结合本地区本部门的实际情况，造计划。写其他应用文体也是同一个道理。无论是向上级请示问题，还是给下级批复作答，无论是调查后提出建议，还是通报批评时作出处理意见，都必须遵循有关的方针、政策、制度、规定，不能出偏差，更不允许背道而驰。否则，就会出乱子，犯错误。

另外，写作程式上的规范，是应用文的一个明显特征。各种应用文，在长期的使用过程中，为了清晰醒目，使用方便，逐渐形成了一定的格式和一些习惯用语，在形式上对应用文起制约作用。例如，写消息，消息头、导语是它明显的标志；写总结，基本内容离不了工作情况、成绩和经验、问题和教训、今后努力方向等；对公文，则更是必须按照国务院办公厅规定的统一格式进行拟制、发送和处理，任何单位和个人都不能各行其是。

3.内容真实准确，专业性强

应用文是用来办实事的，所以内容必须真实可靠、准确无误。这是它与一般文艺性创作的根本区别。文学创作可以虚构，可以夸张，而应用文写作却必须一是一，二是二，不仅时间、地点、人物、事情的来龙去脉要真实，连各种数据都必须准确无误，来不得半点虚假。

　　经济应用文写作,既要具备写作理论知识,又要具备专业知识,这是由经济应用文写作的内容决定的。刘勰曾说:"郊祀必洞于礼,戎事必练于兵,田谷先晓于农,断讼务精于律。"同样道理,很难想象,一个不懂业务的人,能写出专业性很强的经济应用文。在经济应用文写作中,经常要对报表或文字材料进行定量、定性分析,从数据和资料中发现问题、反映情况,提出合理的建议。这些,都需要有扎实的专业知识。应用文的这一特点说明,写作知识和专业知识是相辅相成的两个方面。

　　4.语言简明朴实,时效性强

　　应用文的语言根据应用文本身实用性、规范性、专业性和时效性特点,必然呈现为简明而朴实的语体风格。它不要求细腻地传情达意,不作生动形象的描写;而提倡一种朴素、准确、严谨的文风,简明、清晰的结构层次和明朗的观点。当然,简明、朴实不等于没有文采;只是不同的应用文体对文采的要求不一样。例如,公文的语言平实、简明、严肃,常配用一些习惯用语,像"当否,请批示"、"如无不当,请批转有关单位贯彻执行"等;而经济评论,则忌讳用生硬、呆板的语言,力求生动活泼,语锋犀利,以显示其"轻武器"的战斗作用。

　　应用文是针对现实需要来行文的,因此特别讲究时效。只有写得及时,发得及时,才能办得及时。例如,经济预测报告必须在经济决策之前呈上,否则就成了"马后炮";公文要及时发出,急件更要特别注明,否则会误事;新闻一拖就成了"旧闻";广告做到别人后头,生意上就可能遭受损失……

　　随着整个经济运行节奏的加快,情况常常是瞬息万变,及时捕捉和掌握这些信息,才能使它有效地得到利用。所以经济应用文经常要迅速及时地赶写,若拖延耽搁,就会贻误工作,使写作失去意义。

　　(二)应用文的作用

　　在现代社会里,应用文写作既是一个经济工作者必备的技能,更是一个文明社会的成员所必须具有的基本素质,它是人们处理各种公私事务不可缺少的工具。在实际运用中,各种不同文种的应用文的作用各有侧重,不可一概而论。其作用具体体现在以下几个方面。

　　1.指导规范作用

　　市场经济需要有政策、法规对各项工作进行管理;展开经济活动,实现经济意图,也需要施行一系列周密规范的规章、制度,来规范各种经济行为。这些目的,都可以通过制发公文来实现。如:当下属机构收到命令、批复、通知时,就把它作为办事的准则和行为的指南,认真贯彻执行。

2.凭证依据作用

经济应用文的许多文种在经济活动中具有依据和凭证作用。上级部门下达的指令性计划、指导性意见,是下级机关制订工作计划的依据;经济合同,是签约双方开展经济活动的凭证和依据。不少应用文体都是公务、商务活动的真实记录和见证,有一些应用文,如会议纪要,甚至在其现实效用消失后,仍可以作为档案资料,以备后查,具有历史效用。

3.沟通信息作用

经济应用文是联系党政机关、企事业单位、社会团体上下左右之间的桥梁和纽带。随着社会的发展和现代化建设的推进,上下级之间、不相隶属机关之间以及人与人之间的交往日趋频繁,各种协作关系也应运而生;而应用文可以起到通报、交流情况,沟通、协调关系的作用。其中最为明显的如简报、消息、调查报告等。

此外,对个人而言,通过学习应用文写作,还可以开发智力。因为写作是一个复杂的脑力劳动过程,是多种知识、多种能力的综合运用;通过写作的学习和训练,不仅提高了写作能力,也提高了个人的综合素质。

三、应用文写作的学习要求

应用文写作是一件十分严肃的事情,文章质量的优劣,不仅反映了作者本人的思想文化水平和工作能力的高低,而且有时还会影响到整个发文机关的形象,甚至对本系统、本部门的工作效率产生影响,所以不可等闲视之。学习应用文写作,首先要提高作者的素养,然后要注意应用文文面书写的要求。

(一)作者素养要求

1.政策理论修养

应用文的政策性特点要求它的作者必须熟悉党和国家的有关政策、法律、法规,因为任何社会经济活动都离不开法律、法规的指导和约束,有的应用文体本身就具有较强的政策法规性,如一些发布法律法规的命令、通知。要写好经济应用文,还必须加强自身的理论修养,运用辩证唯物主义的基本方法来分析各种经济现象,提高自己洞察问题的能力。在实践中,常常会有这样的现象:同阅一卷书,各自领其奥;同做一题文,各自擅其妙。对同一问题和类似的材料,不同的作者会有不同的理解,甚至陈述的观点也不同。摒除其他原因,从主观上说,主要是分析问题的立场、观点、方法不同,从而导致结论的各异。实践证明;只有具备一定的政治素养,才能站在理论和政策的高度认识和分析问题,写出的经济应用文才能具有一定的深度和指导意义。

2. 知识结构要求

要写好应用文，首先要具备应用文写作理论的知识，才能指导自己的写作实践，这样可以避免盲目性，增强写作的自觉性，从而在较短时间内掌握较多应用文体的写作。例如，应用文的使用范围广，文种格式有较大差异，不同的文体都有自己的惯用格式，因此要写出格式规范、高质量的应用文，就必须熟悉和掌握各种应用文的特点、格式及写作要求。

要写好应用文，还要具备有关的专业知识。经济应用文专业性较强，文章内容往往直接取材于工作业务和经济活动。作为经济应用文的作者，要努力钻研业务，提高业务水平，才能发现问题，找准问题的症结，提出解决问题的办法。除了要具备业务理论知识外，还要注重业务实践，了解市场经济的运作规律，不断掌握和运用新信息、新技能、新方法。

3. 综合能力要求

应用文写作对作者能力的要求是多方面的。首先，要有较强的认识理解能力，包括对各种经济现象、问题的认识，对领导布置的工作任务的理解等。惟有作者具有较高的认识理解能力，才能迅速地领会领导意图，把握写作目的，确定文章的主题，及时行文，完成撰写任务。其次，要具备调查研究能力。只有具备较强的调查研究能力，才能迅速占有第一手材料，获得写作的素材，否则，写作活动将成为无米之炊。再次，要具备分析综合能力。这是一种最普遍、最常用的抽象思维能力，无论是阅读、研究、写作都离不开分析综合。实践证明，分析综合能力的强弱直接关系到解决问题能力的大小，应用文作者只有具备较强的分析综合能力，才能保证撰写质量。

4. 学习态度要求

首先，要讲究学习方法。写作是一项复杂的脑力活动，须讲究方法，才能事半功倍。采用以范文为借鉴，以训练为重点的方法，能获得较好的学习效果。对典型例文的分析模仿，可以使我们从中体会到写作规律，开拓思路，掌握该文种的框架结构和写作技巧。进行有目的、有计划、有针对性的写作训练，可以将应用文写作的基本知识转化为写作能力。

其次，要刻苦钻研，多读勤写，反复实践。多读，多练，才能领会和运用所学的写作知识，才能逐渐积累起自己的写作经验，才能在实践中提高自己的写作能力。

最后，还要对文章进行反复修改，通过"增、删、改、调"，不断加工润色，使文章的观点更明确，结构更严谨，内容更充实，表述更为准确简明。

总之，凡是能力的养成，技能技巧的提高，都要付出一定的代价，提高写作水平更不可能一蹴而就；如若浅尝辄止、一曝十寒，往往只能半途而废，难以奏效。只有明确目标，持之以恒，以顽强的毅力和锲而不舍的精神学习写作，才能达到预定的目标，进入写作的自由王国。

（二）文面书写要求

文面是指文章的外观形式，是文章内容的载体。一篇文章，如果文面设计美观大方，便会令人赏心悦目，勾起阅读的欲望；相反，文面很差，一般人就不想阅读，需要阅读的人，也会颇觉吃力，甚至影响正确理解。所以，我们必须注重文面。文面涉及到以下四个方面的要求。

1. 文字书写要求

正确、清楚、美观，是文字书写的要求。正确，是指使用规范的汉字，不使用繁体字、异体字和不规范的简体字，更不能写错字别字；清楚，是指字迹不潦草、不模糊，字形端正，笔画正确；美观，是指通过练字，使书写给人以娴熟之美，流畅之美。其中，正确、清楚是基本要求。

2. 标点符号要求

标点符号是文面的重要组成部分，应当正确使用。

（1）点号。点号要独占一格，句号、逗号、顿号要写在格子左下方1/4位置上；问号、感叹号、分号、冒号写在格子的中间。

（2）标号。分前后两部分的标号，如引号、括号、书名号，应分前后各占一格书写。

要注意：前标号可以放在第一格，却不能放在最后一格；后标号可以放在最后一格，不能放在第一格。

省略号、破折号要连占两个格子的位置，不能分成两截书写。

3. 行款格式要求

所谓行款格式，是指文章在文面上的安排、布局，包括标题、署名、段落、引文、附注、天头、地脚等。

（1）标题。标题要力求在文面中显得醒目、美观。标题有各种形式，包括长题、短题、单行题、双行题、多行题、篇题、章题、节题等。

单行标题：长题，字数过多要分行写，转行时既要注意保持词和词组的完整，又要考虑在数字搭配上的匀称；短题，字数少，注意字间距要加大；题的左右侧空格要相等，使之对称。

双行、多行标题：主题居中，引题在上，副题在下。副题一般用破折号引起，在主题之下，退后两格书写。题目的行数越多，预留的天头就越大，下空行（标题与正文之间的空行）也要相应加大。

章题、节题要注意预留上下行的空行,使之醒目明示。

(2)署名。作者姓名一般写在标题下面,居中排列,与标题以及正文各空一行,也有将署名放在文章末尾的。

(3)段落。空两格,另起一行,是段落开始的标志。段与段之间一般不用空行;若是大的层次之间,可空一行。

(4)引文。引文有段中引文和提行引文两种。段中引文是将引文放在一段文字中间,引原文时前后加引号,引原意时不用引号只用冒号。需要特别强调时,可将引文提行另起一段(叫提行引文),为了与正文相区别,提行时,应缩进两格,不必再加引号。

(5)附注。文中的附注有四种形式:①段中注。写在正文中间,用括号标识;②页中注(脚注)。其位置在本页的下端,与正文之间用一横线隔开;③章、节注。放在一章或一节后面。④全文附注(尾注)。附在全文之后。选用何种附注形式,要根据需要和方便阅读的原则酌情处理。

(6)天头、地脚。任何文章,在文面安排上都必须注意预留天头、地脚和左右页边距。天头是指标题以上的空白。各种不同的文体,预留的天头是不一样的。如,课本的章始页的天头较大,正文页的天头就较小;公文的天头、地脚更有其严格的规定。地脚,是指文章底行页码以下的空白处,一般书刊留 1.2～2 厘米不等。

行款格式还有字间行距、页码、用纸等,这里不再详述。

4.修改符号使用要求

明确清晰地标识修改符号,有利于保持文面整洁,便于修改、打字、排印、校对。常用的修改符号,见表 1-1。

表 1-1　常用的修改符号

编号	符号形态	符号作用	用法示范	说　明
1		改正	增高出版物质量	改正错字一律加圈和引线，线画至版心外，不要交叉斜穿文字
2		删除	提高出版物物质质量	删除处一律加圈和引号，大段删除亦同。（也可用方框加引线）
3		增补	要搞好校工作	增补的字符较多，圈起来有困难时，可用线划清增补的范围。
4		对调	认真经验总结 认真经识总验	（1）左右文字互易位置 （2）中间文字不动，左右对调。
5		转移	校对工作提高出版物 质量要重视	表示文字移至箭头指定处，需加圈和引线。
6		接排	要重视校对工作 提高出版物质量	表示第二行应与第一行接排。
7		另起行	完成了任务。明年……	表示另行起排。
8	△	保留	认真做好校对工作 △	除在原删除的字符下画画△外，并在原删除符号上画两竖线。
9	○=	替代	机器由许多另件组成， 有的另件是铸出来的， 有的另件是锻出来的， 有的另件是…… ○=零	同页内，要改正许多相同的字符，用此代号，要在页边注明： ○=零

第一篇
应用文写作基本理论

第一章　应用文的主旨和材料

第一节　应用文的主旨

一、主旨的概念和作用

(一)什么是主旨

经济应用文的主旨,是作者通过文章所表达出来的,贯串始终、统率全文的思想、观点、见解和主张,是文章内容和形式共同集中表述的核心思想。

应用文是务实性的文体,我们动笔行文,无论是请示、汇报工作,还是下达命令、通知,无论是传播信息,还是介绍经验,无论是签订合同,还是立字为据,都要明确表达作者的态度和意见,赞同什么,反对什么,告知什么,要求什么,凡此种种,就是应用文的主旨。

古人称文章的主旨为"意"。经济应用文的主旨常常是"意在笔先",即先确定写作的目的、观点,然后再组织材料、谋篇布局、表达行文。此外,经济应用文的主旨往往弱化个人的主观意愿,强调群体意识,注重组织意愿和客观实际。

(二)主旨的作用

主旨是应用文写作的关键,对文章的质量和效用有着至关重要的作用。"意犹帅也。无帅之兵,谓之乌合。"(王夫之《姜斋诗话》)是说主旨是文章的纲领,构成文章的诸要素中,主旨是统帅,而其他要素如材料的选择、结构的安排、表达方式甚至语言表述都要服从于主旨,受其制约,并为之服务。

1. 主旨决定内容

主旨是文章要表述的核心思想,它贯串于全文,对内容起主导和制约作用;同时文章的主旨又是通过内容体现出来的。主旨是行文的目的,它决定了内容的详略,材料的取舍。例如,签订经济合同,其主旨就是双方交易活动的目的,因此合同中的价格、数量、质量、方式和权利义务等条款内容都是围绕主旨

"标的"来制定的。

2.主旨制约形式

一篇文章,选用何种结构形式,怎样表述,其目的都在于如何更鲜明、更有效地表现主旨。文章"以立意为宗,不以能文为本"(萧统《文选》)。段落层次怎么安排,如何过渡照应、开头结尾;选用何种表达方式,采用哪种语言风格,都必须依据主旨来构思。

二、主旨的形成与提炼

(一)主旨的形成

文学作品的主旨,大多是作者在长期的生活实践中孕育而成,有感而发,它的主观性很强,读者对作品的主旨可以有不同的感受和理解;而经济应用文观点的形成必须依据客观实际:既要有真实的材料与数据,又要考虑现实工作的需要,更要符合有关的方针政策。有时,完全受命于集体或领导,是组织"要我写",而不是个人在创作。所以,首先,经济应用文的主旨形成于党和国家的方针、政策、法律、法规;其次,经济应用文的主旨产生于调查研究和实际工作的需要。

因为经济应用文不同于一般的叙事说理的文章,它经常要代表国家机关发表意见或代表企事业单位表明观点,因此带有强烈的政策性和严肃性,不能与有关的方针政策相违背。经济应用文的作者应熟悉相关的方针政策,宏观上了解社会经济发展的动态和趋势,熟悉本地区、本部门、本单位的微观经济环境,调查和掌握第一手信息资料,并通过客观地分析、辩证地思考问题,透过现象看本质,寓个别于一般,综合提炼,才能形成既符合方针政策,又符合客观实际的主旨。

(二)主旨的提炼

构思文章时,开掘要深,立意要新,仅靠现实材料和作者思想认识的简单相加是难以形成正确鲜明的主旨的。元代学者陈绎曾在《文说》中云:"凡作文发意,第一番来者,陈言也,扫去不用;第二番来者,正语也,停止不可用;第三番来者,精语也,方可用之。"这段话大致概括了写作立意的规律。三番思考,代表了认识的逐步深化,观点的渐次深刻,这样一个思维的过程,符合写作的通常规律。经济应用文写作主旨的提炼,也需要经历这样的过程。平时写文章也许会碰到这样的问题:材料不少,却理不出个头绪;或者虽然有了思路,但就事论事,缺乏一定的高度和深度,不能给人以更多的启发。究其原因,主要是对材料开掘的深度不够,未能揭示事物的本质。

　　提炼主旨的关键是掌握科学的分析方法,学会透过事物纷繁的、局部的、表面的现象,去抓它的本质、它的全体、它的内在联系,进行"去伪存真,去粗取精,由此及彼,由表及里"的改造制作,学会区别主流和支流,真象和假象,才能锤炼出深刻的文章主旨。如何把握经济应用文主旨的深度和高度?在正确、鲜明的前提下,应注意做到:

　　(1)现实性与方向性相结合。既能指导当前的工作,又能体现长期为之努力的方向。

　　(2)特殊性与普遍性相结合。既能解决局部的、一个单位的具体矛盾,又能带动"面"上存在的普遍性问题。

　　(3)准确性与开拓性相结合。既符合有关方针政策的指向,遵循改革开放的大原则,又有独到的见解,令人耳目一新。

三、主旨的要求

　　经济应用文对主旨的要求是:正确、鲜明、单一。

　　1.正确

　　主旨正确,是指文章的主旨必须符合经济规律,经得起实践的考验并与有关的方针政策相符合;同时构思行文要合乎逻辑,概念准确,判断、推理正确,结论明确。要做到主旨正确,一要详细地占有材料(含政策材料);二要学会科学的分析方法;三要站在正确的立场上。这是撰写经济应用文的基本要求。

　　2.鲜明

　　主旨鲜明,是指作者的观点必须明确,赞成什么,反对什么,主张什么,要一清二楚,决不能含糊其词。我们欣赏文学作品,常以"言在意外"、"余韵无穷"为上品,这是因为文学作品常以形象思维来表达,对作品的主题,时常会因人而异,产生形形色色甚至截然相对立的观点。以我国古典名著《红楼梦》而言,"单是命意,就因读者的眼光而有种种:经学家看见《易》,道学家看见淫,才子看见缠绵,革命家看见排满,流言家看见宫闱秘事……"(鲁迅语)。而经济应用文大多运用逻辑思维,注重务实,它的主旨决不能含糊不清、令人费解、让人猜测,否则,将会误事。因此应用文写作要用"直笔",忌用"曲笔",做到缘由明确、观点明确、意义明确、措施明确、要求明确。

　　3.单一

　　所谓单一,是指一篇文章只能有一个主旨。古人说:"宾可多,主无二,文之道也。"

　　如果企图在一篇文章中解决许多问题,又没有经过细致的分析、选择、组织、综合,仅仅是罗列许多材料,其结果往往是什么问题也解决不了,多中心等于无中心。有些应用文体如综合性总结、工作报告,内容涉及面广,时间跨度大,主题不易提炼;作者应该统观全局,抓住重点,运用科学的分析方法,提炼出单一的主题之后再行文。否则,一题多意,主旨分散,就会使人难以把握。要使主旨单一,必须在动笔前明确写作目的和意图,在行文中就题论事,删除多余的信息和材料。

文章的主旨在行文前就应确立,并用简明的语言,在文章显要的位置表述,使主旨集中而明确,读者一看就明白,不会产生歧义。

第二节　应用文的材料

一、材料的概念和作用

(一)材料的概念

材料是指作者用来提炼和表现主题的客观事实、理论依据、数据和其他资料。

在文学作品中,把未经加工整理,并据以形成主旨的原始材料称为素材;把经加工提炼后写进作品、并据以表现主旨的材料称为题材。材料,是一个总的概念,在应用写作中,除通过调查研究获得的事实材料外,材料又被称作"资料",通常是指为写作而准备的一些专业书刊、简讯、汇编、报表、图纸等。

(二)材料的作用

写作,犹如"工师之建宅"(李渔《闲情偶寄》),要盖高楼大厦,没有砖瓦木料、钢筋水泥是不行的,它们是建房的基础;同样,写作的成功,也必须依赖于写作材料的积累。"积之愈厚,发之愈佳",大量地占有材料是经典作家写作经验中最基本、最重要、最需要掌握的一着。

1.材料是形成和提炼主旨的基础

应用文的主旨作为意识形态的产物,不会凭空产生,只能是在对材料的分析研究中形成,是材料孕育了主旨。正确鲜明的主旨是作者在占有大量客观材料的基础上,加以科学的研究分析得出的。材料越丰富、全面,就越有利于形成正确、深刻的主旨。

2.材料是表现主旨的支柱

在写作中确凿的事实、数据,是准确说明观点,表现主旨的有力支柱。通过分析归纳提炼出来的主旨,必须依靠材料来支撑,才能站得住,才能发挥对现实的指导作用。"摆事实,讲道理",是指以材料为佐证来证明自己的观点,如果一篇公文,只有观点,没有材料作证,受文者就不明白上级指示的原因,不清楚下级请示的理由,平行机关之间商洽、联系工作的依据也不明确,行文的目的就难以实现。

3.材料能充实文章内容

"夫立言之要在于有物。"(清,章学诚《文章通义》)这里的"物",指的就是材料。有了材料,才能形成观点;有了材料,文章才有内容;有了内容,文章才能构思,进行布局,行文表达。人们把材料比作文章的"血肉",可见其重要性。有时,文章说服力不强,难以令人信服,不一定是主旨或表达出了问题;而是因为材料不充实,导致文章内容空洞。确实,材料的充实与否,决定着文章的优劣,对写作的成败起着举足轻重的作用。

二、材料的积累和选择

(一)材料的积累

"兵马未到,粮草先行",搜集、积累材料,是写作的第一步,没有充足的材料,就无法进行写作。积累材料的途径主要有两条:其一,平时要注意搜集,做写作的有心人,从平常的工作、学习、生活中日积月累,时时处处留心,点点滴滴记录,这样集腋成裘,临到写作时,就可顺手拈来,运材成章。其二,临时搜集,根据领导布置的任务,带着明确、具体的写作目的去搜集。这条途径见效快,但往往因为时间紧迫,不能保证所需材料的到位。两条途径各有利弊,互为补充,不失为一种较好的方法。

搜集材料的具体方法主要有以下几种。

1.观察体验

社会生活是一个取之不尽、用之不竭的信息源,要想获得写作材料,就应当去观察体验生活。据心理学研究,一个正常人从外界接受到的信息,有90%以上是从视觉通道输入的。但观察,并不等于简单地"看到",观察,是一种有意识的思维活动,它要调动多种感觉器官共同参与,较为全面地感知被观察对象,并伴有积极的思维活动,这样,才能见人之未见,提高观察的质量。经济应用文写作,涉猎的范围较广,现代社会中各种经济活动、经济现象、商务往来、事物、实例、数据,都是直接的、丰富的第一手材料;只要善于观察并有意识地搜集,日积月累就可以获得带有普遍性、客观性并具有较高可信度和说服力的材料。观察时,要注意灵活把握观察的方法,以适应不同的场合、不同的观察对象;要善于抓住特点,捕捉细节,并且与内心的体会相结合,以获得更为准确、生动的信息,从"现象"中跳出来,抓住事物的本质,写出有深度的应用文。

2. 调查研究

调查是通过向别人了解情况以获得材料的方法。一个人的目之所及、足之所至总是有限的,这就需要向别人了解情况,借助别人的所见、所闻、所感,获取大量有价值的材料,进而把对有关问题的研究引向深入,找出规律,找到解决问题的方法。

3. 查阅资料

观察和调查是直接从生活中取材,查阅资料则是通过文字媒介,从书籍、文件、报刊、互联网等获取有关的材料。这类信息、资料虽然是间接的第二手材料,但却仍然是他人直接来源于社会生活的经验。通过查阅资料,不仅可以弥补时间精力有限的问题,还可以超越时空界限,对历史和现状作纵向或横向的考察和比较,对进一步深化认识,研究问题有明显的借鉴和参考价值。在电脑前轻点鼠标,作者所需的材料便源源而来,现代科学技术的互联网络,更以其明显的优势,为知识、信息的传递提供了极大的方便。

(二)材料的选择

如果说采集材料是"韩信将兵,多多益善",强调一个"多"字的话,那么选择材料则要强调一个"精"字,通过去伪存真、去粗取精、推陈出新的筛选,精选出与主旨密切相关的材料,用于写作。

在材料必须为观点服务的前提下,选材的标准有三点。

1. 真实

真实是应用文的生命,因此,用于应用文的材料必须真实。材料的真实包含两层意思:其一,不是假的、编的,而是现实生活中确实发生过的,经得起核对的真人、真事、真数据,不允许任何的虚构。其二,不是偶然的、个别的现象,而是反映着客观事物的本质,反映着生活的主流和发展方向。有的个别材料,从局部看,是真的,但却不能反映事物的整体面貌和发展规律,这样的材料,就属于偶然的、个别的现象,应该摒弃。因为只有基于准确的数据和真实的情况,才能推断出正确的结论,才具有普遍的指导意义。

要做到材料的真实准确,首先要严肃认真,对材料反复考证,精细求真;其次,要处理好局部与全部的关系,不要以偏概全,导致材料的失真。

2. 典型

所谓典型材料,是指那些最具本质特征,最有代表性,说服力最强,能充分表现文章主旨的材料。当我们为写作而从社会经济生活中搜集了许多材料,且都与主旨相关时,如何取舍呢?"要极俭省地画出一个人的特征,最好是画他的眼睛,倘若画出全部的头发,即使画得逼真,也毫无意义。"这是鲁迅先生写作的经验之谈,同样也适用于应用文的选材。它告诉我们,只有选那些能够以一当十,支撑起观点的典型材料,才能通过个别反映一般,通过个性反映共性,使文章言简意赅。

3.新颖

新颖的材料是指那些新发生、新发现,别人尚未使用过的材料。如新的科研成果、新的统计数字、刚刚公布的政策法规、新出现的问题、新的预测趋势等。这类材料最有生气,最具活力,给人耳目一新的感觉。新颖的另一个含义是从旧材料中挖掘出新意,这同样可以表现深刻、新颖的主旨,给人以新的启示。

三、材料的整理和使用

(一)材料的整理

通过搜集和选择,我们已经占有了写作材料,紧接着要做的是材料的整理工作。因为不管是平时日积月累还是临时搜集的材料,往往是零散的、杂乱的,要使它条理化、系统化,必须加以整理。整理材料的基本要求有两点。

1.要及时整理

所谓及时,就是要边搜集边整理,或者根据写作计划定时整理;如若等到搜集来的材料堆积如山,成了一团乱麻,那就"理不清,剪还乱"了。一些新颖的材料可能会因此延误过时,典型的材料也可能湮没其中,鱼龙混杂,发挥不了作用。这是从时间上的要求。

2.要讲究方法

从内容上说,可以采用定性和定量的方法进行整理。定性,是将材料按性质分类,分类的标准可根据需要自己确定。可以按照事物的类别,如储蓄材料、股票证券信息、会计制度改革等分类;也可按论点、论据来分,把相同或相对、相反的论点、论据分门别类;也可按时间顺序或价值大小为序来分。定量,是对搜集来的数据材料进行汇总计算,运用相关的计算公式和计算方法,根据需要,计算出绝对数、平均数、相对数等。

从形式上说,要分门别类,妥善保存。对经过整理的材料,要按其分类,分别冠以相应的字母,以便使用时快速检索,立即取出所要的材料。整理好的材料可以用资料卡片和软盘的形式保存。资料卡片可以分类制作,一般有目录索引卡、论点摘要卡、内容提要卡、心得体会卡等。

(二)材料的使用

经过筛选,已经选定了写入文章的材料;但哪些材料为主,哪些材料为辅,哪些详写,哪些略写,还是要根据应用文不同的文种、不同的格式及文章的主旨做进一步的技术处理。

1. 剪裁和缝合

就像裁缝做衣服一样,选入文章的材料,也要根据它们各自不同的作用,或做领口,或做袖口,或做前胸,或做后背,进行精心的剪裁和缝合,安置恰当,才能制作出一件得体的衣服。有的文章运用的材料较多,应根据文章主旨的需要,让各种不同类型的材料优势互补。如,历史资料和现实材料互补,理论材料和事实材料互补,典型材料和普遍材料互补,文字材料和数据材料互补,以期达到最佳效果。

2. 详略要得当

确定材料详略的主要依据是表现主旨的需要和材料本身的性质。一般讲,凡是对表现主旨起重要作用的材料要详写,次要的、概括的材料要略写;典型的、新颖的材料要详写,一般的材料要略写。详略得当,张弛有度,繁简相宜,才能使文章主旨突出,说服力强。

第二章　应用文的思路与结构

第一节　思路与结构的关系

一、思路与结构的关系

所谓结构，即指文章的组织形式和内部构造。"结构"一词，原是建筑学上的一个术语，指的是建筑物的整体布局和内部构造。清代李渔在《闲情偶寄》中把文章结构比作"工师之建宅"，很形象。他说："基址初平，间架未立，先筹何处建厅，何方开户，栋需何木，梁用何材，必俟成局了然，始可挥斥运斧。"做文章也应该"袖手于前"，好好思谋策划一番，才能"疾书于后"，使观点和材料之间的内在联系达到完美统一，形成最佳的篇章形式。的确，一篇文章就好像一个人，主旨是灵魂，材料是血肉，结构就是骨骼。写作时，纵然有准确鲜明的观点，新颖丰富的材料，若不注意结构，往往也会前后脱节，丢三落四，以致出现层次混乱的毛病，难以达到"务实"的目的。

所谓思路，通俗地说，就是作者的思想线索和脉络，它反映了作者对事物观察、理解、认识的顺序和过程。叶圣陶在《认真学习语文》中强调："思想是有一条路的，一句一句，一段一段，都是有路的，好文章的作者是决不乱走的。"确定了思路就确定了文章的基本内容和基本顺序。

思路和结构的关系极为密切，主要表现为：思路是文章结构的基础，结构是作者的思路在文章中有层次的反映；思路是否清晰缜密，决定文章的结构是否有条理；由于每个作者的情况千差万别，各人的思路轨迹不可能一致，所写文章的结构也就不会相同。我们在安排文章结构时，一要思路开阔，二要思路清晰。要打破思维定势，进行多方探索，然后理清头绪，掌握事物发展的必然规律和内部联系，在此基础上布局谋篇，安排段落层次，调配材料的详略，考虑如何开头结尾、过渡照应等。

二、锻炼思路的途径与方法

锻炼思路的途径和方法主要有以下三方面。

1. 编制写作提纲

"章贵有序",文章先写什么,后写什么,是结构的一个核心问题,也是作者在动笔前必须把它想好"立定"的。格局未定就匆匆动笔,是不好的写作习惯。立定格局,最好是形诸文字,拟制写作提纲。有人很风趣地打比方说:"思想在头脑里,是气体;说出来,就是液体;形成文字,就是固体。"提纲,看得见,摸得着,没有"流动性",是帮助我们有条不紊地构思文章的有效手段。

经济应用文中,凡是篇幅较长的,如论文、计划、总结、调查报告、经济预测、经济活动分析等,都应该先列写作提纲。初学写作者尤应如此。

2. 培养分析思考的习惯

留心观察社会生活中的各种事物,养成分析思考的习惯,是锻炼思路的好方法。一个人的观察、分析和理解能力的强弱与思路是否清晰缜密密切相关。人们长年累月地从事自己的日常业务工作,若不留意,对各种现象可能会熟视无睹;而若有心留意,总能觉察出一些带倾向性的"苗头",进而有意识地去观察,一旦抓住了有研究价值的课题,就要不失时机地进一步作调查研究,分析归纳,试着提出解决问题的可行方法,锻炼自己的思路。平时,我们还应该尽可能地丰富自己的知识储备,以自己的专业为中心向外辐射,开放型地吸收各种有关的知识,努力提高自己的文化素养和思想政策水平,增强对事物的分析洞察能力,只有这样才能培养起清晰严密、合乎逻辑的思维习惯。这就好像根深才能叶茂,本固才能枝荣一样显而易见。

3. 掌握疏通思路的方法

写作时,有时会因为思路堵塞而难以落笔,"写不出的时候不硬写"(鲁迅《答北斗杂志社问》),想办法先疏通思路,待它畅通之时再下笔不迟。

锻炼思路的方法主要有拓展法、挖掘法、控制法和梳理法等。拓展是求宽,挖掘是求深,控制是求集中,梳理是将思路理清、定型。实际上,思路受阻的原因是多方面的,要对症下药才能疏通。有时,思路堵在了某一个难点、疑点上,而这疑难之处专业性又很强,自己一时难以解开,这种情况,不妨求教于行家里手,请专家、老师点拨一下,往往会茅塞顿开,受益匪浅;有时,对材料之间的联系理不清,或材料不够充实,这时忌闭门造车,最好的办法是走出去,调查、搜集,一旦手头的材料充实了,内部的联系理清了,思路也就拓展了;有时,与人讨论,甚至辩论、争论,也是疏通思路的方法,在与人论辩时,彼此观点交锋,言辞犀利，一般会从中得到启迪，从而开启思路；如若是因极度疲劳或其他原因导致大脑"消极怠工"，上述几种方法都不灵，就干脆考虑"停工"，让大脑好好休息，用其他活动，诸如欣赏音乐、下棋、出游等来调剂一下，求得轻松，也可以睡上一觉，目的是让大脑从僵住的死胡同中退出，换一条新的思路，重新兴奋运转。

第二节　结构的内容和要求

一、结构的基本内容

经济应用文结构的基本内容包括标题和尾署、开头和结尾、段落和层次、过渡和照应。

（一）标题和尾署

1.标题

应用文的标题通常有以下几种形式。

（1）公文式标题。一般包含发文机关名称、发文事由和公文种类三个要素。发文机关名称用全称或规范化的简称；发文事由部分应当准确简要地概括公文的主要内容，并由介词"关于"起领；公文种类的选择应根据行文目的、发文机关的职权和与主送机关的行文关系确定。标题中除法规条文、规章（包括条例、办法、细则、规定等）的名称可以用书名号外，一般不用标点符号。如《浙江省人民政府关于调整乡镇土地利用总体规划审批权限的通知》。

（2）文章式标题。这类标题往往是文章内容的浓缩和概括，要求用极简洁的语言概括出文章的主要内容，并且要醒目，有吸引力。如《临渊羡鱼不如退而结网》、《反腐倡廉必须警钟长鸣》、《这个雪球再也不能滚下去了》。

按照行数结构，标题又可以分为：

① 单行标题。只有一行正题，如：

中国人民银行今起降低存贷款利率

② 双行标题。

一种是"引题＋正题"，如：

玉洁冰清还天地　青山碧水留子孙　　　　　（引题）

"长江源"环保纪念碑矗立长江源头　　　　　（正题）

另一种是"正题＋副题"，如：

快增长　高效率　低通胀　　　　　（正题）

今年我国 GDP 增长 7.4％国民经济保持良好态势 （副题）

③ 多行标题。由三行以上标题组成,通常引题、正题、副题俱全,如:

构筑大都市　建设新天堂 （引题）

萧山余杭将撤市设区 （正题）

调整后的杭州市辖区由 6 个增至 8 个 （副题）

2.尾署

尾署是许多经济应用文生效的凭证,是作者负责的标志。如公文、计划、总结、调查报告等文种都在全文结束后标识作者或单位名称。

（二）开头和结尾

开头和结尾是文章的有机组成部分,在文中地位显著,对文章质量有至关重要的影响,常常千变万化,多姿多彩。

1.开头

文章的开头归纳起来不外乎有以下两大类。

（1）较为平直的写法。经济应用文写作的实用性很强,开头更多地讲究"直","令人一望而知其宗旨所在"。主要方式有:

① 开宗明义式。即开门见山地揭示主题。这种方式简洁明了,开篇就点明全文主旨所在。如《信誉是银行生存之本》的首段:

结算是银行为经济活动服务的重要手段之一,它凭什么取得"日理万金"的资格? 凭什么获得客户信赖? 排除社会化生产分工的因素,银行靠的是自身钢铁一般的信誉,信誉是银行生存之根本。

② 内容提要式。这种开头方式一般用于篇幅较长的文章,为了帮助读者阅读和理解,把主要内容和各要点,概述在第一段,将全文的信息集中传达给读者,以加深影响,方便阅读。

③ 交代缘由式。即先介绍写作的目的、原因等。如调查报告,常在开头介绍调查的目的、原因,调查的范围、对象,调查的时间、方法等;回复性的公文,常在开头引述对方来文的题目、文号等。

（2）较为艺术的开头。在有些应用文体,如大众传播性文字,像新闻、广告、通讯、评论等常要用到。

① 对比式。经验性总结和典型经验调查报告经常采用这种方式开头,将今—昔、正—误、成绩—问题、先进—落后、经验—教训摆在文首,产生鲜明的对照。

② 设问式。这是运用设问的修辞手法,以吸引读者的眼光,引起阅读的兴趣。如:《"一手交钱,一手交货"的方式在变——北京人金融意识的萌发》一文

的开头：

多少年来，中国的老百姓进商店，都习惯"一手交钱，一手交货"，能不能用更先进的方式取代这种结算方法呢？

文章在首段提出问题后，紧接着在正文部分报道了代替现金使用的信用卡是如何在京城启用，被百姓接受的。

③迂回式。这种方式，不直接点明主旨，或迂回曲折，或欲扬先抑，给人以柳暗花明之感。如《水、水、水》一文的开头：

它几乎无处不在：在地球表面占70％以上的比例。正所谓"取之不竭，用之不尽"。

但是，水向我们发出了警告："水，不久将成为一个深刻的危机"，"地球上的最后一滴水，也许就是人类的眼泪！"

这两类风格截然不同的写法，各有千秋，要根据不同的文种、不同的写作目的"因文而异"，酌情选用。

2.结尾

晚清作家林纾曾说："为人重晚节，行文看结穴。"结尾差劲，会使写作"功亏一篑"，前功尽弃。所以，文章既要有好的开头，也要注重好的结尾。

好文章的结尾多种多样，各呈异彩。可以总结全文，深化主旨；展望前程，激励斗志；结合体会，合理建议；饱含哲理，发人深省；也可以提出要求，指明方向，发出号召；或者干脆如截奔马，戛然而止。

总的来说，经济应用文的结尾，应当做到：

（1）言简意赅，言尽意止，不拖沓，无废话、套话。

（2）顺乎自然，收束全篇，使读者对全文有一个完整而明确的回顾。

（三）段落与层次

1.段落

段落是文章基本的、相对独立的结构单位，又称自然段，以换行空两格为标志。

2.层次

层次是指文章中作者为表达主旨而安排的阶段与次序，它体现了事物发展的顺序和作者思维的过程。不同的文体有不同的层次安排，经济写作常用的层次结构有：

（1）纵式结构。按照客观事物各个发展阶段的先后顺序或客观事理层层递进的关系来安排结构。一些事件性的消息、通讯常按时间顺序来安排结构。

（2）横式结构。这是按照并列的逻辑关系来安排文章内容的一种结构方式,它往往先总提一下,然后从几个方面并列分述。一些典型经验调查报告、经验性总结常用这种结构形式。

(3)纵横交错式。这种方式又称综合式,它的特点是纵向和横向、时间和空间交叉。具体的方法有两种:一是以纵式为主,横式为辅,即大的层次是纵式结构,一个层次内部是横式结构;二是以横式为主,纵式为辅,即大的层次是横式结构,层次内部是纵式结构。

(四)过渡与照应

1.过渡

过渡是指文章层次、段落之间的衔接、转换。它的主要作用是收束上文,开启下文,完成承上启下的衔接任务。写作时,遇到以下情况,应考虑过渡:

一是内容的开合处,即文章内容有较大的跨越时,应有过渡,如大的层次之间的衔接,"现将有关情况通报如下:"、"综上所述"。

二是表达方式的转换处,如由叙入议,由议入叙,由倒叙转入顺叙,由插叙转入(转出)顺叙时,或者由文字表述转入表格形式时需要过渡,否则会造成层次结构的混乱。

常用的过渡方式有:过渡段,一般用于较大层次间的衔接;过渡句、过渡词,用于较小的空隙之间,如:"但是"、"总之"等。

2.照应

照应是指文章的前后呼应和关照。前文提及的事,后文要有呼应;后文提及的事,前文要有伏笔,彼此照应。照应的方法有三种:

一是首尾照应,即在文章结尾处与开头提到的内容相呼应,有的还进一步概括归纳,以突出主旨。

二是文中照应,即文章自身前后内容互相关照,如前文分析了存在的三个问题,后文就有针对性地提出三条建议。

三是题文照应,即在篇中点题,以强调或揭示主旨。

照应以文字为标志,在文章不同部位上出现相同、相近的句子或措辞,形成语脉。这样安排,强调材料之间的联系,体现了文意的流动,增强文章的整体感。

二、应用文结构的要求

1.根据主旨的需要来安排结构

结构是文章的表现形式,布局谋篇必须遵循主旨的需要,这是一个前提条件。结构布局的合理安排,是以最有效、最有力地表现主旨为最终目的,这是文章结构的重要原则,离开了这个基本原则,无论结构如何严谨,都失去了意义。

2.根据不同文体的体裁特点来安排结构

不同的应用文体都有自己相对固定和惯用的结构体式,这就决定了它们的结构方式也有各自的特点,如"消息"有其所特有的"倒金字塔"结构形式,公文更有其独特的文面格式要求,其内涵具有法定性。因此,安排结构必须从文体特征出发,以适应不同文体对结构形态的不同要求。

3.根据文章的内容和人们的认识规律来安排结构

文章是客观事物的反映,事物之间都是互相联系并有其内部规律的,经济应用文的结构方式往往取决于这种联系和规律。如经济评论,一般先要有针对性地摆出评论对象,然后进行分析、评论,得出结论;制订计划,必须先有依据,再确定目标,然后再安排措施、进度来实现预定目标;议论性文字,一般遵循"提出问题—分析问题—解决问题"的思维逻辑来安排结构;记叙性文字,或按时间顺序,或按空间移动来安排结构。这是事物本身和人们的认识规律在文章结构中的体现。

4.结构要清晰、严密、完整

清晰,是指行文结构要有清晰的思路,主次分明,流畅自然;严密,是指各段落层次之间的逻辑关系缜密,衔接过渡自然;完整,是指文章不论长短,都必须有头有尾,详略得当,浑然一体,无懈可击。

第三章　应用文的语言与表达

第一节　应用文的语言

一、语言的意义

语言,是人类最重要的交际工具和思维工具,是写作的要素之一,是表达的基本工具和载体。

长期以来,人们在互相了解交往的过程中,需要使用各种交际手段和工具,包括手势、眼神、图画、语言等,其中最重要的是语言。离开了语言,现代社会的一切活动就难以顺利进行,社会生活就无法组织。同时,人类的思维活动也是在语言材料的基础上进行的。思维是语言的具体内容,语言是思维的表现形式,古人说"言为心声"、"辞随意生",讲的就是这个道理。

语言分口头语言和书面语言,后者是写作的工具和载体。一篇文章,如果离开了语言,那么,再准确的思想观点,再丰富生动的材料,再完美匀称的结构,都无法表现出来。语言就好比是人体的细胞,是文章的物质基础,它在写作中的重要性不言而喻。要想在写作方面有所成就,在语言上下功夫,是必不可少的一环。好文章要求"意新语工",真知灼见与精辟语言总是互为表里,相得益彰。

二、应用文语言的特点

应用文种类繁多,体式各异,但它们都是为了解决实际问题,讲求实效的。这就决定了它的语言必然是以实用为准则,以提高效率为目的,与一般文章相比,它具有以下特点:

(1)严肃、庄重,常用专门用语及行业用语。经济应用文的各类文种,大多不宜使用口语,也不宜使用修饰性很强的文学语言,而多用严肃、庄重、规范的书面语言,这是由应用文的语体风格决定的。长期以来,人们在各类文书中沿用一些使用频率较高的、专用的或固定模式的词语,如金融文书中常用到"信贷"、"银根"、"股息"、"币值"、"通货膨胀",开头、结尾语中常用到"兹有"、"特此函复"、"此令"、"如无不妥,请……"等。从句式上看,多使用陈述句、祈使句,较少使用疑问句、感叹句。

(2)常用数字语言和表格形式。数字语言在经济应用写作中常具有特殊的功能,尤其是在表现经济活动的发展和变化方面,更具有一般文字所不能替代的揭示、说明、计算、显现和增强说服力的作用。经济写作要求严密准确,运用详实可靠的数据是必不可少的。另外,应用写作还经常用图、表的形式来表示数量关系或数量变化。图形的优势是简洁、直观,一目了然,常用的图形有线形图、柱形图、圆形图等。一份完整的表格要列出表号、表题、表中数字单位,表格中行与栏的设计要严密,表中的语言要高度精炼。

三、应用文语言的基本要求

经济应用文写作对语言的基本要求是准确、简明、得体、平实。

1.准确

准确即用最恰当的词语和句式来反映客观事物,表达文章主旨。这是对文章语言的最基本最重要的要求。

要做到准确,首先概念要准确。选词时要弄清所用词语的确切含义,区分和其他近义词的细微差别,如"绝密、机密、秘密","赔款、赔本、赔累";还要注意区别词的感情色彩,词有褒义、贬义和中性之分,如"武断—果断"、"分散—涣散"等。其次,推理、判断都要符合逻辑,语法、修辞都要规范,连标点符号都不能大意。再次,文中引用的数据、图示、人名、地名、引文也要求准确无误。

2.简明

简明即用简练的语言表达出尽可能丰富的内容,做到言简意赅,干净利落。如当年邓小平同志访美,有一家报纸在头版头条作了非常精湛的报道,文字译成汉语,连标题在内只有 18 个字,即标题是:"历史的转变——中美握手";正文是:"邓已于×时×分到达",版面背景有中美两国国旗和邓小平与美国总统握手的照片。语言的使用再经济不过了,结合两国关系的历史,传递的信息却十分丰富。经济应用文的语言就是要这样简要明确,直截了当,不拖泥带水;同时又以少胜多,以一当十,能增强语言的信息容量和密度。简明应该是朴素自然,文约而事丰。

3.得体

得体是指行文要根据不同的对象和场合,掌握好恰当的分寸,语言要能体现作者处理事务的立场和态度,要能为特定的需要服务。无论是措辞还是语气,都要与行文的目的、特定的对象和谐一致,使阅文者获得应有的信息,从而收到预期的效果。

4.平实

平实即平易通俗、朴实自然;不做作,不追求华丽的辞藻,也不搞形象化的描写,更不用含蓄、虚构的手法,这是经济应用文用语区别于文学作品语言的一个显著特征。

第二节　应用文的表达

表达是指运用语言反映客观事物的手段。根据不同的行文目的、文章的表达方式主要有叙述、议论、说明、描写、抒情等五种,经济应用文写作中最常用到的是前三种。

一、叙述

叙述,是运用陈述性的语言,对人物的经历和事件的发展变化过程作介绍和交代,是写作中运用最为广泛的一种表达方式。无论是记叙性很强的消息、调查报告、通讯,还是以议论为主的经济论文、经济评论,都离不开叙述,它是各类文章表达的基础。叙述的方式有许多种,最常用的有以下几种。

(一)按记叙顺序分类

1.顺叙

这是按照事物发展的顺序进行叙述,文章的层次、段落同事物发展的过程基本上是一致的,这是叙述的基本方式。顺叙时,要注意材料的详略和取舍,不要平铺直叙,平均使用笔墨,否则,如同记流水账,令人感到平板乏味。

2.倒叙

这种方法是把事情的结局或某个突出的片断提到文首,再从头至尾地叙述,其优点是可以造成悬念,引起阅读的兴趣。倒叙时,必须交代清楚转换点,使交接处有明显的界限,一般可通过过渡句或过渡段,使衔接自然,否则就会使文章脉络不清,影响内容的表达。

3.插叙

这是在顺叙的过程中插入另一段叙述,它使原来的叙述中断,当插叙结束后,原来的叙述再继续进行。插叙时要注意交代清楚转换点,衔接要明显。

（二）按叙述内容的详略分类

1.概叙

它叙述简略，不再现情景，没有细节，只叙梗概，这种方法在总结、调查报告、消息中使用频率很高。

2.细叙

这是一种具体、细致、生动的记叙方式，要再现情景和细节。应用文多用简明扼要的概叙，尽可能用概括的语言表明事情的前因后果。

二、议论

议论是运用各种材料进行逻辑推理，来阐明自己观点的一种表达方式。完整的议论由论点、论据、论证三要素构成。论点，通常是指作者对所论述问题的见解、主张，表述论点应当简洁洗练、明确严肃。论据，是用来证明论点的理由和依据，论据要充足、典型，有说服力，并且必须与论点保持一致。论证，是运用论据来论证论点的过程。

撰写议论性文字，不能单纯满足于提论点，摆证据，还必须运用逻辑推理，掌握论点和论据之间的内在联系，运用科学的论证方法，以理服人。

三、说明

说明，是对事物或事理进行解释和介绍的表达方式，其目的是为了让读者了解事务，明白事理，这种表达方式在经济应用文中运用得十分广泛，像计划编制说明、商品说明书、经济合同、广告等都要用说明性文字来制作。常用的说明方法有定义说明、解释说明、分类说明、比较说明、比喻说明等。

思 考 与 练 习

1.为什么要学习经济应用文写作？经济应用文有什么作用？

2.怎样才能提高经济应用文写作的能力？你准备怎样学习这门课程？

3.经济应用文的文面书写有什么要求？

5.怎样搜集材料？

6.选材的标准是什么？

7.简述思路与结构的关系。

8.锻炼思路的途径与方法有哪些？

9.简述结构的基本内容。

10.什么情况下应该考虑过渡？

11.什么是语言？

12.应用文语言的特点是什么？

第二篇
行政公文写作

第四章 公文概述

第一节 公文的性质、作用和特点

一、公文的性质

公文是公务文书的简称,行政机关公文是行政机关在行政管理过程中形成的具有法定效力和规范体式的文书,是依法行政和进行公务活动的重要工具。其内涵为:

(1)公文的行政管理性质。具体表现为推行国家的政令,发布相应的方针政策或管理办法。公文的这一性质是其他事务性文书和专业性文书所不具备的。

(2)公文的法定效力。这是强调公文具有法律约束力的性质,借助公文发布的一些法规性文件,由国家强制力保证执行,任何单位和个人不得违反。这也是其他应用文书所不具备的。

(3)公文的规范体式。这是强调公文的体裁样式,它包括公文的种类、格式、行文规则及公文办理等内容。它由国家权力机关(国务院办公厅)制定,不得随意更改。

二、公文的作用

1.指导作用

在行政工作中,上级机关可用公文将领导意图传达到所属各级机关、单位,要求严格按照公文规定的事项与时限贯彻执行。这是公文最基本的作用。例如,全国性重大会议作出的决议、决定,党和国家制定的方针、政策、重大决策等,要传达到全国贯彻执行,就要通过相应的公文,发至文件规定的各级机关、团体、单位,领导和指导那里的工作。上级的意见就是对下级的指示,要干什么、该怎么干,都应该按上级的要求执行。

2.凭证作用

公文是单位与单位、部门与部门之间联系工作、开展活动的书面依据。公文的法定效力和行政领导作用,要求我们在处理公务时一切以文件为依据。例如,上级机关制发的公文就是下级机关执行任务的依据;下级机关以公文形式反映的问题又将成为上级机关了解情况、解决问题的凭证。此外,公文还是公务活动的原始记录,因此,它也成为研究许多历史事件和社会活动的凭证。

3.沟通作用

上下级、平级以及不相隶属机关之间都有工作上的联系,公文在其中起到了沟通作用。

它让上下左右各方彼此了解情况,互通信息,交流经验,商讨协调工作。

4.限制和晓谕作用

各种带有强制性的公文,如命令、决定等,是公务活动甚至是个人行为的一条准绳。所有单位、所有人都必须贯彻执行有关条文,不得违反。这是公文的权威性决定的。

同时,公文还具有宣传党和国家的方针政策,阐明发文意图,奖惩有关人员等宣传教育作用。

三、公文的特点

1.工具性

公文是国家进行管理活动,行使行政职权的重要工具,也是各单位、各部门之间联系、商洽工作的重要工具,它的实用性很强,这在公文的作用中体现得十分明显。

2.规范性

公文的规范性主要体现在三方面:一是公文的种类,必须根据不同的权限、不同的适用范围在法定的文种中选用;二是公文的格式,从标题、正文到落款都有特殊的规定和要求;三是公文的办理有一定的处理程序,从发文到收文都须经过一系列手续。这些都由国家权威部门统一规定,不得任意改动。公文的规范性为实现办公自动化提供了有利条件。

3.权威性

公文的权威性是由公文的制发机关、单位的权威所决定的。公文往往由政府或行政机构制作,它代表政府的意志和态度。在其发文范围内,公文具有行政效力、法定效力。对于公文下达的命令和法规条文,有关机构和人员必须遵照执行,不得违背。在特定的领域内,公文是权力和威信的象征。

第二节　公文的种类

　　根据国务院 2000 年 8 月 24 日发布,2001 年 1 月 1 日起施行的《国家行政机关公文处理办法》(以下简称《办法》),我国现行的行政公文种类(以下简称为文种)有 13 种:命令(令)、决定、公告、通告、通知、通报、议案、报告、请示、批复、意见、函、会议纪要。

　　由于行文方向不同,公文又可分为上行文、平行文和下行文。上行文是指下级机关向上级机关发送的公文,如请示、报告;平行文是平级机关或不相隶属机关之间的相互行文,如函、议案;下行文是上级机关向下级机关所发的公文,如命令、决定、批复、通知、通报、通告等。根据不同情况,会议纪要可以平发也可以下发;意见可以上行也可以下行,上级机关向下级机关询问情况时,可以发询问性函。制发公文时,应酌情区别选用。

　　一、命令(令)

　　适用于依照有关法律公布行政法规和规章,宣布施行重大强制性行政措施,奖惩有关人员。

　　命令具有很强的权威性和约束力,它的使用有严格的规定,必须是国家政府机关和政府机关领导人才能使用。如中华人民共和国全国人民代表大会常务委员会及其委员长,中华人民共和国主席,国务院,国务院总理,以及各省、地、县权力机关和政府机关。普通的机关单位、群众团体、社会团体及民间机构不得使用。因作用不同,命令(令)可以分为:

　　1.公布令

　　它主要用于发布国家重要行政法令、法律、法规及重要规章等。如:

中华人民共和国主席令

第 54 号

　　《全国人民代表大会常务委员会关于修改〈中华人民共和国检察官法〉的决定》已由中华人民共和国第九届全国人民代表大会常务委员会第二十二次会议于 2001 年 6 月 30 日通过,现于公布,自 2002 年 1 月 1 日起施行。

中华人民共和国席　江泽民

二○○一年六月三十日

2.行政令

它主要用于发布重大强制性行政措施,要求有关方面采取约束性行动等。如《广东省人民政府关于查禁公路上"三乱"行为的命令》。

3.任免令

它主要用于任命或罢免国家主要工作人员,而不是一般的工作人员。如:

中华人民共和国国务院令

第 30 号

根据中华人民共和国第九届全国人民代表大会常务委员会第十四次会议2000 年 3 月 1 日的决定:

免去周永康国土资源部部长职务。

任命田凤山为国土资源部部长。

中华人民共和国国务院总理　朱镕基

二〇〇〇年三月一日

4.嘉奖令和惩戒令

它主要用于嘉奖和惩戒有重大贡献或有严重错误的单位或个人。如由国务院总理朱镕基和中央军委主席江泽民联合签发的《国务院、中央军委关于给武警部队抗洪抢险先进单位及个人授予荣誉称号和记功的命令》(国发〔1998〕83 号)(正文略)。

二、决定

适用于对重要事项或重大行动作出安排,奖惩有关单位或人员,变更或撤销下级机关不适当的决定事项。

决定是行政领导机关使用的严肃、庄重的公文文种,非"重要"、"重大"不用;这是它有别于通知的地方。如《国务院关于大力推进职业教育改革与发展的决定》(对重要事项作出安排),《国务院关于成立国务院西部地区开发领导小组的决定》(对重大行动作出安排),《国务院关于 2001 年度国家科学技术奖励的决定》(例文一)(对有重大贡献者进行嘉奖)。

三、公告

适用于向国内外宣布重要事项或法定事项。

公告的使用必须严肃,不能滥用,一般应把握好使用范围及其内容的重要性和法定性。如公布国家领导人选举结果,宣布发射洲际导弹的消息,发布专利公告、破产公告、企业法人登记公告等。

四、通告

适用于公布社会各有关方面应当遵守或者周知的事项。

通告是在一定范围内公布有关事项,一般的企事业单位也可以使用。它和公告的主要区别在于:

(1)使用范围不同。公告是向国内外宣告,范围较广;而通告只是在局部地区对某一部分人宣告。

(2)内容的重要程度不同。公告宣告的内容是重要的或法定的;而通告只是告知应遵守或知晓的事项。

五、通知

适用于批转下级机关的公文,转发上级机关和不相隶属机关的公文,传达要求下级机关办理和需要有关单位周知或者共同执行的事项、任免人员。

通知是公文中使用频率最高的文种,根据其性质和使用范围,可以分为:

1. 指示性通知

在上级机关对下级机关的工作有所部署、要求时使用,带有指挥性、指示性。如《浙江省人民政府关于"十五"时期加强全省国家公务员培训和专业技术人员继续教育的通知》(例文二)。

2. 批示性通知

在批转下级机关来文或转发其他机关来文时使用。如《浙江省人民政府办公厅转发省经贸委、省科技厅关于加快实施中药现代化工程意见的通知》。

3. 发布性通知

在公布法规、规章或印发事务性文书时使用。如《国务院关于发布〈国家行政机关公文处理办法〉的通知》。

4. 周知性通知

在告知有关单位需要知晓或执行的事项时使用。比如人事安排调整、机构设置、办公地址迁移。如《浙江省人民政府办公厅关于建立全省政府系统调查与研究报告网上资料库的通知》。

5. 会议通知

在召开重要会议之前使用。如《河北省人民政府办公厅关于召开河北省政法工作会议的通知》。

6.任免通知

在各级行政机关任命或者免去有关人员职务时使用。

六、通报

适用于表彰先进,批评错误,传达重要精神或者情况。

1.表彰性通报

它主要用于表彰好人好事,介绍先进经验,号召人们学习先进,改进工作。如《浙江省人民政府关于表彰占旭刚等优秀运动员、教练员的通报》(例文三)。

2.批评性通报

它主要用于批评错误行为,告诫和教育人们吸取教训,引以为戒。如《中共中央办公厅、国务院办公厅关于2001年下半年至2002年上半年涉及农民负担恶性案件的情况通报》(例文五)。

3.情况通报

它主要用于在一定范围内沟通工作情况,公布工作要点,使有关方面、有关人员全面了解情况,统一思想认识,做好工作。如《国务院办公厅关于1999年各部门报送公文、简报情况的通报》(例文四)。

七、议案

适用于各级人民政府按照法律程序向同级人民代表大会或人民代表大会常务委员会提请审议事项。按照不同的目的和内容,议案一般可以分为三类。

1.立法议案

根据有关规定,我国的立法机关是人民代表大会,因此,各种法律法规首先要提交人民代表大会或人民代表大会常委会审议通过后才能确立。如《国务院关于提请审议〈中华人民共和国劳动法(草案)〉的议案》。

2.政事议案

关系到国家利益的各种重大的行政事务,如中国政府与各国政府签订的协议、国家机关的变更、国民经济计划、国家财政预算决算等,都要提请人民代表大会或人大常委会审议通过。如《国务院关于提请审议批准〈中华人民共和国和摩尔多瓦共和国领事条约〉的议案》。

3.人事议案

国家和国家机关主要领导人以及国家驻外机构的主要负责人的任免,也要由政府提请全国人民代表大会或全国人大常委会审议。

议案不仅仅是行政公文,也是人大公文。依据《中华人民共和国全国人民代表大会组织法》规定："全国人民代表大会主席团、全国人大常委会、全国人大各专门委员会、国务院、中央军事委员会、最高人民法院、最高人民检察院，可以向全国人民代表大会提出属于全国人民代表大会职权范围的议案；一个代表团或者30名以上的代表，可以向全国人民代表大会提出属于全国人民代表大会职权范围的议案。"依据《地方组织法》"地方各级人民代表大会举行会议的时候，主席团、常务委员会、本级人民政府和代表（三人以上附议），都可以提出议案。"议案提出后，还须列入大会议程，进行讨论、审议和决定，一经通过，就具有法律效力；未通过的议案作为建议处理。

八、报告

适用于向上级机关汇报工作，反映情况，答复上级机关询问。报告按其使用性质可以分为以下两种。

1. 呈报性报告

它是下级机关根据上级指示精神或上级的询问，在工作完毕后或在工作中遇到问题时，向上级汇报、反映情况。报告可以陈述工作完成、进展情况；陈述工作中存在的问题；也可以提出一些意见、建议，但仅供上级参考。有时报送材料、物品也可以用报告行文。如《国务院纠风办、农业部、监察部、财政部、国家计委、国务院法制办关于2001年下半年至2002年上半年涉及农民负担恶性案件的情况报告》。

2. 呈转性报告

它是下级机关呈报给上级机关，并要求批准转发给有关部门执行的报告。这类报告在内容上以意见和建议为主；有的是在工作进行前，对工作提出具体措施、办法；有的是针对工作中存在的问题提出具体解决办法。

九、请示

适用于向上级机关请求指示、批准。请示按其使用性质大致可分两种：

1. 求示性请示

下级机关在工作中对某些政策把握不准时，可以向上级机关请求给以答复、指示；当工作中出现疑难问题无法解决时，也需要上级给予帮助、指示。如《关于调整烟叶经济政策实施方案的请示》。

2. 求批性请示

这类请示主要是对本机关无权决定或无力解决的问题，提出请求，阐明意见，请求上级机关审核批准。如机构设置、人事安排、筹划项目、申请经费等。如

《××省人民政府关于申请设立××出口加工区的请示》(例文六)。

请示和报告同属上行文,撰写时容易混淆,可以从以下几方面加以区别:

(1)行文目的不同。请示是向上级行文,是请求批转有关事项,给予工作指示或者答复问题等,需要上级机关作出明确答复,具有呈请性、期复性。报告是向上级机关汇报工作,反映情况,提出建议等,并不需要答复,具有陈述性、呈报性。

(2)行文时间不同。请示应该在工作、行动之前行文,等上级指示下达后才能付诸实施,不能"先斩后奏"。报告则可以在工作结束或进行过程中制发。

(3)结尾不同。请示的结尾用语常为"当否,请批复"或"当否,请批准"。报告的结尾用语常为"特此报告,请审阅"或"如无不当,请批转各地执行"。

(4)正文写法不同。请示必须一文一事,即一份请示只能请示一件事;而报告则无此要求。

十、批复

适用于答复下级机关请示事项。批复与请示相对应,可以分为以下两种。

1.指示性批复

它是对下级机关的求示性请示的回文,并对有关问题作明确的答复。如《国务院关于深圳市城市总体规划的批复》(例文七)。

2.批准性批复

它是对下级机关的求批性请示的答复。上级机关对下级机关的求批性请示,无论同意与否,都要作出答复,下级应遵照执行。如《国务院关于福建省进一步对外开放问题的批复》。

十一、意见

适用于对重要问题提出见解和处理办法。意见是2000年8月国务院发布的《国家行政机关公文处理办法》中新增的公文文种。它的最大特点是行文方向灵活,使用方便。

意见上行时,下级机关向上级机关提出对某项工作的见解和处理办法,称为建设性意见;上级机关应对下级机关报送的意见作出处理或给予答复。

意见下行时,上级机关向下级机关提出规定性、指令性的工作意见;下级机关应遵照执行。如《国务院关于进一步做好退耕还林还草试点工作的若干意见》(例文八)。

意见平行时,用来向平级或不相隶属机关提出看法、主张或征求意见。

十二、函

适用于不相隶属机关间相互商洽工作,询问和答复问题,请求批准和答复审批事项。从函的内容和用途来看,函可以分为以下三类。

1. 商洽函

它是机关单位之间用来商洽工作、联系事项的函。如《××省工业厅关于商洽代培文秘人员的函》(例文九)。

2. 问答函

它是机关单位之间询问和答复问题的函。如《××省物价局关于普通与成人高考考试等收费问题的复函》。

3. 求批函

它是向有关职能部门请求批准的函。如《××省人民政府办公厅关于申请将省行政首脑机关办公决策服务系统建设经费列入省财政预算的函》。

函与请示都是期复性公文,希望得到对方机关的答复,它们的主要区别在于:

(1)行文关系不同。函是平行文,用于不相隶属机关之间;请示是上行文,只能在上下级机关之间运用。

(2)复文文种不同。复函是对问函作出答复;而批复是对请示的回复。

(3)行文语言不同。函是平行文,用语较为谦和有礼;请示是上行文,格式和行文要求更为严格。

十三、会议纪要

适用于记载、传达会议情况和议定事项。

会议纪要的发文方向不确定,既可以上传也可以下达,起沟通情况、交流经验和指导工作的作用。根据内容和性质的不同,会议纪要可以分为两大类。

1. 决策性会议纪要

会议经过讨论后达成共识,提出对某项具体工作的意见和建议,议定的事项要求有关单位共同遵守和贯彻执行,起决定和指导作用,同时还有行政约束力。如《××省人民政府省长办公会会议纪要》。

2. 研讨性会议纪要

这类会议通过对有关方针政策或学术问题的探讨,起到交流经验的作用,因此,这类会议纪要主要是让有关方面了解会议情况,没有行政约束力。但是如果涉及的问题对工作有指导作用,并且经领导机关批转有关单位,那它的作用就和决策性会议纪要相同。如《浙江省企业家座谈会会议纪要》。

例文一

国务院文件

国发〔2002〕2号

国务院关于 2001 年度国家科学技术奖励的决定

各省、自治区、直辖市人民政府，国务院各部委、各直属机构：

为实施"科教兴国"战略，鼓励优秀科学技术人才脱颖而出，奖励为发展我国科学技术事业、促进国民经济发展和社会进步做出突出贡献的科学技术人员，根据《国家科学技术奖励条例》的规定，由国家科学技术奖励评审委员会严格评审和科技部审核，经国务院批准并报请国家主席江泽民签署，授予王选、黄昆 2001 年度国家最高科学技术奖；经国务院批准，授予"纳米非氧化物的溶剂热合成与鉴定"等 18 项成果国家自然科学二等奖；授予"水稻雄性不育 K 型新质源的创制、研究与运用"等 14 项成果国家科学技术发明二等奖；授予"水稻两用核不育系'培矮 64S'选育及其应用研究"等 17 项成果国家科学技术进步奖一等奖；授予"新型背负式机动喷粉喷雾机研制开发"等 174 项成果国家科学技术进步奖二等奖；授予德国佩策特、美国杨又迪、瑞典诺顿斯强姆、加拿大毛焕宇、日本黑田吉益和巴西瓦加斯等六人中华人民共和国国际科学技术合作奖。

全国科学技术工作者要向全体获奖者学习，继续发扬坚持真理、刻苦钻研、求真务实、开拓创新、大力协作、永攀高峰的精神，不断加强技术创新，加速科技成果转化，为推动我国经济结构战略性调整、提高我国的综合国力，实现我国社会主义现代化建设第三步战略目标提供强大的科技支持，做出更大的贡献。

附件：《获奖人员名单》

二〇〇二年一月二十三日

（公章）

主题词：国家科技奖　王选等　决定

国务院办公厅　　　　　　　　　　　　　　　　2002 年 1 月 23 日

例文二

浙江省人民政府文件

浙政发〔2001〕77 号

关于"十五"时期加强全省国家公务员
培训和专业技术人员继续教育的通知

各市、县(市、区)人民政府,省政府直属各单位:

"十五"时期,是我省提前基本实现现代化的关键时期,也是适应经济全球化和迎接知识经济挑战的重要时期。为全面提高全省国家公务员和专业技术人员队伍的整体素质,根据《浙江省国民经济和社会发展第十个五年计划纲要》,现就"十五"时期我省加强国家公务员培训和专业技术人员继续教育的有关问题通知如下:

一、充分认识"十五"时期加强国家公务员培训和专业技术人员继续教育工作的重要性。

(正文略)

二、明确目标任务,完善培训机制,把培训教育工作提高到一个新的水平。

(正文略)

三、加强领导,切实保证培训教育工作的顺利展开。

(正文略)

各级人事行政部门要切实抓好本地国家公务员培训和专业技术人员继续教育的计划、组织和协调等工作。《浙江省国家公务员培训"十五"规划》、《浙江省专业技术人员继续教育"十五"规划》由省人事行政部门负责制定,并组织实施。

二〇〇一年十二月四日

(印章)

主题词:公务员培训　专业技术教育　通知

浙江省人民政府办公厅　　　　　　　　　2001 年 12 月 4 日

例文三

浙 江 省 人 民 政 府 文 件

浙政发〔1996〕45 号

关于表彰奖励占旭刚等优秀运动员、教练员的通报

各市、县人民政府,丽水地区行政公署,省政府直属各单位:

　　我省体育健儿,在第 26 届奥运会上克服困难,经过顽强拚搏,获得 1 枚金牌、2 枚银牌、1 枚铜牌、4 个第五名和 1 个第八名,并破三项世界纪录,取得了优异成绩。为进一步促进我省体育事业的发展,鼓励广大运动员、教练员继续发扬拼搏精神,为国争光,省人民政府决定:

　　授予金牌获得者占旭刚"浙江省劳动模范"称号,给予通令嘉奖,晋升工资二级,奖励住房(三室一厅)一套;

　　给予银牌获得者吕林、曹棉英和铜牌获得者刘坚军各记大功一次,晋升工资一级;

　　给予占旭刚的教练陈继来记大功一次,晋升工资二级;给予曹棉英的教练周琦年、刘坚军的教练王小明各记功一次,晋升工资一级。

　　在本届奥运会上,我省运动员、教练员发扬爱国主义、集体主义精神,奋力拼搏,勇攀体育高峰,为祖国和我省人民赢得了荣誉。省人民政府号召全省各行各业、各条战线要向体育健儿学习,在各自的岗位上为社会主义现代化建设做出贡献;希望体育战线的同志再接再厉,不断进取,为发展我省体育事业再立新功。

一九九六年八月十五日

(公章)

主题词:表彰奖励　优秀运动员　占旭刚等　通报

例文四

国务院办公厅文件

国办发〔2000〕××号

关于 1999 年各部门报送公文、简报情况的通报

国务院各部委、各直属机构：

现将 1999 年各部门向国务院报送公文、简报的有关情况通报如下：

1999 年 3 月《国务院办公厅关于 1998 年各部门报送公文、简报情况的通报》印发后，各部门都很重视，认真对照检查通报中指出的问题，采取相应措施，努力改进本部门公文、简报报送工作。一些部门进一步健全有关规章制度，加强对公文的审查把关，规范简报的报送程序，使公文、简报的报送工作有了明显的改进。一是公文数量进一步减少，1999 年各部门所报国务院的请示性公文比上年减少 122 件，减少 5.2%；二是公文质量有所提高，1999 年各部门报送的请示性公文中，不符合要求的 107 件，约占总数的 4.9%，比 1998 年减少了 44 件，减少了 29.2%；三是简报的报送工作更加规范，大多数部门能够按照已备案的简报种类报送简报。但是，在公文、简报的报送工作中仍然存在一些问题，有些问题多年来虽三令五申仍无明显改进。主要是：

一、涉及其他部门的事项，主办部门未与有关部门充分协商就直接报送国务院审批；或虽经协商但未取得一致意见，主办部门在报送国务院审批时没有充分反映有关部门的意见或提出的建设性意见。此类公文共 18 件，约占不符合要求公文总数的 16.8%。例如：科技部《关于发表有关 242 个科研机构转制的评论员文章的请示》，涉及到国家经贸委、中编办、财政部等部门，而科技部未征求上述部门的意见；教育部《报请国务院转发〈关于举办内地新疆班和改善内地西藏班办学条件的实施意见〉的请示》，内容涉及国家计委、财政部和北京、天津、山东、江苏、浙江、广东等省、市，而教育部未与上述部门和地区协商。

二、未经国务院领导同志指定，将应报送国务院或主管部门审批的事项直接报送国务院领导同志个人，被国务院领导同志退回的公文共 9 件，占不符合要求公文总数的 8.4%。例如：中国银行《关于解决航科集团拖欠中银集团债务问题有关情况和意见的报告》、《信息产业部关于成立"中国电子商务协会"

的请示》直接报送了领导人个人。

三、报告中夹带请示事项。此类公文共 8 件,占不符合要求公文总数的7.5%。例如:卫生部《关于由鼠药等农药引起食物中毒事件的情况报告》,文中提出了一些请示事项;农发行《关于新疆棉花降价销售情况的报告》,文中既报告了新疆棉花降价销售的有关情况,又有请示内容。

四、行文关系不当。有的将应报送国务院审批的事项报送国务院办公厅,有的部门办公厅向国务院办公厅报送请示性公文。此类公文共 28 件,占不符合要求公文总数的 26.2%。例如:农业部报送国务院办公厅的《关于申请追加蝗虫等爆发性虫害防治经费的紧急请示》、国家林业局报送国务院办公厅的《关于申请对进口物资免征进口税有关问题的请示》,均应报送国务院审批。

此外,公文体例不规范的问题仍然比较突出。存在此类问题的公文共 44件,占不符合要求公文总数的 41.1%。报送的请示性公文中急件、特急件过多的问题也比较突出,个别部门报送的请示性公文中标有急件、特急件的占50%以上。

上述问题说明,进一步做好报送公文、简报的工作十分必要,为此,提出一些要求:

一、各部门要认真学习朱镕基总理在国务院第五次全体会议上的讲话,在全面加强管理上下功夫,切实转变工作作风和工作方式,努力提高工作质量和工作效率,进一步压缩公文、简报的数量,提高公文、简报的质量。

二、各部门负责同志应当高度重视公文处理工作,模范遵守公文处理的有关规定和要求,加强对本部门公文处理工作的领导和检查。

三、要认真研究解决报送公文、简报中一些长期存在的问题。对本通报中提到的问题,各部门要认真对待,采取切实有力的措施加以解决。

二〇〇〇年三月三日

(公章)

主题词:公文 简报 管理 情况通报

抄送:各省、自治区、直辖市人民政府办公厅

国务院办公厅 　　　　　　　　　　　　　　2000 年 3 月 3 日

例文五

中共中央办公厅
国务院办公厅　文件

中办发〔2002〕22 号

关于 2001 年下半年至 2002 年上半年
涉及农民负担恶性案件的情况通报

各省、自治区、直辖市党委和人民政府,各大军区党委,中央和国家机关各部委,军委各总部、各军兵种党委,各人民团体:

　　近年来,各级党委、政府及有关部门按照党中央、国务院的部署和要求,深入开展减轻农民负担工作,在加强监督检查、加快制度建设、探索治本措施等方面取得了一定成效,农村税费改革试点工作顺利推进,农民负担"一定三年不变"的政策得到较好落实,农民收入有了恢复性增长。当然,农民负担重的问题还没有根本解决,一些地区和部门仍违反规定向农民乱收费、乱集资、乱罚款和强行摊派,少数基层干部法制观念较差,宗旨意识淡薄,工作方法简单粗暴,个别地区甚至酿成了严重群体事件和恶性案件。去年上半年和今年下半年,各地发生此类恶性案件 13 起,虽与上一年度相比案件数量下降,但也造成了恶劣的政治影响,严重损害了党和政府的形象,影响了当地的经济发展和社会稳定。为引起各级党委、政府和各部门的高度重视,教育广大干部深入贯彻"三个代表"的要求,从案件中吸取教训,避免类似案件的发生,经党中央、国务院同意,现将《国务院纠风办、农业部、监察部、财政部、国家计委、国务院法制办关于 2001 年下半年至 2002 年上半年涉及农民负担恶性案件的情况报告》印发各地区、各部门,对 13 起案件予以通报,并重申和提出以下要求:

　　一、进一步提高认识,坚决落实减轻农民负担党政一把手负责制。减轻农民负担是党在农村的一项基本政策,关系到调动和保护农民生产积极性,巩固农业基础地位和保持农村社会稳定。今年以来,我国不少地方遭受严重的自然灾害,农民的生产和生活面临很大困难,在这种形势下,切实做好减轻农民负担工作,具有更加重要的意义。各地区、各部门一定要以江泽民同志"三个代表"重要思想为指导,进一步提高对减轻农民负担重要性、紧迫性的认识,把思想和行动统一到中央政策上来。各级干部特别是领导干部必须坚持执政为民，始终把群众呼声作为第一信号，把群众需要作为第一选择，把群众利益作为第一考虑，把群众满意作为第一标准，善谋富民之策，多办利民之事，增强做好减轻农民负担工作的责任感和紧迫感。

要继续坚持和强化减轻农民负担由党政一把手亲自抓、负总责的制度，把"不违反中央规定出台加重农民负担的项目，不发生因农民负担引发的严重群体性事件和恶性案件"的要求作为考核各级领导干部特别是乡县两级领导干部的重要内容。建立农民负担问题领导干部谈话制度，对农民负担问题突出的地方，上级领导要与下一级党政领导谈话督促限期整改；对整改不力，敷衍塞责的，该调整的要坚决调整，该撤换的要坚决撤换。

二、加强对干部的教育和管理，认真执行"一项制度，八个禁止"和农村税费改革的各项政策。农村基层干部是党的农村政策的执行者和农村各项工作的组织者，他们的工作方法和工作作风，直接关系到党和政府在群众中的形象。当前，要通过巩固农村"三个代表"重要思想学习教育活动取得的成果，进一步加强对农村基层干部的教育和管理，使农村基层干部切实转变工作作风，改进工作方法，牢固树立群众观念、法制观念和服务观念，提高依法行政的水平。要把中央"一项制度，八个禁止"和严禁动用专政工具、手段向农民收取财物的规定作为铁的纪律，无条件地坚决执行。进行农村税费改革的地方，要严格执行政策，严把收费审批关，确保农民负担明显减轻。各地区和有关部门要针对执行中存在的突出问题，切实制定可行的整改措施。特别是曾经发生过涉及农民负担恶性案件、严重群体性事件和造成重大影响的其他案（事）件的地区，要从中吸取教训，认真查找工作中的薄弱环节，深刻剖析案（事）件发生的原因，举一反三，使干部真正受到教育，工作作风有一个明显的转变。

三、严格执行责任追究制度，严肃查处违纪违法案件。要进一步加大查处涉及农民负担案（事）件的力度，严格执行对涉及农民负担案（事）件的责任追究制度。对违反减轻农民负担政策，引发恶性案件、严重群体性事件或造成重大影响的其他案（事）件的，要按照《中共中央办公厅、国务院办公厅关于印发〈关于对涉及农民负担案（事）件实行责任追究的暂行办法〉的通知》（中办发〔2002〕19号）的要求，追究直接责任人和有关党政领导人员的责任，给予相应的党纪、政纪处分；触犯刑律的，司法机关要依法追究其刑事责任。凡发生涉及农民负担恶性案件、严重群体性事件和造成重大影响的其他案（事）件的地方，主要领导必须到第一线做好群众的疏导工作，化解矛盾，防止事态扩大；当地党委、政府和有关部门要按规定的程序和时限上报，不得隐瞒不报、谎报和拖延报告；要积极配合、协助上级机关进行调查，不得以任何方式阻碍和干扰调查工作。对违反规定的，要对直接责任人和有关领导人员加重处理。这次通报涉及的省、自治区党委和政府，要认真组织整改，今年年底前向党中央、国务院写出深刻检查和整改情况的报告。

附件：《国务院纠风办、农业部、监察部、财政部、国家计委、国务院法制办关于 2001 年下半年至 2002 年上半年涉及农民负担恶性案件的情况报告》

二○○二年九月十二日

（公章）

（附注：此件发至县、团级，传达到村党支部、村委会）

主题词：案件　农民负担　情况通报

中共中央办公厅　　　　　　　　　　　　2002 年 9 月 12 日

例文六

××省人民政府

×政发〔2000〕××号　　　　　　　　　签发人：×××

关于要求设立××出口加工区的请示

国务院：

　　为进一步推动我省外向型经济发展，加快对外开放步伐，培植对外贸易新的增长点，根据国务院办公厅国办发〔1999〕××号文件精神及国家有关政策规定，经认真考察论证，我省特申请在××国家级高新技术产业开发区内设立××出口加工区。

　　××市地处××半岛中部，1988年就被国务院列入××半岛沿海经济开发区。改革开放以来，该市外向型经济迅速发展，截至1999年1月，全市累计批准利用外资项目2488个，实际利用外资24.9亿美元。1998年完成出口额6.42亿美元，其中，加工贸易完成3.4亿美元，占出口额的52.8%。1999年1—11月全市出口6.9亿美元，其中加工贸易2.85亿美元，继续保持增长势头。

　　××高新技术产业开发区是科技部批准设立的国家级高新技术产业开发区和国家科技成果推广示范基地。经过几年的发展，已经成为我省发展较快的高新技术产业聚集区；其综合经济指标位居全省前列。截至1999年11月，区内已有各类企业576家，年产值50亿美元，年利税4.5亿元；有外商投资企业104家，实际利用外资8800万美元。1999年1—11月，出口完成3800万美元，其中，加工贸易1380万美元。区内有高新技术企业43家，年科工贸总收入60亿美元。

　　××国家级高新技术产业开发区基础条件良好。该区地位比较优越，交通便利；区内水源充足，水厂日供水量达20万立方米；电力供应充足，配有两座110千伏、12.6万千伏安变电站；通讯畅通，程控交换机4万门。自1992年以来，该市就在区内进行了大型保税仓储有限公司的建设和运营。目前，在海关监管下，占地17公顷地第一期工程顺利投入使用。已建成达6028平方米的综合性仓库，专门从事保税货物及储存运输业务和集装箱货运业务。随着区内加工贸易企业的发展,该区已形成了集出口加工和开展加工贸易、保税仓储业务等多功能为一体的区域,市内设立了海关,具备了设立出口加工区的条件。

拟设立的××出口加工区,其规划面积为3平方公里。以原××保税仓储公司为依托,利用区中现有的26家加工贸易企业大力发展出口加工和保税仓储业务。同时,加大科技投入,大力发展高新技术产业,培植对外贸易新的增长点。

当否,请审批。

二○○○年二月二十日

(公章)

主题词:贸易 出口加工区 设立 请示

××省人民政府   2000 年 2 月 20 日

例文七

国 务 院 文 件

国发〔2000〕9号

关于深圳市城市总体规划的批复

广东省人民政府：

你省《关于上报审批深圳市城市总体规划的请示》(粤府〔1999〕××号)收悉。现批复如下：

一、原则同意修订后的《深圳市城市总体规划》(以下简称《总体规划》)。

二、深圳市是我国的经济特区，华南地区重要的经济中心。深圳市的建设和发展要遵循经济、社会、人口、环境和资源相协调的可持续发展战略，大力发展高新技术产业和第三产业，不断完善城市功能，逐步把深圳市建设成为经济繁荣、社会文明、布局合理、设施完善、环境优美的现代化城市。

三、(正文略)

四、(正文略)

深圳市人民政府要根据本批复精神，认真组织实施《总体规划》，任何单位和个人不得随意改变。你省和建设部要加强对《总体规划》实施的指导、监督和检查工作。

二〇〇〇年一月二十四日

(公章)

主题词：经济特区　城市规划　深圳市　批复

国务院办公厅 　　　　　　　　　　　　　　　2000年1月24日

例文八

国务院文件

国发〔2000〕××号

关于进一步做好退耕还林还草试点工作的若干意见

各省、自治区、直辖市人民政府,国务院各部委、各直属机构:

　　今年以来,按照党中央、国务院的部署,长江上游、黄河上中游各有关地区认真开展退耕还林还草的试点工作,进展比较顺利,得到广大农民的拥护和支持。但还存在一些问题,主要是:一些地区由于试点范围偏大,工作衔接不够,种苗供需矛盾突出,树种结构不够合理,经济林比重普遍较大;有些地区严重干旱以及管理粗放,造林成活率低。为了明确责任,严格管理,推动试点工作的健康发展,根据国务院总理办公会议的决定,并经今年七月中西部地区退耕还林还草工作座谈会讨论,现就进一步做好退耕还林还草试点工作作出以下规定:

　　一、加强领导,明确责任,实行省级政府负总责。(正文略)

　　二、完善退耕还林还草政策,充分调动广大群众的积极性。(正文略)

　　三、健全种苗生产供应机制,确保种苗的数量和质量。(正文略)

　　四、依靠科技进步,合理确定林草种结构和植被恢复方式。(正文略)

　　五、加强建设管理,确保退耕还林还草顺利开展。(正文略)

　　六、严格监督管理,确保退耕还林还草工程质量。(正文略)

二〇〇〇年九月十日

(公章)

主题词:环保　退耕还林还草　工作　意见

国务院办公厅　　　　　　　　　　　　　　　2000 年 9 月 10 日

例文九

××省工业厅（人事处）文件

×工（人）函〔2002〕×号

关于商洽代培文秘人员的函

××大学中文系：

　　获悉贵系将于今年9月份开办秘书业务进修班，系统讲授有关秘书业务以及公文写作与处理的基本理论和方法。

　　1997年机构改革以来，我厅所属各单位的文秘人员调整较大，不少新的文秘人员由于没有经过系统的专业学习，业务素质较差。现你系开办进修班，为这些同志提供了一个非常难得的学习机会。我厅拟派10名文秘人员随班学习，委托你们代为培养。有关代培所需的一切费用，我厅将如数拨付。

　　可否，盼予函复。

二〇〇二年八月十日

（公章）

主题词：职工培训　文秘　代培　商洽函

××省工业厅人事处　　　　　　　　　　2002年8月10日

第五章 公文的格式和行文规则

第一节 公文的格式

国家行政机关公文格式已于 2000 年 11 月由国务院办公厅秘书局编定（文件见附录二）。根据《国家行政机关公文处理办法》（以下简称《办法》）和《国家行政机关公文格式》的规定，公文格式包括公文的书面格式、排版、用纸以及装订等。

《办法》第十条规定："公文一般由秘密等级和保密期限、紧急程度、发文机关标识、发文字号、签发人、标题、主送机关、正文、附件说明、成文日期、印章、附注、附件、主题词、抄送机关、印发机关和印发日期等部分组成。"一份公文，可分为文头部分、行文部分和文尾部分，每一部分又包含若干内容，下面分别加以阐述。

一、文头部分

文头也称版头，位于文件首页上端，约占页面的 1/3（下行文）或 1/2（上行文）。

要素齐全的文头由秘密等级、保密期限和份数序号、紧急程度、发文机关标识、发文字号、签发人组成。

1.秘密等级、保密期限和份数序号

秘密等级简称密级，涉及国家机密的公文需要保密并注明秘密等级，按保密程度，保密等级依次递减为绝密、机密、秘密三个等级。

确定密级和保密期限，可根据《国家秘密及其密级具体范围的规定》对号入座。保密期限一般绝密事项不超过 30 年，机密事项不超过 20 年，秘密事项不超过 10 年，不满一年以月记，超过一年以年记。其标引方法为：密级★保密期限，用 3 号黑体字顶格标识在版芯右上角第一行，两字之间空一字。

份数序号是指每个绝密或机密文件根据所印份数统一编定的顺序号,也称"流水号",编号的目的是便于登记、查询和存档。普通的公文一般不加份数序号。份数序号用阿拉伯数码顶格标识在版芯左上角第一行。

2.紧急程度

紧急程度是指公文送达和处理的时限要求。需要紧急处理的公文要根据情况标明"特急"或"急件"字样。某些文件可以在标题中出现"紧急"字样,如《关于禁止使用代币购物券的紧急通知》。若在标题中已经出现了紧急程度,那么文头部分就不必重复出现。如果是电报,则应当标明"特提"、"特急"、"加急"、"平急"字样。

紧急程度用3号黑体字,顶格标识在版芯右上角第一行,两字之间空一字;如需同时标识秘密等级和紧急程度,则秘密等级在第一行,紧急程度在第二行。

3.发文机关标识

发文机关是指制发公文的单位,是公文的法定作者,表明公文的归属。发文机关应该用全称或规范化的简称加"文件"两字组成(上行文或普发性公文只有发文机关名称),位置在文头部分的正中,用小标宋体字,红色标识,字号由发文机关以醒目美观为原则酌定。

联合行文时,主办单位名称排列在前,"文件"两字置于发文机关名称右侧,上下居中排列。如果联合行文机关过多,则必须保证公文首页显示正文。

4.发文字号

简称文号,是指发文机关在一年之内所发公文依次编排的顺序号。文号由机关代字、年份、顺序号三部分组成。例如,国发〔2003〕26号,表示国务院在2003年度发布的第26号文件。机关代字是机关名称的缩写,应准确无误,一般由领导部门统一编定,不得随意变换。在机关代字后,还可以加上"发"、"字"等字样。年份是发文的年度,用阿拉伯数字,写完整年份,并且只能用六角括号。顺序号是发文的顺序号,除"命令"之外,序号前不加"第"字,也不设拟虚位(即1不编为001)。文号三个部分的位置不能调换,其位置在发文机关标识下方居中排列,用3号仿宋体(文头出现"签发人"时,文号的位置向左移)。联合行文时,只标明主办机关的文号。

文号之下4毫米处,印一条与版芯等宽的红色反线。

公文在刊发时,没有必要把文头一并刊出,此时,文头部分常常略去,而文号移入标题下方。

5.签发人

签发人是指代表发文机关核准并签发公文文稿的领导人姓名。上报的公文需标识签发人姓名,平行排列于发文字号右侧。发文字号居左空一字,签发人居右空一字。签发人用3号仿宋体,加冒号,签发人姓名用3号楷体字标识。如有多个签发人,主办单位签发人的姓名置于第一行,其他签发人姓名从第二行起在主办单位签发人姓名之下按发文机关顺序依次排列,并下移红色反线,应使发文字号与最后一个签发人姓名处在同一行,并使红色反线与之距离为4毫米。

《办法》规定:"上行文应当注明签发人、会签人姓名。其中'请示'应当在'附注'处注明联系人的姓名和电话"。

二、行文部分

这部分是公文的主体,包括标题、主送机关、正文、附件说明、成文时间、印章和附注几项内容。

(一)标题

公文标题就是公文名称,是公文核心内容的概括。一般包含三个要素:发文机关名称、发文事由、公文种类。

发文机关名称用全称或规范化的简称;发文事由部分应当准确、简要地概括公文的主要内容,并由介词"关于"起领;文种的选择应根据行文目的、发文机关的职权和与主送机关的行文关系确定。标题中除法规条文、规章(包括条例、办法、细则、规定等)的名称可以用书名号外,一般不用标点符号。

公文标题的形式一般有三种。

1.完整式

这类标题三要素俱全,如《浙江省人民政府关于调整乡镇土地利用总体规划审批权限的通知》。

2.省略式

这类标题可以省略发文机关,如《关于商洽代培文秘人员的函》。一般上有文头,下有印章,正文的标题常可省略发文机关;有的也可以省略事由部分,如《中华人民共和国主席令》;也有一些普发性公文标题,把发文机关和事由都省略了,如公共场所张贴的通告,有时仅有"通告"两字。

3.转发式

这类标题要把被转的公文标题作为事由,用"转发"或"批转"起领,并在这两个词前省略"关于"。转发的层次不宜过多,一般以两层为宜。

标题用 2 号小标宋体字,可分一行或多行居中排列;回行时要做到词义完整,排列对称,间距恰当。

（二）主送机关

主送机关是指负责处理公文的主要受理机关,也称"上款"或"抬头"。它是发文机关要求周知或贯彻执行或研究答复这份公文的单位。除少量面向全社会或某单位全体人员发布的普发性公文外,都应当注明主送机关。上行文、平行文一般只有一个主送机关,而下行文的主送机关可以有多个,一般按系统、级别排列,不同系统级别间加逗号,同系统级别间加顿号,并用通称"各"起领。例如,国务院发文时,主送机关就经常是"各省、自治区、直辖市人民政府,国务院各部委、各直属机关:"标识时顶格,用 3 号仿宋体,后加冒号。

公文一般不主送给领导人个人。

（三）正文

这一部分是公文内容的主体和核心,也是公文写作的关键。结构上一般包括开头、主体、结尾三大部分。

开头,用以阐明行文的原因、依据或目的,如果是回复性的公文,应该先引来文的标题、文号。主体,重在叙述情况、分析问题、说明理由、提出要求等,不同的文种有不同的内容和写法。结尾,有些公文有结尾,照应开头或主旨,提出解决问题的办法或要求;也有些公文只用一些规范化的语句作结,如"特此通知"、"此复"、"当否,请批示"、"特此函达"等。

写作正文时,要注意观点正确,符合国家的法律法规,符合有关的方针政策;表达上要有的放矢,不说空话、套话;叙述要准确、清晰;措施意见要具体、可行;语言要简洁,逻辑要严密。

（四）附件和附件说明

附件,是指公文正文的印证性、说明性或以备查考的附带性材料,常见的如:名单、报表、统计资料、表格等。附件并非每份公文都有,一些直接附印在通知、通报、决定等文件后,在标题中已经出现过的被颁发、印发、转发、批转的文件一般不视为附件。

附件说明的位置,在正文下空一行左空两字,用 3 号仿宋体标识,后加冒号,并标明附件顺序、名称和份数,名称后不加标点符号。

（五）成文时间

成文时间又称发文时间或"署时",是公文生效的法定时间。成文时间用公元纪年,小写汉字,要求年、月、日俱全。如:二○○三年三月十二日。

成文时间的确定:①一般公文,以领导人的签发日期为准;②联合行文,以最后一个机关领导人的签发日期为准;③会议通过的公文,以通过日期为准;④电报,以实际发出日期为准。

成文时间的位置:右空四字,加盖印章后距正文一行之内。

（六）印章和签署

印章是文件生效的标志,公文要加盖机关公章才有效。单一机关制发的公文在落款处不署发文机关名称,只标识成文日期,印章骑年跨月,压在成文日期上,上距正文一行之内。

联合下发的公文,需加盖两个印章时,应将成文日期拉开,左右各空7字,主办机关印章在前;两个印章均压在成文日期上,不能相交或相切,相距不超过3毫米。

当联合下发的公文加盖三个以上的印章时,为防止出现空白印章,应将各发文机关名称（可用简称）按加盖印章的顺序排列在相应位置,并使印章加盖或套印在其上。主办机关印章在前,每排最多排三个印章,两端不得超出版芯;最后一排如只余一个或两个印章时,均居中排列;印章之间不能相交或相切;在最后一排印章之下右空两字标识成文时间。

当公文排版后所剩空白处不能容下印章位置时,应采取调整行距、字距的措施加以解决,务使印章和正文同处一面,不得采取“此页无正文”的方法。

公文除会议纪要和以电报形式发出的以外,应当加盖印章。联合上报的公文,由主办机关加盖印章即可。

（七）附注

附注是对正文的某些内容或有关事项、要求的注解和说明,一般分为三种情况。

1.注释说明

对一些不易夹注的名词术语,在附注内加以注释说明。

2.说明公文传达范围和阅读对象

如“此文发至省部级”。

3.“请示”

应在附注内注明联系人的姓名和电话,以便于联系,提高工作效率。

附注用3号仿宋体字,左空两字,加圆括号,标识在成文日期的以下一行。

三、文尾部分

文尾部分又叫“版记”,包括主题词、抄送机关、印发机关和印发日期。版记中各要素之下均加一条反线,宽度同版芯。版记应置于公文最后一页,版记的最后一个要素置于最后一行。

（一）主题词

主题词是反映公文主题内容的一组规范化词语。公文标识主题词是为了办公自动化的需要，便于计算机管理。主题词的标引必须遵循有关的主题词表，并能为计算机所识别。国务院规定，自1994年6月1日起执行《国务院公文主题词表》，各系统也可以根据自己的实际情况制定主题词表，一经确认，不得随意改变。

主题词的标引必须准确、规范、简洁。现行《国务院公文主题词表》分为三层，第一层是对主题词区域的分类；第二层是类别词，如"贸易"区域内的"商业"、"外贸"等；第三层是类属词，即类别词下所属的各个词汇。

标引主题词时应该注意：

（1）一份文件的主题词并不是一句语法完整的句子，而是几个相关的名词或名词性词组，按一定的规则排列而成；词与词之间空一格，不加标点。

（2）标引顺序。先标类别词，再标类属词；在标类属词时，先标反映文件内容的词，再标反映文件形式的词。

（3）主题词的数量。一份文件一般控制在3～5个词。

（4）若一份公文有两个以上的主题内容，则应先集中对一个主题内容进行标引，再对第二个主题内容进行标引。即：类别词1＋类属词1＋类别词2＋类属词2＋文种。

（5）根据需要，可将不同类别的主题词进行组合标引。

（6）当词表中找不到适当的类属词时，可用类别词代替。

（7）主题词用3号黑体字，居左顶格标识，后标全角冒号；词目用3号小标宋体字。

（二）抄送机关

抄送机关是指除主送机关外需要执行或承办的有关事项，需要知晓、需要备案的次要收文机关。标注时应当用全称或规范化的简称。根据不同的行文关系可分为："抄报"（对上级），"抄送"（对平级），"发送"（内部行文或会议纪要）。

根据抄送规则，以下情况应考虑抄、报送：

（1）向下级机关或者本系统的重要行文，应当直接抄报上级机关。

（2）受双重领导的机关向上级机关行文，应当分别写明主送机关和抄送机关。

（3）上级机关向受双重领导的下级机关行文，必要时应当抄送其另一上级机关。

（4）特殊情况下越级请示时，应抄报越过的那个上级机关。

抄送机关的位置在主题词下一行,左空一字,用 3 号仿宋体字标识,后加全角冒号。

抄送机关间用逗号隔开,回行时与冒号后的抄送机关对齐;最后一个抄送机关后加句号。

(三)印发机关和印发时间

印发机关多数是指发文机关里负责制发公文的办公厅(室)。印发时间是指印发该公文的实际时间,与成文时间不是一个概念。

印发机关和印发时间位于抄送机关下一行(无抄送机关时在主题词下),用 3 号仿宋字。印发机关左空一字,印发日期右空一字,用阿拉伯数字标识。

公文格式样本之一(下行文):

文头部分	编　　号	000001		
	紧急程度			机密★一年
	秘密等级、保密期限			特　急
	份数序号			
	发文机关标识	×××××××× 文件		
	发文字号	×××〔2003〕×× 号		
	分　割　线			
行文部分	标　　题	关于××××××××的通知		
	主送机关	×××××××××× :		
	正　　文	××××××××××××××××××××。		
		××××××××××××××××××××。		
		××××××××××××××××××。		
		×××××××××××。		
	附　　件	附件:1.××××××××		
		2.××××××××		
	成文时间	二○○三年×月×日		
	印章和签署	(印章)		
	附　　注	(附注)		
文尾部分	主题词	主题词:×××　×××　×××　×××　×××　通知		
	抄送机关	抄　送:××××,××××,××××,××××,×××。		
	印发机关 印发时间	××××××××××	2003 年×月×日	
	印　　数	印×份		

第二节　公文的形成和行文规则

一、公文的形成

公文是在处理公务的过程中形成的,制发公文的过程包括草拟、审核、签发、复核、缮印、用印、登记、分发等法定的程序,其中以下几个环节应该引起注意。

(一)草拟

草拟就是拟稿。一般公文,由文秘部门拟稿;涉及业务工作的,谁主办谁拟稿;重要公文,也可由领导人亲自拟稿。

草拟公文一般要经过准备、起草、修改三个阶段。

1.准备阶段

领会领导意图,明确行文目的,准备材料,熟悉有关的法律、法规和政策。

2.起草阶段

正确选用文种,拟定提纲,确定文稿的内容及语气、措辞等基调,安排结构,落笔起草。

3.修改阶段

拟写好正文之后,先请领导审核,并依据领导的意见对内容进行修改,再进行文字上的润色,要求做到通盘考虑、主题鲜明、重点突出、层次分明、用语庄重,最后定稿。

拟稿时必须使用"公文发文稿纸"做首页,按格式依次填写好必要部分后,再开始拟写正文。书写必须用蓝色或黑色钢笔、签字笔,定稿后的稿纸连同正式公文一起存档。

"公文发文稿纸"样式:

（　　）发文稿纸

领导签发		办公室核稿			处室会签	
发文字号：			（　　）	号	处长核签：	
标题（事由）					主办单位：	
					拟　稿　人：	
					联　系　人	
					联系电话：	
主送机关					密级、期限：	
					紧急程度：	
					处室留存：　　　　　份	
附件					共　　印：　　　　　份	
					送印时间：　月　日　时	
					送校时间：　月　日　时	
抄送机关					打　　字：	
					校　　对：	
					监　　印：	
					封发时间：	
主题词：						
内部发送：						

注：请用钢笔按规范认真书写，字迹清楚勿潦草，勿粘贴。

（二）审核

审核是指文稿草拟好之后，在送交领导签发之前由主办部门负责人对文件的内容、文字、格式等作全面审核检查，重点应从以下几个方面把关。

1.行文关

行文关即是否需要行文。应认真按照中央克服"文山会海"的指示要求，对可发可不发的文、电坚决不发。严格控制文件制发的份数，根据实际需求从简确定,无关单位尽量少发或不发。

2.法律政策关

要认真核查文稿内容与现行的法律、法规和方针、政策是否一致,与本机关已发的公文是否相衔接。

3.内容关

要检查公文的内容是否真实可靠,数字是否准确无误,要求是否明确具体,措施是否切实可行。

4.文字关

公文文稿要求结构层次清晰,语言庄重简练,符合文法,合乎逻辑,标点符号使用正确。

5.体例格式关

应审查文稿的文种使用、行文关系、标题、文号、主送机关等公文格式内涵是否准确无误。

经审核后,核稿人应签署意见、姓名、日期。

注意:按规定,凡公文内容涉及到其他部门的职责范围,需要该部门负责人对公文草稿进行审阅,并在会签栏上签上姓名和日期,以示负责。会签有两种情况:一是机关内部有关部门的会签,二是单位之间的会签。外单位的会签也有两种情况:一是联合发文时的会签,二是公文内容涉及到有关外单位的会签。无论哪种会签,都由主办机关负责承办。

(三)签发

签发,是指发文机关领导对文稿最后的核准签字。公文文稿在正式打印之前,须经机关领导审阅签发。重要公文应当由正职或主持工作的副职领导人签发,会议通过的或一般性公文(如会议通知等)可由文秘部门负责人签发。

签发应有明确的意见,如"发"、"同意"、"同意发"等,不能只签名,不署意见。签署时应用钢笔或签字笔。

(四)缮校、封发

公文经领导人签发后,文秘部门应当进行复核,重点是:审批、签发手续是否完备,附件材料是否俱全,格式是否统一规范等;然后在发文稿纸上编定发文字号,规定打印份数,交付文印部门打印;打印出的初稿,应经拟稿人校对无误后才能正式印刷成文;加盖公章后由文秘部门封发。

二、公文的行文规则

《办法》第四章明确规定了公文的行文规则,概括起来主要有以下几个方面。

（一）明确行文关系

行文关系是根据隶属关系和职权范围确定的。

各级行政机关之间的组织关系在公文运行中主要体现为"隶属关系"和"非隶属关系"。隶属关系，是指同一垂直组织系统中的上下级的直接关系。如：国务院—省、直辖市、自治区人民政府—地、（市）人民政府—县（区）人民政府—镇（乡）人民政府；又如：中国人民银行总行—中国人民银行××分行—中国人民银行××中心支行—中国人民银行××支行。非隶属关系，是指不相隶属单位之间的关系，它们之间可以是平级的，也可以是不平级的。平级的如：省教育厅—省财政厅、中华人民共和国司法部—中华人民共和国民政部；不平级的如：省商业厅—市外事局、市公安局—县税务局。

职权范围，是指各行政单位职责权力的范围，这是各单位在行文时必须遵守的。《办法》第十五条规定："政府各部门依据部门职权可以相互行文和向下一级政府的相关业务部门行文；除以函的形式商洽工作、询问和答复问题、审批事项外，一般不得向下一级政府正式行文。"如省教育厅—省商业厅、省教育厅—市教育局之间可以相互行文；但省厅不得向市政府直接正式行文（"函"除外）。

制发公文时，首先要弄清各单位之间的隶属关系和行文关系，才能行文。

（二）明确联合行文的条件

联合行文的前提是：联合行文的各单位、各部门之间只能是平级关系。《办法》第十六条规定："同级政府、同级政府各部门、上级政府部门与下一级政府可以联合行文；政府与同级党委和军队机关可以联合行文；政府部门与相应的党组织和军队机关可以联合行文；政府部门与同级人民团体和具有行政职能的事业单位也可以联合行文。"例如，中华人民共和国财政部与中国人民银行可以联合行文，浙江省人民政府与浙江省军区可以联合行文，杭州市税务局与杭州市上城区人民政府可以联合行文；但杭州市人民政府与杭州市上城区政府就不能联合行文。

联合行文时，应该明确主办单位（或主办部门）。

（三）明确协商规则和抄送规则

《办法》第十九条规定："部门之间对有关问题未经协商一致，不得各自向下行文；如擅自行文，上级机关应当责令纠正或撤销。"倘若未经协调，便随意下文，势必会造成混乱，增添麻烦。所以行文时，当公文内容涉及几个单位或者部门时，必须在取得一致意见后，才能制发公文。

抄送规则在公文格式"抄送机关"一项中已有说明。

三、公文的写作要求

1. 正确选用公文文种

公文文种应当根据行文目的、发文机关的职权、发文机关与主送机关之间的行文关系来确定。

2. 观点正确,结构严谨,语言规范

公文内容必须符合国家的法律、法规及有关政策、规定,观点明确,情况真实。公文结构严谨,条理清晰;公文用语必须规范,文内使用非规范化简称,应当先用全称并注明简称。使用国际组织外文名称或其缩写形式,应当在第一次出现时注明准确的中文译名。公文中的数字,除成文日期、部分结构层次序数和在词、词组、惯用语、缩略语、具有修辞色彩语句中作为词素的数字外,应当使用阿拉伯数字。引用公文应当先引标题,后引发文字号;引用外文,应当注明中文含义;日期应当写明具体的年月日。公文语言要求直述不曲,字词规范,标点正确,篇幅力求简短。

此外,应当使用国家法定的计量单位;还要注意人名、地名、数字、引文的准确性。

第六章　常用公文写作

第一节　撰写公文的要求

在草拟公文前，首先要确定公文的文种，公文文种应当根据行文目的、发文机关的职权、发文机关与主送机关之间的行文关系来确定。公文内容必须符合国家的法律、法规及有关政策、规定；做到观点明确，情况真实，结构严谨，条理清晰，用语规范。

一、公文的结构

一篇公文采用什么样的结构形式，要根据文种和公文的主旨、内容来确定。文种不同，用途各异，结构形式也随之变化。即使是同一文种，也会因内容的不同而使正文结构发生变化。尽管如此，公文的结构还是有规律可循的。例如，一篇公文的结构，一般分三大部分，即开头部分、主体部分、结尾部分。

（一）开头部分

公文的开头要求开门见山、直陈其事，不要迂回曲折、拐弯抹角。通常使用的方法以下几种。

1.原因式

一般用"由于"、"鉴于"等开头，直述发文原因，可概述某项工作，也可简述存在的问题；要抓住实质，删繁就简，以便迅速转入正文。

2.目的式

通常用介词"为了"、"为"等开头，说明制发公文的目的。陈述目的意义，一定要高度概括，切忌拉杂冗长，套话、空话连篇。

3.根据式

通常用介词"根据"、"依据"、"遵照"等开头，写出发文的依据。一般的依据是国家的某项政策、上级的指示、领导的意图、会议的决定等。写作时，要准确精炼,紧扣主旨。

4.引用式

这种开头方式适用于回复性公文,一般开头就引用对方来文的标题和文号,如:"你行《关于××××××的请示》(×银发〔2003〕16 号)收悉,经研究,现答复如下:"也有的用"现将"开头,直接切入主体,如:"现将《××××××××》印发给你们……"。

开头部分可以用一句话,也可以用一段话。在开头部分的末尾,通常用公文惯用的承启语连接主体部分,如:"现将有关事项通知如下"、"现将情况报告如下"、"特制定本办法"等。

(二)主体部分

公文主体的布局一般有三种方式。

1.纵式结构

各层次之间是层层深入的递进关系。可以按事物发生发展的过程依次撰写;也可以按时间顺序撰写。"递进"的关键在于符合事物发展的客观规律和认识规律。

2.横式结构

正文主体各部分之间是并列关系时,可采用横式结构。写作时,每个并列的部分,在围绕一个主旨的原则下,保持意思的相对完整,分量大体相当。横向并列式布局,要求结构严谨,过渡自然,浑然一体。

3.撮要式结构

当公文正文内容较为复杂时,可在每部分内容之前,加上能概括该部分内容的段旨句或小标题,有时还可加上数字标明序号。

结构层次序数,第一层为"一、",第二层为"(一)",第三层为"1.",第四层为"(1)"。

(三)结尾部分

公文的结尾通常有以下几种形式。

1.以公文的惯用语结尾

如"当否,请指示"、"特此函达"、"特此公告"、"特此通知"。

2.提出希望或要求

如"如无不当,请批转……贯彻执行"、"当否,请批示"、"以上各项,希遵照执行"。

3.发出号召

"通报"、"嘉奖令"、"决定"等公文,往往用一段激励或号召的话作结尾。

在安排公文结构时,要以完整、正确地表达公文内容为目的,做到内容和形式统一,不要生搬硬套,削足适履。

二、公文的语言

正确运用公文语言,做到用语精确、简洁、明了,要注意其表达的特殊性。公文语言的特点主要表现在以下几个方面:

(1)介词、副词使用频率很高。介词不仅在公文标题中作为事由部分的起领词语,而且在正文中也被大量采用。介词结构的使用,可以从目的、范围、对象、依据、方式等方面对被表述的对象、内容进行修饰,使表达更加明确、严密、完整。如:表对象、范围的用"将"、"对"、"对于"、"关于";表目的、手段的用"为"、"为了"、"按照";表依据、方式的用"根据"、"依据"、"遵照"、"在"等。

例句　遵照国务院的指示,并根据我省实际,现对……做如下安排。

副词,尤其是表程度、范围的副词,在公文中的使用频率也很高。如:"凡"、"凡是"、"一切"、"都"、"一律"、"特"、"特此"等。

例句　凡购买上述专项控制商品的,都必须报经社会集团购买力管理机关审批,到指定的商店购买;未经批准的,一律不得购买。

特此通知。

(2)联合结构出现频率高。在公文写作中经常使用联合词组充当句子中的各种成分,甚至在一句话中连续使用几个联合词组。

例句　各地区、各部门、各单位一律不得违反规定,在平时或中秋、国庆、元旦、春节等节日不准以任何借口、任何形式滥发奖金、补贴、津贴。

例句　保护、发展和合理利用野生动物、野生植物资源。

联合结构的运用,可以减少句子中的许多重复成分,使公文内容的表达更为明确、全面和简练。但在文中运用联合结构时,要特别注意以下几点:联合词组的各项词性必须一致,而且结构相近;各项概念级别一致,严格区分种概念和属概念,各项概念的外延不得重复、交叉;联合词组内的词序应按一定的逻辑顺序排列。

(3)无主句、祈使句使用频率高。无主句在颁布法令、法规、规章、制度的公文中,运用十分广泛。

例句　禁止猎捕、杀害国家重点保护野生动物。

这一句是国家法律条文,是人们行为的规范,任何一个公民、任何一级政府都有遵守和执行的义务,因此不需要也无法补出主语。无主句的运用既能明确表意,又能使文字表达简洁,符合公文语言的要求。

祈使句在指挥类的命令、决定、通报、通知等文种和请示、求批函等文种中使用较多。它主要用来明确地告诉人们可以做什么,不准做什么,请求做什么等。祈使句常用"必须"、"应该"、"禁止"、"不准"、"不得"、"请"等词语,来表达规定性、指示性和请求性。

例句 要建立严格的会议审批制度,一切会议都不准住高级旅游宾馆,不准举行宴会,不准用烟酒招待,不准发纪念品和土特产品。

以上意见如无不妥,请批转有关单位贯彻执行。

第二节 通 知

通知,是公文中使用频率最高的文种,属下行文。它的适用范围很广,凡是要求下级机关办理、周知、执行或服从的事项都可以通过通知下达。通知不受发文机关的限制,上至国务院,下至乡、镇人民政府和各级企事业单位、人民团体都可以制发。

一、通知的特点

(1)通知具有执行性。通知一般用于布置和安排工作,发布规章制度,批准或转发有关公文,要求下级执行。用通知布置工作简便、快捷,说清楚要求做的是什么工作,怎样去做,什么时候完成即可。

(2)通知具有指示性。一些牵动全局的重要工作,上级机关在向下布置时,往往较为详细地阐明工作的指导原则。对收文单位而言,这类通知就具有指示性。

(3)通知具有时效性。通知下达的事项一般都需要及时办理、执行。因此要严格掌握时间,以免过期,延误工作。

(4)通知具有知照性。当通知用于沟通情况、交流信息时,只要求收文单位了解情况,而不要求执行和具体办理。

二、通知的基本写法和分类

通知的基本结构与一般公文格式相同,下面先介绍一下它的标题、主送机关和正文的基本写法,再分类说明正文的具体要求。

（一）通知的基本结构与写法

1.标题

红头文件的通知标题一般由"事由"＋"文种"组成，有时会根据需要加上"联合"、"紧急"、"补充"等词语。如《关于禁止使用代币购物券的紧急通知》。

2.主送机关

通知是下行文，经常多头主送，普发时，主送机关可以用泛称。如国务院办公厅用通知行文时，其主送机关经常是："各省、自治区、直辖市人民政府，国务院各部委、各直属机构："。有时对几个垂直下级行文，如省政府向市、县行文，可用递降称，如："各市、县人民政府："。

3.正文

通知的正文比较灵活，不同种类的通知，对正文的要求也不尽相同，既可以篇段合一，也可以分条列项。其内容主要包括发文缘由、通知事项、执行要求三个方面。

（1）发文的缘由包括发文的原因和目的两个方面。发文的原因一般有两种情况，一是遵照有关的政策、法令，或上级和领导部门的指示、决定等，如"根据……"；二是工作中的实际情况，如当前形势，工作中出现的新问题等。目的式开头常用"为了……"的句式。缘由和通知事项之间常用"现将有关事项通知如下"、"特作如下通知"等承启语过渡。

（2）通知事项，即通知的核心内容。这一部分不同的通知有不同的写法，一般要求分条列项地写明工作任务、原则规定、基本措施、注意事项等，而且常用段旨句概括本条的内容，"立片言以居要"，使受文机关易于理解和把握通知精神。

（3）执行要求。一般单独成段，主要提出要求、希望、建议等。如"请遵照执行"、"望贯彻执行"、"请结合本地实际情况，参照执行"、"请将执行情况及时上报"、"凡违反上述规定的，要追究领导责任，严肃查处"等。具体用什么词语、什么语气，要根据实际情况而定。

（二）通知的类别和正文的写法

1.指示性通知

这类通知，主要用于向下传达重要精神，布置和安排工作，使用的范围很广。有的用于某项工作的政策规定，如《浙江省人民政府关于调整乡镇土地利用总体规划审批权限的通知》，就对本省乡镇土地利用的审批权限作了调整。有的则对某项工作提出具体的指示和安排，如《浙江省人民政府关于"十五"时期加强全省国家公务员培训和专业技术人员继续教育的通知》（见第四章的例文二），文件不仅指出了培训和教育工作的重要性，而且提出了明确的任务和要求,使收文单位明确了工作的目的、意义、措施、进度。

这类通知的正文,往往采用三段式:

第一段,简要阐明发通知的目的、原因、针对的情况等;然后用"特通知如下"、"现将有关事项通知如下"等句式过渡到第二段——通知主体。

第二段,写通知事项,可布置工作,安排活动,提出明确的措施、步骤。这一部分,要求写得具体、明确,内容较多时,宜采用分段、加序号或标明段旨句的方法。

第三段,提出执行要求,如"望贯彻执行"、"以上各项,望遵照执行,并将有关情况及时上报"等。

2. 发布性通知

这类通知主要在印发、批转和转发文件时使用。

(1)印发类通知。这类通知主要用于颁布、发布、印发、下发各级行政机关制定的行政法规和规章。法规和规章不属于行政公文系列,不能直接下发或发布,所以需要借用通知下发。

这类通知的标题中要出现"颁布"、"发布"、"印发"、"下发"等词语和被发布的文件的名称,如《国务院办公厅关于发布〈国家行政机关公文处理办法〉的通知》(见本书附录二)。

通知的正件由两部分组成:一是通知本身,即印发语和印发要求。这部分一般包含印发的目的、所印发的文件的名称和要求;常常只用一个自然段或者一句话,简明扼要。但也有一些印发类通知在印发语中对所印发文件的实施和有关问题作具体指示和说明,这种情况下,就需要分段逐项写明。二是被印发、发布的文件。

(2)批转和转发类通知。行政公文是逐级行文的,一件国务院的公文到达乡、镇人民政府,中间要经过省人民政府、地级市人民政府、县或县级市人民政府的层层转发;对平级和不相隶属机关的公文,也可用这类通知转发;对下级的建设性意见,也可以通过这类通知批转。这类通知的使用频率很高,实用价值也很大。

这类通知包括两种情况:批转下级的公文与转发上级和不相隶属机关的公文。区分的关键在于搞清发文机关和主送机关之间的关系。对上级和不相隶属机关的来文,只能"转发";对下级机关的来文则有权"批转",也可转发。如《国务院批转教育部关于面向 21 世纪教育振兴行动计划的通知》、《国务院办公厅转发国家税务总局关于深化税收征管改革方案的通知》、《上海市教育委员会转发教育部关于〈高等学校学报管理办法〉的通知》、《浙江省人民政府办公厅转发省经贸委、省科技厅关于加快实施中药现代化工程意见的通知》。

在写作时，这类通知的标题中要出现"批转"或"转发"字样，如果被转发的文件标题中已经有"关于"字样，则新标题中事由前的"关于"可省略。

正文中转发语的一般形式：

其一，只写基本意见、被转发文件名称及简明的转发要求即可。如：

国务院同意教育部《面向 21 世纪教育振兴行动计划》，现转发给你们，请认真贯彻执行。

其二，除写清基本意见、被转发的文件名外，还要讲清转发该文件的意义，如何贯彻该文件，有时还可结合本地区、本部门的实际情况补充一些意见，要求一并贯彻执行。

（3）会议类通知。会议通知是在召开重要会议之前拟制的。其标题中要出现"召开"字样和会议名称，如《浙江省金融研究学会关于召开 2002 年度学术研讨会的通知》。正文第一段，往往写明召开会议的缘由（根据、原因、意义等），再用"现将有关事项通知如下"等承启语连接下文。第二段写通知的事项，包括参加会议的人员，报到、开会的时间、地点，会前准备，携带什么材料，是否有人接站及相关事项。为了眉目清楚，正文部分宜采用标序分项方法逐条列述。结尾常用"特此通知"或"望准时出席"等结束语。

（4）任免类通知。除国家高级人事变动是用任免令行文之外，任免和聘用下属机关干部都用通知发文。任免通知的标题中往往出现"免去"、"调整"等字样，如《浙江省人民代表大会关于免去×××（姓名）××××××（职务名）的通知》、《国务院办公厅关于调整中国人民银行货币政策委员会组成人员的通知》。

这类通知的正文内容一般写得简明扼要，写清任命（或免去）谁的什么职务即可。有的在第一段加上任免的原因或根据，如：

由于政府换届和机构改革，原中国人民银行货币委员会职责有所变动，根据《中国人民银行货币委员会条例》的有关规定，中国人民银行货币委员会要作相应调整。经国务院批准，现将调整后的中国人民银行货币委员会组成人员通知如下：

（5）知照类通知。拟制这类通知的目的是让有关单位周知某些事项，而并不需要对方具体办理。如新设机构、办公地址（或电话号码）变更等。正文写清需对方知晓的具体内容，文尾不需要提出贯彻执行要求。

（三）通知写作的注意事项

（1）明确各类通知的用途，避免张冠李戴。

（2）政策、规定要有依据，提出的要求应符合实际，措施要切实可行。

(3)篇幅较长的通知,要注意条理清楚,逻辑性强,语言精炼、简洁明晰。

第三节　通 报　报 告

一、通报

通报是下行文,适用于表彰先进,批评错误,传达重要精神或者情况。

(一)通报的特点

(1)典型性。表现在无论是表彰先进,批评错误,还是传达重要精神或情况,其内容都必须是真实的、典型的;要求用典型人物、典型事件、典型情况来指导工作,交流经验,惩戒错误,传达情况。

(2)时效性。表现在通报人物、事件、情况时,都必须及时、快速,这样才能发挥通报应有的作用。

(3)教育性。表现在它无论是表彰、批评还是通报情况,都有指导下级学习先进,防止错误,提高认识的作用。

(二)通报的类型和写法

根据内容和功用,通报可以分为三种类型。

1.表彰性通报

用于表彰先进集体、先进个人、先进事迹等,目的是为了树立榜样,号召下级学习,做好工作。

其正文的写作一般分三个部分。首先,要写明表彰的原因和意义;然后,写表彰对象和表彰决定;最后,写希望和号召。受表彰的单位和人员如果较少,名单可以直接写在正文内;如果为数较多,可以将名单作附件,附在正文后。如《浙江省人民政府关于表彰奖励占旭刚等优秀运动员、教练员的通报》(见第四章的例文三)。

2.批评性通报

用于批评坏人坏事和通报事故,目的是惩戒坏人,告诫其他人和防止事故的再次发生。

其正文首段,一般先写通报缘由,并简要叙案;第二段写通报事项,要详实具体地写出所通报的人员、时间、地点及事件经过;第三段,对通报事项进行分析,得出教训,并作出通报处理意见;最后,在结尾处提出通报要求。如《中共中央办公厅、国务院办公厅关于 2001 年下半年至 2002 年上半年涉及农民负担恶性案件的情况通报》(见第四章的例文五)。

3.情况通报

用于传达重要精神、重要情况,目的是让下级了解上级的工作意图或全局情况,以便统一认识,更好地开展工作。

情况通报的正文结构,可根据内容需要灵活掌握。一般是在开头简略介绍一下总的情况,然后用"现将……情况通报如下"这样的承启语引出下文。主体部分可按工作的发展过程呈纵向结构,也可按事项的不同性质横向排列,具体叙述要通报的情况。其内容主要是肯定成绩,指出存在问题。结尾处要提出对工作的指导性意见,并对下级提出希望和要求。如《国务院办公厅关于1999年各部门报送公文简报情况的通报》(见第四章的例文四)。

(三)通报写作的注意事项

(1)事情真实、叙述清楚。通报无论是表彰、批评还是告知情况,都应以确凿的事实和数据为依据,既不能报喜不报忧,也不能随心所欲妄加揣测和任意褒贬。具体叙案时,要做到通报事实清楚。对所涉及的人员,除了写清姓名,有时还要写出其工作单位、职务及性别年龄等。对事情,除了写清楚前因后果外,还要概述其过程,以使读者对整个事情有一个全面的了解。

(2)层次清楚,详略得当。在叙述过程时,要注意叙述的顺序和详略。表彰或批评性通报,均可按时间顺序叙述。情况通报则可按总分结构,先总述后分说;分说部分可并列,也可按轻重顺序,先写重要情况、突出的情况,再写次要的、一般的情况。如果是事故通报,则可采取倒叙形式,先简述一下何时何地发生何事及造成的重大损失,然后再写事故是怎样发生的、主要经过及处理情况。事实的详略按通报的主题决定,应该注意概括情况和典型情况相结合,既有"点"又有"面",以增加对事实、情况认识的深度。

(3)分析合理,定性恰当。通报因其教育性,对所通报的人或事要有一定的分析和议论,并作出定性结论。在议论时,应就事论理,分析原因,明确责任,得出经验或教训;在定性时,要注意实事求是,合情合理。

(4)处理得当,要求明确。通报中多数有处理措施,如表彰性通报中有表彰决定,批评性通报中有处理决定,事故通报中有防范措施等。这些带有指导性的措施,一定要处置得当,才能起到预期的教育作用。一般地讲,表彰性的决定要注意精神奖励和物质奖励相结合;批评性的处理意见要宽严适度,既要符合发文机关的权限,又要有规章制度作依据;事故通报中的防范措施要针对事故发生的原因作出。通报的要求应符合客观实际,具有切实可行的操作性,下级部门才能按照它去实施。

二、报告

报告是上行文,是在向上级机关汇报工作、反映情况、答复上级机关询问时使用,是一种汇报性、陈述性公文。

(一)报告的分类和写法

根据不同的内容,报告可以分为工作报告、情况报告和答复报送报告三类。其基本结构同一般公文。下面讲一下三类报告正文的写法。

1. 工作报告

工作报告用于汇报工作,其正文一般为三部分。

第一部分,写报告的原因、依据和目的等,讲清楚所报告的是什么工作,进展到什么阶段,要报告哪些问题。这部分概括叙述有关事实和情况即可,不用展开。

第二部分,写报告的事项,这是报告的主体和核心,是需要上级了解的主要内容,因此要比较具体地分段分条分项陈述工作所取得的成绩,分析取得这些成绩的原因,包括做法和体会。

第三部分,说明工作中存在的问题和今后的打算。

2. 情况报告

情况报告用于反映情况,对本单位或本地区发生的重大问题或重要情况向上级汇报。

如出现自然灾害、发生重大事故必须立即向上级汇报,以便领导采取相应的措施。如《国务院纠风办、农业部、监察部、财政部、国家计委、国务院法制办关于 2001 年下半年至 2002 年上半年涉及农民负担恶性案件的情况报告》。

撰写情况报告,其内容重点在反映情况,一定要把情况弄清楚,有什么积极意义或造成什么结果和影响。情况报告往往要引出建议或意见,这些建议或意见是建立在对情况分析研究的基础上的。因而要在情况清楚的前提下,运用辩证的观点,全面地实事求是地分析问题,透过现象,抓住本质,得出正确的结论,提出有较高实用价值的建议或意见。表达上以陈述情况为主,分析议论为辅。

其正文内容大体包括:报告原因(说明报告的根据、目的、意义等);报告事项(陈述具体事件、处理情况及经验教训等),可采用段落式,也可以用分条分项的结构形式;结语常用"特此报告"、"以上报告,请审阅(查)"等。

3. 答复、报送报告

答复报告,是用来回答上级询问的,具有明确的针对性,必须针对上级来文(电)行文。

它的写法比较简单,正文的结构包括:引述来文(先引标题,后引文号),答复事项(着重回答上级想要知道或要求回答的问题,不能答非所问,漫无边际),结语("专此报告")。

报送报告,是在报送文件(如计划、总结等)、物件时使用。正文只需写明所报材料的名称、数量(或规格);结语一般用"请查阅"、"请查收"、"请审阅"等。

(二)报告写作的注意事项

(1)实事求是,有针对性。向上级报告事实、情况、工作成绩、存在问题都必须抱着负责的态度,实事求是,不夸大,不缩小,不以偏概全,也不用空话搪塞。

报告中的分析和建议要有针对性,要有的放矢。一是要针对事实、情况分析问题;二是要针对领导机关的决策提出参考性的建议。这样的报告,才会引起领导机关的重视,报告也才有价值。

(2)报告情况,有概述性。报告中经常要汇报情况,讲述事实,一般都采用概述的表达方式,用语要简练,不必细节描述。但简练不等于笼统,事实要写清楚,情况要摆明确,要给上级留下清晰的印象,越是概述,语言越要求精确;切忌模棱两可,含糊不清。

(3)点面结合,有重点性。"点"是较为典型的具体事实,"面"是概括性很强的事实。报告中两种事实都需要,没有"点",报告缺乏说服力;没有"面",所列举的事实就缺乏代表性。点面结合,既有深度又有广度,因而也更具说服力。

报告中的事实和情况,要受报告主题的支配,为主题服务,并能强化主题。所以在选材上要详略得当,重点突出,才能中心明确。

(4)报告中不得夹带请示事项。报告是陈述性公文,一般不要求上级答复,如有请求,应另用"请示"或"意见"行文。

第四节　请示　批复

一、请示

请示是用于向上级机关请求指示、批准的呈请性、期复性公文。呈请,是对上级有所请求,期复是期待上级答复。

(一)需要请示的几种情况

作为下级机关,有些工作必须经上级机关批准、授权、指示后才能办理,则事先必须请示,不能擅自处理。一般地讲,遇到以下几种情况时,需要请示:①对某一新情况、新问题,不知如何解决处理,要向上级机关请示处理办法;②涉及本单位全局性的重大问题,自己不能也不便处理的,要请示;③增设机构、增加编制、上项目、要经费、添设备等有求于上级的,要请示;④对属上级管理的干部,任免和聘用前,要请示;⑤对上级已有明确规定,但因本单位实际情况需变通处理的,一定要请示。

(二)请示的分类和写法

1.请示的分类

根据行文目的,请示可分为求示性请示和求批性请示两大类。

(1)求示性请示。这类请示,是向上级要政策,要办法。对上级机关文件中规定的某些政策界限把握不准,而本机关无权解释或不能擅自决定,就需要上级机关给予指示,这是要政策;在工作中遇到了从未接触过的新情况、新问题,不知如何处理,需要上级机关给予指示,这是要办法。如《关于〈会计人员职权条例〉中"总会计师"是行政职务还是技术职称的请示》。

(2)求批性请示。这类请示是请求上级给予批准。当发文机关遇到本机关权限能力之外的事,就需要上级审定、核准。比如机构设置、人事安排、筹划项目、申请经费等需要上级在人力、物力、财力方面给予帮助时,用求批性请示。如《××省人民政府关于申请设立××出口加工区的请示》(见第四章的例文六)。

2.请示的写法

请示的基本结构同一般公文,它的正文由请示缘由、请示事项、结语三部分组成。

(1)请示缘由。这部分是请示的理由,即为什么要请示,涉及到原因、背景、依据(政策依据和事实原因)、出发点和思想基础等。如果是求批性请示,这一部分一定要写清事实,理由要充足,以引起上级的重视,尽快批复,使问题早日得到解决。

(2)请示事项。这部分是要求上级解决的问题,必须写得明确、具体、可行。如果是求批性请示,请求上级给予人力、物力、财力的帮助,那么,要人,须写清人数、人员的条件(学历、职称、能力、性别、年龄)以及具体安排在什么岗位等;要购置大件物品,须写清物品的名称、数量、型号、价格等因素;要求拨钱,则写清金额、时间等。切忌笼统地写成"请领导给予帮助"。如果是求示性请示,在请求上级指示的同时,必须提出自己对解决问题的态度和意见,有时甚至可以提出几种意见,供上级参考、筛选,并标明自己的主导意见。

(3)请示结语。是固定的惯用词语。求示性请示常用"以上请示当否,请指示"、"以上意见当否,请批示";求批性请示常用"当否,请批准"、"以上请示,请于批复"等句式。

(三)请示写作的注意事项

(1)主送明确。请示的主送机关是它的直接上级,不能多头主送,也不能直接交送领导人个人。

(2)抄送原则。一般不得越级请示,特殊情况需越级请示时,应当抄报越过的上级机关;受双重领导的机关,除主送机关外,还要抄报另一个上级机关;请示不得同时抄发下级机关。

(3)一文一事。请示的内容必须单一,一份公文只能要求解决一件事情,不能一文数事,以免影响工作效率。

二、批复

批复是答复下级机关请示事项的公文,是请示的对应文种;下级有请示,上级才有针对该请示的批复。除针对性外,批复对下级机关还具有指示性。因为上级的批复是下级办事的依据,对下级具有明显的约束力。批复除给下级指示或批准外,还往往概括地讲明若干政策规定,使批复更具可行性。

(一)批复的类别

批复与请示的类别相对应,可以分为指示性批复和批准性批复两大类。

1.指示性批复

它是对求示性请示的答复。这种批复,不仅回复下级机关的请示,而且就请示事项的重要意义、如何落实执行及具体要求提出指示性意见,对下级机关的工作具有明确的指示作用。

2.批准性批复

它是对下级机关求批性请示的答复。对下级机关提请批准的事项,无论同意与否,都应该以批复行文,作出答复。如《国务院关于福建省进一步对外开放问题的批复》。

(二)批复的写法

批复的基本结构同一般公文,其正文结构分为批复引据、批复事项、批复要求(或结语)。

1. 批复引据

先引述来文(请示)的标题和文号,再用承启语过渡。如:

你行《关于×××××的请示》(×银发〔2002〕×号)文收悉;经研究,现批复如下:

2. 批复事项

针对请示事项作出答复。这部分包含批复态度和批复意见两个内容。是完全同意(批准)、部分同意,还是不同意,一定要态度鲜明,不得含糊其辞,让下级不知所从。如若不同意或不批准,更应该说明理由或依据。基本同意或原则上同意,要说明修正、补充的意见。批复的态度必须明确,意见必须具体,否则,下级执行起来会有困难。

3. 批复要求

批复有时在结尾处会提出对批复事项的具体要求或希望;也可用"特此批复""此复"作结语。

(三)批复写作的注意事项

(1)批复的主送机关只有一个,即发请示的单位,不能多头主送。如果批复的内容有普遍性,需要告知其他单位时,可抄送有关单位。

(2)批复是被动行文,应该有"请"必复。回复时,要有"的"而发,针对请示事项作答。

批复的内容,要做到态度明确,意见具体,指示原则,便于收文机关落实执行。

第五节　函　会议纪要

一、函

函是用于不相隶属机关之间相互商洽工作、询问和答复问题,向有关主管部门请求批准等的公文。

函是平行文。"不相隶属机关",说明发文单位和收文单位之间没有上下级关系,不存在指挥与服从关系,都是平等的。"有关主管部门",是指职能部门,即处理有关事项的执法或管理部门,不管其级别如何,只要该项工作归它管,就必须得到它的批准;而其他不相隶属机关向它行文,只能用函。例如,某市教育局行政上隶属于市政府,业务上归口省教育厅;市教育局的请示只能向他们呈送。如果市教育局向市人事局要人,用"函";向市财政局要钱,也用"函"。因为在这种情况下,市人事局、市财政局就是"有关主管部门",市教育局和他们两家是不相隶属关系。

（一）函的分类

按内容和用途,函可以分为商洽函、询问函、求批函和复函。

1.商洽函

机关、单位之间商洽工作、联系事项用商洽函。例如,某某省工业厅人事处为了培训文秘人员,与某某大学中文系联系工作,就应该用商洽函行文,标题为《关于商洽代培文秘人员的函》（见第四章的例文九）。

2.询问函

机关、单位之间互相询问问题时用询问函。当本单位在工作中出现问题而又无法解决时,可以向有关单位咨询,请求答复。被询问的机关是有关的平级机关或不相隶属机关。例如,某省国有资产管理局为会计事务所改制中的产权如何界定问题向财政部国有资本金基础管理司行文,就应该用询问函,标题为《关于会计事务所改制中有关产权界定问题的函》。

3.求批函

这是向有关职能部门请求批准的函。"有关职能部门",是指平行的或不相隶属的政府主管职能部门。例如,某省教育厅为高考收费问题向省物价局行文,要求审批收费标准,标题为《关于申报行政事业性收费立项和收费标准的函》。又如,《××省人民政府办公厅关于申请将省行政首脑机关办公决策服务系统建设经费列入省财政预算的函》。

4.复函

它是对商洽函、询问函、求批函的答复。

例如,财政部国有资本金基础管理司拟制的《关于会计事务所改制中有关产权界定问题的复函》,就是对某省国有资产管理局询问函的答复。

（二）函的写法

函的正文一般由开头、主体和结语三部分组成。

1.开头

简述发函的缘由、目的、依据等。如是复函,应先引述来函的标题和文号。例如,"贵（行、部、厅）《关于×××××的函》（×银函〔2003〕×号）收悉",再用承启语"现将有关情况说明如下:""根据×××的规定,现将有关问题答复如下:"等惯用句式转入主体部分。

2.主体

不同类别的函,其主体部分的内容各有侧重。

（1）商洽和询问性函，要写清商洽、询问的主要事项，要求观点明确，意见具体，用语得体，表达清楚，方便对方理解与答复。

（2）求批函，要先说明请求批准的理由、原委，然后写请求批准的事项及本单位的意见。理由要充分，求批的事项要具体、合理，语言要诚恳，力求征得对方同意。

（3）复函，要针对来函事项逐一答复，态度要明确，内容要具体。如果事项简单，可一段写出；如果事项较复杂，可以分条写；如果不同意或否定对方的请求，一定要说明理由，以便对方理解。

3.结语

如果需要对方回复，结语一般用"即请函复"、"特此函达，请函复"、"请予支持，并盼复"等；如无须对方函复，一般用"特此函达"、"特此函告"；如果是复函，一般用"特此函复"、"此复"等。

（三）函写作的注意事项

（1）格式要规范。函是国家行政机关的法定公文，它具备公文的规范格式。稍有区别的是在文号的机关代字后加一个"函"字；顺序号走的是"函"字系列，不走机关发文的大顺序号。函的主送机关一般只有一个。

（2）语气要谦和。函是在平行或不相隶属机关之间行文，双方是平等、协商、互助的关系，商洽函和询问函更是有求于对方协助和解决难题。所以，态度必须诚恳，用语必须谦和。常用"贵……"、"承蒙"、"烦请"、"敬请"、"祈请函复为盼"这类带感情色彩的词语，以创造友好、协作的气氛。

二、会议纪要

会议纪要是指记载和传达会议情况与议定事项的公文。

它是会议的产物，是会议成果的如实记录和集中反映。会议纪要的发文方向不确定，既可上传也可下达，起沟通情况、交流经验和指导工作的作用。

（一）会议纪要和会议记录的区别

会议纪要是在会议记录的基础上整理加工而成的，两者虽然都是会议的产物，但却有很大不同。

（1）性质不同。会议纪要是法定行政公文；会议记录是机关单位内部用于记录会议发言的事务文书，属于记载性的文字材料。

（2）内容要求不同。会议纪要是经过整理加工的会议上达成的一致认识，是会议通过的有关事项；会议记录是会议发言的忠实记录，基本是有言必录。

（3）格式写法不同。会议纪要是行政公文，它的规范格式虽然与一般公文略有不同,但基本结构相似;会议记录没有统一格式,大多由各单位自定。

(4)作用不同。会议纪要有沟通情况、统一认识、布置工作和记载凭证的作用;会议记录仅作为内部资料保存,是会议的原始材料。

(二)会议纪要的分类

根据不同的标准,会议纪要有很多种类。按其内容性质分类,最常见的有决策性会议纪要、研讨性会议纪要和协调性会议纪要。

1. 决策性会议纪要

这类会议纪要多数是机关、单位的高层领导召开会议,对工作经过讨论后达成共识,形成决策后,为传达会议决策而制发的。有时,会以高层领导的职务作为会议名称,如行长办公会议、市长办公会议等。决策性会议议定的事项,要求收文单位和部门共同遵守和贯彻执行,起决策和指导作用,同时具有行政约束力。如《中国人民银行××分行行长会议纪要》。

2. 研讨性会议纪要

这是研讨会、座谈会的纪要。如《浙江省企业家座谈会议纪要》。这类会议通过对有关方针政策或学术问题的探讨,起到沟通情况或交流经验的作用,一般没有行政约束力。但是,如果经领导机关批转给有关单位,那它的作用就和决策性会议纪要相同。

3. 协调性会议纪要

这是某项工作的牵头单位召集有关各方开会,共同讨论协商,取得一致意见,形成会议纪要,以便与会各方各负其责地做好该项工作。这种会议纪要突出的是它的凭据性,有关各方代表都要在会议纪要上签名。

(三)会议纪要的写法

会议纪要的写作与一般公文不同,要注意区别。会议纪要不写主送机关和发文字号,标题的形式也较为特殊。

1. 标题

会议纪要的标题有单行标题和双行标题之分。

(1)单行标题。会议名称+文种(纪要)组成,如《全省粮食工作会议纪要》、《市长办公会议纪要》。

(2)双行标题。正题+副题,正题说明会议的意义或内容,副题是会议名称和文种,如《抓住机遇,扩大开放——沿长江五市对外开放研讨会纪要》。

2. 正文

三类会议纪要的正文各有不同的写法。

(1)开头。决策性会议纪要和研讨性会议纪要的正文,在开头部分往往概

括介绍会议情况,包括召开会议的意义,开会的时间、地点、名称,主持人、出席人、列席人及会议的主要议题等。如:

　　为进一步贯彻落实《中共中央、国务院关于灾后重建、整治江湖、兴修水利的若干意见》和全国江河堤防建设现场会议精神,经国务院批准,国家计委会同水利部、建设部对长江沿线安徽、江西、湖南、湖北4省的灾后重建和兴修水利情况进行了调研,并于12月21日、22日在武汉市召开了现场办公会议。会议听取了4省和农业部、国土资源部、水利部、建设部介绍灾后重建及兴修水利的情况,明确了今冬明春的工作任务。会议纪要如下:

　　　　　　　　——摘自《长江沿线4省灾后重建及兴修水利办公会议纪要》

　　又如:

　　7月17日,市长×××主持召开了市政府第19次常务工作会议。参加会议的有:常务副市长××、×××,副市长×××、××,市府办公室及有关部门负责人×××、××、××;市人大党组副书记×××,市政协副主席×××列席了会议。会议讨论了城市经济和农村经济问题。现将会议研究决定的事项纪要如下:

　　　　　　　　——摘自《××市市政府第19次常务工作会议纪要》

　　协调性会议纪要的开头概括而简明,主要讲明会议的目的和任务,引起下文。如《关于××煤气调压站工程协调会纪要》的开头:

　　5月17日,市建委召开××区市政配套工程协调会,研究了××煤气调压站的施工问题。由于该工程地处繁华地段,地下管线复杂,施工条件困难,要求各单位配合、支持,尽快完成该项工程。会议决定如下事项:

　　(2)主体。这是会议纪要的核心部分,主要说明会议讨论的具体问题,会议形成的意见或决定。这部分内容较为繁杂,一定要注意归纳、总结,安排好结构,才能使文章条理清晰。一般可采用的结构方法有段落式、小标题式、分条列项式、发言记录式,也可以是综合式。写作时,还可以采用一些会议纪要常用的习惯用语,如“会议决定”、“会议认为”、“会议强调”、“会议指出”、“会议希望”等,这些语言多用在段首,形成段旨句,使主体的叙述有条不紊。如:

　　　　会议同意成立××××××机关管理处,由……

　　　　会议就……问题进行了讨论,一致认为……

　　(3)结尾。根据会议的实际情况,会议纪要的结尾可写可不写。下发的会议纪要可写出执行要求,研讨性会议纪要可提出会议的希望,也有的会议纪要把出席人名单放在结尾处。

思 考 与 练 习

1. 什么是公文？公文有什么作用？

2. 函与请示有何不同？

3. 公文的成文时间如何确定？签署时间有何要求？

4. 怎样标引公文的主题词？

5. 举例说明公文的隶属关系和非隶属关系。

6. 在什么情况下,公文应该抄送？

7. 简述公文语言的特点。

8. 批转、转发类通知与印发类通知有何异同？

9. 简述请示与报告的区别。

10. 简述函与请示的区别。

11. 简述会议纪要与会议记录的异同。

第三篇

法规与规章文书写作

第七章 法规与规章文书概述

第一节 法规与规章文书的含义和特点

一、法规与规章的含义

法规是国家或地方立法机关、国家最高权力机关,为实施行政领导和管理,在其权限范围内按照法定程序制定并发布实施的、具有普遍约束力和强制执行性的规范性文书的总称。法规文书主要包括条例、规定、办法。

规章是各级领导机关及其职能部门、社会团体、企事业单位,为实施管理,规范工作、活动以及有关人员的行为,在其职权范围内制定并发布实施的、具有行政约束力和道德行为准则的规范性文书的总称。规章文书主要包括章程、规定、办法、细则、规则、规程、制度、准则和守则等。

二、法规与规章的特点

1. 执行上的强制性

各类法规、规章对其所确定的范围内所有单位和人员都具有或者法律的、或者行政的、或者道德的约束力和强制或倡导执行的效用。一旦正式公布,有关单位和人员都必须遵照执行,否则就会分别受到法律的制裁和行政、纪律处分。

2. 内容上的周密性

法规和规章在内容上有一个很明显的特点,就是面面俱到,具有周密性。它以严肃为出发点,对所涉及对象的各个方面,都要作出相应的规定:应该怎样,不应该怎样,做好了怎么奖励,违反了怎么处理,奖惩由谁办理,什么时间办理,等等,都逐条逐项说清楚,说周全,不能有丝毫疏忽与遗漏。为了保证每条规定都有明确的含义,语言必须准确、明晰、无懈可击,不能含糊、不周全、不严密,或者有歧义。

3.表达上的条款性

法规和规章在表达上多采用条理分明的章断条连式结构形式,或者条文并列式结构形式。采用这种表达形式是为了便于执行,使执行者一目了然。

4.运行上的可依附性

法规和规章文书可以直接颁发,也可以依附"令"、"公告"或者"通知"予以发布,具有运行上的依附性。"令"、"公告"和"通知"则是其所依附而赖以运行的载体。

第二节　法规与规章文书的类型和区别

一、法规与规章文书的类型

(一)法规

法规包括行政法规和地方法规两种。行政法规是国务院为领导和管理国家各项行政工作,根据宪法和法律,由国务院及其各主管部门制定并经国务院批准发布的法规。地方法规是地方国家权力机关根据本行政区域的具体情况和实际需要,依法制定的本地区的法规。

(二)规章

规章按其性质、内容,可分为行政规章、组织规章、业务规章和一般规章。

1.行政规章

按作者及其权限,可分两类:

(1)国务院部门规章。它是由国务院所属各部、各委员会制定、发布的规章。

(2)地方政府规章。它是由省(自治区、直辖市)、省和自治区政府所在市和经国务院批准的较大的市的人民政府制定的规章。

行政法规常用规定、办法、细则等文种。

2.组织规章

它是指对一个组织或团体的性质、宗旨、任务、组织原则、成员及其权利义务、机构和职权、活动和纪律等作出系统规定的规章。组织规章的常用文种为章程。

3.业务规章

它是指对专项业务的性质、内容、范围及其运作规范等作出系统规定的规章。业务规章的常用文种为章程。

4.一般规章

一般规章是各级各类机关、团体、企事业单位，为实施管理、规范工作和活动，在其职权内制发的规章，这类规章便是通常所说的规章制度。一般规章的常用文种有规定、办法、准则、细则、制度、规程、守则、规则等。

二、法规与规章的区别

(1)效力大小不同。法规从属于宪法和法律，具有强制执行的法律效力。违反法规就是违法行为，法院可以将之直接作为法律适用的依据。而规章则具有行政约束力，违反规章是违规行为，要受到相应的行政处罚或批评教育。

(2)制作主体不同。法规的作者有严格的限定，不是任何机关都能制定法规的。按《中华人民共和国宪法》、《中华人民共和国国务院组织法》、《中华人民共和国地方各级人民代表大会和地方各级人民政府组织法》及《行政法规制定程序暂行条例》的规定，行政法规由国务院制定；地方性法规由省、自治区、直辖市人民代表大会及其常务委员会、省会所在市和经国务院批准的较大的市（一般为计划单列市）的人民代表大会制定；民族自治地区的人民代表大会则可制定自治条例等单行地方性法规。规章的制定主体的范围十分广泛，但也有规范性要求。国务院各部门、省（自治区、直辖市）、省会所在市及经国务院批准的较大的市的人民政府可以制定行政规章；党的各级领导机关、民主党派、社会团体可制定组织规章；企业可制定业务规章；所有的机关、团体、单位可制定相应的一般规章。

(3)使用文种有所不同。法规使用的文种有条例、规定、办法等，其中条例只能用作法规（党务文件例外）。规章使用文种较多，除规定、办法兼用作规章文种外，其他规章文种有章程、细则、制度、规则、规程、守则、准则等。

第三节　法规与规章文书的写作共性和写作要求

一、法规与规章文书的写作共性

（一）条列化的写法

法规与规章文书采取逐章逐条的写法。条款层次由大到小依次可分为七级：编、章、节、条、款、目、项。一般以"章"、"条"、"款"三层组成最为常见。条列化的写法要求"分章列条"、"章断条连"、"条连款不连"，即"章"的序号全篇通连（第一章、第二章、……），每章结束另起一章时，"条"的序号则继续依次通连下去，"章"虽断而"条"不断。如第一章若有三条，写"第一条"、"第二条"、"第三条"，第二章开始的一条，不能写"第一条"，而应写"第四条"，其余类推，直到最后一条的序号，完整构成全文的总条数。"条"下的"款"，则在各"条"下独立编次，下一条的"款"与上一条的"款"的序号并不通连。如第一条有三款，写"一"、"二"、"三"，第二条的款次仍从"一"开始，其余类推。"款"下的"目"，一般以分行形式标示，不写数序，亦有写"（一）"、"（二）"、"（三）"的，各款的目也独立编次，并不通连。章、条、款的序数一律用汉字，不用阿拉伯数字。

（二）三分式的结构

法规与规章文书的结构体式一般包括三部分，即第一章为"总则"，中间各章为"分则"，最后一章为"附则"。

也有些法规与规章文书只有总则与分则而没有附则。有些不标明"章"只标明"条"的文书，开头一条或开头一、二条就是总则，最后一条或最后一、二条就是附则。这些只以"条"标列的文书，也不必写"总则"、"分则"、"附则"的字样。分则要分几章，视内容而定，且一般不标明"分则"字样，而直接写出"章"的小标题，如"第二章　组织机构"、"第三章　会员的权利和义务"。条及条以下各层次所表述的，就是该文书的具体内容。

（三）说明性的表达

法规与规章文书的表达方法通常以说明为主，这是其显著特点，有的全部采用说明性语言。一般不叙述介绍有关情况、工作过程及形成该文书的有关背景，即它并不具有材料的具体性，也不通过议论来阐明道理。它不仅具有说明性，而且这种说明具有确定性的特点，表现在指出应该如何，不该如何，违者又该如何惩处，毫不含糊，说一不二，必须遵守。这种说明常用"是"、"要"、"应该"、"必须"、"不得"、"不允许"等词语或直截了当的判断与要求明确的短句表达出来。

二、法规与规章文书的写作要求

1. 订立法规与规章,必须做到"上有所依,下有所系"

所谓"上有所依",是指要充分依据国家的法律、党的方针政策和上级机关的指示。所谓"下有所系",是指要密切联系本地区、本单位、本部门的实际,充分考虑在现实条件下执行的可能性和在一定时间期内的稳定性。

为了确定和保证法规与规章的法律效力,或体现它的行政约束力,有的要写明制定这个文件的法律依据、批准或公布机关,生效日期,修改权、解释权,等等。

2. 要正确选用文种

正确选用文种,要能区别章程、条例、规定、办法、细则等具体文种的不同性质、功能和特点,正确选用某一具体文种,不要张冠李戴。

3. 要正确使用语言

法规与规章是用来规范人们行为的,在语言上必须严肃、规范,鲜明、朴实,准确、严密与无懈可击。

(1)严肃、规范。法规与规章文书的语言,要求使用规范的书面语,不用方言土语,不用诙谐、幽默语言,体现出法规与规章的规范性和严肃性。

(2)鲜明、朴实。规章制度必须观点鲜明、态度明朗、是非分明,因此在语言使用上,必须做到反对什么、提倡什么,要解决什么问题,用什么思想来指导,达到什么目的等,并直接在文中表达出来。要注意使用"筋条型"语言,不多加修饰,只作某些限制,使表意直接明了。

(3)准确、严密、无懈可击。规章制度的语言,必须是反映客观事物方面的事理没有漏洞,前后不矛盾,用词准确,没有歧义。每一章节,每一条款,甚至每句话每个词都必须有肯定的属性,含义明确,有固有的质的规定性。人们对每一条款、每一词句只能有一种理解。

第八章 章程 条例

第一节 章 程

一、章程的概念与种类

（一）章程的含义

章程是党派组织、社会团体、学术机构、企事业单位等社会组织规定本组织根本性质、任务、宗旨以及组织机构、活动原则、重要工作规则的法规性文书。

章程常常作为政治、经济、文化等团体的组织纲领。

（二）章程的种类

章程可分为组织性章程和事务性章程两大类。

1. 组织性章程

用来规定组织的性质、宗旨、任务、组织机构和活动原则等。如《中国共产党章程》、《中国共产主义青年团章程》，学术团体的会章《浙江金融职业学院学生经济研究会章程》。

2. 事务性章程

常用来说明办事的要求与程序等，属业务管理性质的章程。如《中国银行外币存款章程》、《广东发展银行广发人民币信用卡章程》。

章程在本组织内部有着重要的作用。章程一经通过，该组织的所有成员都必须按照章程规定的条文规范自己的行为。若有违背，则要受到组织的惩罚或谴责，直至被组织开除。因此，章程具有很强的规范性和约束力。

二、章程的结构与写法

（一）章程的结构

章程的结构由标题、生效标识、正文三部分组成。

（二）章程的写法

1.标题

章程标题一般由"制定单位（或组织）＋ 章程（文种）"组成。如《中国人民保险公司章程》、《 ××市注册会计师协会章程》。

章程是有关组织的行为规范准则，所以在标题中要突出该组织的名称。除了单位是一个经济实体以外，一般不得在企事业单位或行政机关、职能部门名称前直接加"章程"字样。如《××大学章程》、《××工厂章程》、《××县人民政府章程》、《××市商业局章程》。

2.生效标识

法规性文书都有生效标识。一般在标题正下方加括号注明章程通过、批准或公布的机关和时间。

3.正文

章程正文一般由总则、分则、附则三部分组成。

（1）总则（或称序言、总纲）。它是章程的开头部分。主要阐述该组织的性质、指导思想、目的、依据、基本原则、适用范围、主管部门，有的章程还有长远的奋斗目标和现阶段的具体任务及要求。

（2）分则（或称细则）。它在总则之下，是总则精神的具体化，是章程的主体部分。它通常说明有关的要求、任务、职权、组织原则等主要内容。如《中国残疾人福利基金会章程》，在总则之后，分三章说明该组织的任务，经费来源和领导机构的组成。又如《中国银行外币存款章程》，在分则中具体说明存款的对象、存款的种类、期限、办法、利息及存款的支取等有关事项。

（3）附则。又称附文。它是对正文的补充和说明。常叙述该章程的生效时间、适用对象、具体实施办法，该章程的制定权、修改权、解释权等权项的归属，以及正文中所用引文的出处等内容。如《中国残疾人福利基金会章程》，在附则中规定："本章程解释权属于本会。"又如《中国银行外币存款章程》在附则中指出："本章程由中国银行总行公布施行。"

4.正文的写作

（1）"分章列条，章断条连"式。即用"章"来安排章程的层次，各章相对独立。第一章有三条内容，第二章则以第四条为序排列，章虽断但条却从总则一直连续到附则。

(2)命题式。即用命题的方式分章列条,把总纲(总则)包括到章节中去。每章节都围绕着该章节的命题行文。如《广东中南公司章程》,在第二章"组织体制"中分五条说明这个组织的内部结构,其中心就是命题的"组织体制"四个字。

(3)逐条贯通式。全文从头至尾不分章,以条贯穿。如《中国银行外币存款章程》,直接分了 11 条论述,在条下再分款。

三、章程的写作要求

(1)条款要周密、系统、清晰、具体,章法序列要有严密的逻辑性。可采用由成员到组织、由上到下、由内到外、由主到次的排列顺序,既不交叉,也不重复。

(2)用语要简洁明快,直陈直叙,不加议论,说清为止。文字表述要准确通俗,用词要准确。

第二节　条　例

一、条例的含义

条例是对某一法律、法规、政策作出较为全面而原则的规定,或对某一工作事项制定出实施原则和方法等的法规性文书。

条例用于规定比较长期实行的调整国家生活某个方面的准则,并对其权利、义务和责任作出原则性的规定。

条例具有法规的约束力,因此,条例的撰写者是特定的,一般由国家权力机构制定颁布,有时也由国家行政机关制定颁发。一些机关与部门制定有关规定性的文件不能随便使用条例。

二、条例的结构和写法

条例的结构由标题、生效标识和正文组成。

(一)标题

条例的标题一般采用完整式的公文标题"三合一"的格式。如《中华人民共和国国库券条例》、《中华人民共和国居民身份证条例》、《中华人民共和国反倾销和反补贴条例》等。对考虑还不够成熟的条例,可以在标题中加上"暂行"

或"试行"的字样。

（二）生效标识

在标题正下方加括号注明条例发布和签发的时间及依据。随发布令发布的条例不用再注明生效标识。

（三）正文

条例的正文包括制发条例的根据（或目的）、条例内容、条例施行说明，又称"总则、分则、附则"三大部分。

1.总则

它是关于制定和发布条例的目的、意义、依据、指导思想和适用原则、范围等的说明性文字。要写清制定该条例的法律或国家政策依据，常采用"为……"、"为了……"的句子开头，并以"特制定本条例"或"制定本条例"作为承接语。如《印刷业管理条例》，在总则部分写道："为了加强印刷业管理，维护印刷业经营者的合法权益和社会公共利益，促进社会主义精神文明和物质文明，制定本条例。"写明制定该条例的目的、宗旨，一目了然，让人一看就知晓。

2.分则

它是条例的实质性规定内容，要写明条例指导某方面工作的规定、方法、要求等，这是条例的中心内容，在阐述时既要具体明晰，又要概括集中。常常按照所指导的工作分条列款撰写。

条例的内容不是回答"是"或"不是"、"可以"或"不可以"，而是申明"只可如此"和"不准这样"。条例必须有"条"有"例"。"条"是正面规定应该怎么做和不应该怎么做的条文；"例"是从反面规定如果违背了正面即"条"的规定该怎么处理的条文。"条"和"例"的次序，总的来说是"条前例后，以条为主"。"条"中的"应该"与"不应该"，可揉在某一条里说明，也可将"不应该做"的事项单独分条列出；"例"则在分则部分最后分条列出。

因此，为了明确体现条例具有较强的法规性和约束性，在撰写条例的具体内容时，还要写上有关的奖惩条款，这是保证条例实施的必要条件。如《中华人民共和国居民身份证条例》，第二条说明申请领取我国居民身份证的对象；第三条是居民身份证的项目及使用文字；第四条是居民身份证的有效期限；第五～十四条为颁发和使用居民身份证的具体办法及注意事项；第十五～十七条为必要的处罚措施；第十八、十九条为居民身份证的适用范围。

3.条例施行说明（又称为附则）

说明条例生效时间、实施范围及具体实施时的解释权等问题。如《印刷业管理条例》，在附则中指出："依据本条例发放许可证，除按照法定标准收取成本费外,不得收取其他任何费用","本条例自 1997 年 5 月 1 日起施行。"再如《普通高等学校设置暂行条例》,在施行说明中指出:"对本条例施行前设置或变更学校名称的普通高等学校,应当参照本条例,进行整顿。整顿方法,由国家教育委员会另行制定。""本条例由国家教育委员会负责解释。"

三、条例的写作要求

(1)有法律依据。条例是国家机关发布的法规性文件之一,撰写时要有国家法律和有关的立法性文件作法律依据。

(2)简单明了。撰写条例切忌表述模棱两可,概念含糊不清。要注意前后文的相互照应,不能自相矛盾,特别是分则中的"条"与"例",写作时要注意:宗旨要鲜明,项目要齐全,结构要严谨,条目要清晰,用语要简明、准确、严肃、庄重,做到"理周辞要"。

第九章 规定 办法 细则

第一节 规 定

一、规定的含义和特点

规定是领导机关或职能部门为贯彻某项政策或进行某项管理工作、活动而提出原则要求、执行标准与实施措施的法规性文书。

规定涉及的工作和问题不如条例那么重大,法规性和约束力也次于条例。它的使用范围很广,党政机关、社会团体、企事业单位都可以使用。其特点有:

1.事务性强

规定常常是针对某一方面的活动而提出的具体要求、意见和措施,以确保某些活动的顺利开展和圆满完成,因而在内容上,它往往是就事论事,不像条例那样较为原则。规定的事务性较强。

2.阶段性强

由于规定常常是针对某一方面的具体事情而制定的,因而它的阶段性较强。

二、规定的结构和写法

规定的结构由标题、生效标识、正文组成。

(一)标题

1.“制文单位＋规范内容＋规定”的形式

如《国务院关于严禁淫秽物品的规定》,《中共上海市委、市人民政府关于党政机关工作人员保持廉洁的规定》。

2.“规范内容＋规定”的形式

如《关于企业国有资产办理无偿划转手续的规定》。有些规定的标题则根据制定时的情况,采用限制性修饰语"若干"、"暂行"、"补充"、"有关"等,为今后补充、修订留有余地。

（二）生效标识

制文机关级别偏高、事由重要、施行范围广的规定,一般都在标题正下方标明该规定通过或发布的时间、机关。有的因有发布令或印发通知而省去生效标识。

（三）正文

1.总则

写制定该规定的原由、目的、依据等,多采用"特制定本规定"、"制定本规定"、"暂作如下规定"作承接语。规定的原由常采用以下两种方式表示:

（1）开门见山,单独阐述原因或法律依据,如《关于慰问职工使用福利若干问题的暂行规定》的开头:"为了做好职工的福利工作,在工会组织尚未成立以前,公司对于慰问职工的条件、开支标准、申办手续暂作如下规定。"

（2）直接采用列条分述的方式,通常把第一条作为开头,来阐述原由或法律依据。如《质量管理暂行规定》在第一条中明确指出:"为了加强质量管理工作,提高本公司的质量管理水平,加强产品的市场竞争能力,降低成本,提高经济效益,特制定本暂行规定。"

2.分则（规定内容）

这是规定正文的主要内容,多采用列条分述的方式表达,阐述规定的具体要求及主要措施,使问题得以充分说明。

对主要内容的阐述,一般先定原则措施,然后才是这些措施的具体说明。如《质量管理暂行规定》的第二条"质量管理体系",第三条"质量检测制度"。在这个规定的主要内容中,质量管理体系列为首位（因第一条属于规定原由,故从第二条开始才是规定内容）,对于一个企业、公司来说,质量管理体系属于原则性的问题,如果没有一个完整的体系,也就无所谓措施了,因此,"质量管理体系"列为内容的首要点,其次才是具体的措施及方法。

规定的主要内容撰写,必须有"规"有"定"。"规"是对应办事项提出原则要求的条文,"定"是提出体现原则要求的具体标准或措施的条文。"规"与"定"的顺序,一般是规前定后,以定为主。

要求条理清晰,观点鲜明,内容切合实际,语言朴实无华。

3.附则

写实施说明,如适用范围、施行日期、制定细则、解释权等。这个结尾可以是最后一条或几条,凡属施行说明这个范围即可,如《质量管理暂行规定》,在施行说明中指出:"本规定自公布之日起实行。"

规定正文的写法在大的框架上基本遵循整个法规性文书写作的规律,在构成格式上有:

1.章断条连式

用"章"来划分全文大的段落层次,用"条"把全文内容按统一顺序连为一体。

2.纯粹条款式

不分章节,只分条款,最简单的只有条,连款也不分,条文顺序一般以"第一条"、"第二条"、"第三条"……依次标出。

3.序言加条款式

开头有序言,相当于总则,序言后全部分条或分款。

4.分段立条式

分段立条式就是用自然数依次将条文顺序标出。在内容组织上,依然分总则、分则、附则三大部分。

三、规定的写作要求

(1)要明确具体。规定的条款内容必须明确、具体、可行,语言要简洁、周密、准确、规范。如前所述,正因为规定适用的范围很广,内容的伸缩性很大,因而在撰写一个具体规定时,不仅条文要写得明确具体,而且语言也要明确具体。这样才能使规定在贯彻落实时不至于产生偏差失误,给工作造成损失。

(2)要切合实际。一个法规文件的制定,都是有针对性的,规定也不例外,因而在撰写之前,必须调查研究,发现问题,研究解决问题的方法,然后再制定出规定,做到切合实际,有的放矢,否则,无的放矢,便会造成不良影响。

第二节　办　法

一、办法的含义

办法是领导机关或职能部门为贯彻执行某项具体政策或主管部门、行政机关或企事业单位对某一特定的条例、法令或事项确定其规范化的具体规定的法规性文书。与条例、细则相比,办法既具备条例、规定的原则性,又具有细则的具体性,是介于条例、规定与细则之间的一种法规性文书。

　　办法的特点在于它内容的具体性。因为办法往往是针对某一特定的条例、法令或事项的落实或实施而制定的,有效进行某一具体方法、步骤、程序、措施等的法规性文书,所以它在内容上十分具体、详细,有些条文甚至达到精细的程度。

二、办法的结构与写法

　　办法的结构由标题、生效标识、正文组成。

　　(一)标题

　　一般用"规范内容＋办法"的形式,如《注册会计师全国统一考试办法》、《基金会管理办法》。也可用"规范范围＋规范内容＋办法"的形式,如《国家行政机关公文处理办法》。

　　(二)生效标识

　　直接行文下达的办法,在标题正下方注明发布机关与时间;随发布令或通知发布的办法,则不必注明发布机关与时间。

　　(三)正文

　　正文采用条文的形式写成,其写法灵活多样。内容较多的,可以采用总则、分则、附则分章列条的方式,如《国家行政机关公文处理办法》;内容较简单的,可以采用列条分述的方式。但无论是哪种方式,其基本结构都是由"办法目的(或根据)＋办法内容＋施行说明"三部分组成。

　　1.办法目的(或根据)

　　它是办法正文的开头部分。如《律师资格全国统一考试办法》,在开头部分指出:"为了规范律师资格考试工作,保证律师队伍的质量,根据《中华人民共和国律师法》,制定本办法。"明确提出制定该办法的目的和依据。

　　2.办法内容

　　它是办法的主体部分,分条列项依次叙述。如前例,在目的、依据之下,叙述律师资格考试的原则,报考人员的条件,律师资格考试考场的设置以及违反正常考试秩序的惩罚措施。这部分要求先原则后具体,主要围绕"怎么办"组织条款和内容。即将"怎么办"的方法、步骤、程序、措施等写得充分、突出、严密,最终形成一个完整、完善的办法。

　　3.施行说明

　　列于办法的结尾部分,说明该办法的生效日期、解释等问题。

三、办法的写作要求

（1）制定办法要有明确的针对性。必须根据党和国家的方针、政策，对某项工作或某个条例提出具体的处理办法。内容要符合政令，切合实际，具体详细；条款要系统、周密、简要、清楚。

（2）制定办法要有明确的法规性。办法作为法规性文件的一种，在撰写过程中，要注意引用国家或上级机关的正式法规作依据，以保证它的合法性和立法效用。

第三节 细 则

一、细则的含义

细则是主管部门、下级机关对上级机关颁布的某项法令、条例、规定中的部分条文进行诠释的文字。

细则的特点表现在内容的具体和明细上。细则所涉及的内容不是某些法令、条例、规定的整体，而是某项法令、条例、规定某一部分内容的具体化，是某项法令、条例、规定的派生产物，是对它们进行解释、补充和具体化。细则的侧重点在于交待清楚工作中的具体做法、界限要求，达到明细的程度，使工作有章可循。

二、细则的写法

细则的写作与条例、规定、办法的写法相近，分标题、生效标识、正文三部分。

（一）标题

可采用"制文机关＋内容＋细则"的形式，如《中华人民共和国进口计量器具监督管理办法实施细则》。一般情况下细则均采用"内容＋细则"的形式作标题，如《地名管理实施细则》。

（二）生效标识

在标题之下写明批准的机关及发布的时间，外加括号。

（三）正文

正文的写法多采用列条分述式，由"细则根据＋细则内容＋施行说明"三大部分组成。

1.细则根据

它是制定本细则的法规性的依据。如《中华人民共和国进口计量器具监督管理办法实施细则》的制定根据是："为了贯彻实施《中华人民共和国进口计量器具监督管理办法》,加强对进口计量器具的监督管理,根据国家计量法律、法规的有关规定,制定本实施细则。"

2.细则内容

细则内容即细则规则,是细则的主体部分,具体有什么规定、界限、要求都在这部分里体现。如《中华人民共和国进口计量器具监督管理办法实施细则》,在这部分写了进口计量器具的批准、审批、检定、法律责任问题、分章列条地叙述出该细则的规则。

3.施行说明

施行说明又称附则,列在细则的结尾部分,是对执行细则的说明。如《中华人民共和国进口计量器具监督管理办法实施细则》,在"附则"部分分六条对有关问题进行说明。特别是最后两条强调:"本实施细则由国家技术监督局负责解释";"本实施细则自发布之日起施行"。

三、细则的写作要求

细则的写作要求与办法相似。

例文一

广东中南公司章程（草案）

（一九××年×月×日）

第一章　总　则

第一条　为贯彻广东省商业储运公司关于"储运、贸易、维修、稳步增长"的经营方针，活跃市场，方便人民生活，为此成立广东中南公司。

第二条　广东中南公司（以下简称公司）是在广东省商业储运公司直接领导下的独立核算的全民所有制企业。科级编制。地址在广州市××路××号，法人代表是×××。

第三条　公司是为商品流通服务、方便购销、方便群众生活的经营机构。

第四条　公司的宗旨是：客户至上、信誉第一、优质服务、严格管理，不断提高经济效益和社会效益。

第二章　组织体制

第五条　公司直接对外进行经营业务活动。在经济中具有法人地位，经理是法人代表。

第六条　本公司干部、职工的来源是省商业储运公司，经营的资金由广东省商业储运公司拨款，注册资金为××万元。

第七条　公司实行经理负责制，经理是行政负责人，由省商业储运公司经理聘任，接受委托负责本公司的经营管理。

第八条　公司内部设置饮料部、开发部、家电部、储运部。

第九条　选好代表参加上级公司职工代表大会，树立职工主人翁责任感，保障职工当家作主权利。

第三章　经营范围

第十条　本公司经营范围：主营批发、零售五金交电、家用电器、照相器材、饮料制品、工艺品、日用百货、纺织品、日杂用品、农副产品。兼营批发、零售塑料制品、装饰材料、代购代销、建筑材料、商品装卸、包装整理。横向业务联系。

第十一条　生产经营方式是：批发、零售，服务、代购代销。

第四章　经营管理

第十二条　本公司在上级公司指导下进行经营业务活动并遵守国家政策法令，制定各项规章制度，严格执行。

第十三条　各项营业收费按国家物价部门规定标准执行，不得乱收。

第十四条　通过在业务活动中与对方单位签订合同的形式来明确各自的责任，如发生违约时，按照《中华人民共和国经济合同法》有关规定处理。

第十五条　公司内部各部门之间坚持团结协作、平等互利、利益均衡的原则，凡涉及到某一班组的利益情况，必须及时协商，妥善解决，不允许任何一方利益受损害。

第五章　财务结算和收支分配

第十六条　收入、费用、付款结算按人民银行制度规定办理。

第十七条　本公司会计核算按照"会计法"和"成本条例"以及上级规定的财务、会计制度进行账务处理，按国家规定依章纳税、做好审计工作。

第十八条　本公司实行经营承包责任制，由上级公司下达财务承包任务，所创超额利润由省商业储运公司定出留成比例，其余上缴省商业储运公司统一对国家财务。

第十九条　本公司对职工的劳动报酬实行"各尽所能，按劳分配"。

第六章　附　则

第二十条　加强对干部、职工的思想政治教育和业务培训，提高服务质量和业务水平。

第二十一条　公司领导必须关心职工生活福利，在力所能及的范围内解决职工实际困难。

第二十二条　定期对干部、职工进行考核，奖励和惩罚按《企业职工奖惩条例》和上级公司《人事管理制度》执行。

第二十三条　本章程未有规定的事宜及在实践中有不完善之处修订、补充权归本公司的主管单位。

【评析】　这是一则组建一家公司的章程。标题由单位名称和文种构成。因为公司尚在筹建，章程未经全体职工代表大会通过，故用"草案"（经职工代表大会通过后，去掉"草案"字样），在标题下用括号写上年、月、日。正文依据公司决定的经营方略，分 6 章 23 条，以"总则"、"分则"、"附则"体例安排结构。总则有 4 条，分别说明公司的性质、宗旨、名称、编制、地址和法人代表。分则有 4 章共 15 条，分别规定了公司的组织原则、经营范围、经营管理和财务结算、收支分配等事项。其中第四章第十三、十五条用"不得"、"不允许"等确定性语言强调，使公司在以后的经营活动中有章可循。因为是草案，最后一章附则内容较多，用 4 条来说明需要采取的措施，本章程与其他法规文件的关系及修订、补充权。该章程条分缕析，语言朴实明确。

例文二

中华人民共和国国库券条例

（一九九二年九月十八日）

第一条　为了筹集社会资金,进行社会主义现代化建设,制定本条例。

第二条　国库券的发行对象是:居民个人、个体工商户、企业、事业单位、机关、社会团体和其他组织。

第三条　国库券以人民币元为计算单位。

第四条　每年国库券的发行数额、利率、偿还期等,经国务院确定后,由财政部予以公告。

第五条　国库券发行采取承购包销、认购等方式,国家下达的国库券发行计划,应当按期完成。

第六条　国库券按期偿还本金。国库券利息在偿还本金时一次付给,不计复利。

第七条　国库券的发行和还本付息事宜,在各级人民政府统一领导下,由财政部门和中国人民银行组织有关部门多渠道办理。

第八条　国库券可以用于抵押,但是不得作为货币流通。

第九条　国库券可以转让,但是应当在国家批准的交易场所办理。

第十条　发行国库券筹集的资金,由国务院统一安排使用。

第十一条　对伪造国库券的,依法追究刑事责任。对倒卖国库券的,按照投机倒把论处。

第十二条　国库券的利息收入享受免税待遇。

第十三条　本条例由财政部负责解释。实施细则由财政部会同中国人民银行规定。

第十四条　本条例自发布之日起施行。

【评析】《中华人民共和国国库券条例》(以下简称《条例》)是1992年3月18日由中华人民共和国国务院95号令发布的。

全文共14条,采用条项贯通式。第一条和第二条是《条例》的总则部分,说明发行国库券的目的和对象;从第三条到第十二条是《条例》的分则部分,对有关实质性事项作出规定;最后两条是附则,规定相关权属和施行日期。

主体部分共10条,其中:第三条到第七条对国库券的发行、还本、付息作出规定,都是从正面说明,条文明确清楚,语气肯定;第八条和第九条,对国库券的流通作出了正、反两方面的规定,即"只许"和"不许",使用"不得"字样,具有明显的强制性;第十条规定"发行国库券筹集的资金,由国务院统一安排使用",此属大政方针,须有明确规定;第十一条是主体的重要组成部分之一,分别对伪造和倒卖国库券的违法犯罪行为作出惩罚性规定,以维护国家经济利益,明确而有分寸;第十二条规定"国库券的利息收入享受免税待遇",维护了国库券持有人的合法权益,总之,主体部分所规定的事项都具有实质性内容。当然,上述条款一般还比较原则、概括,若其施行,有待细则出台。

通观该条例全文,以并列式谋篇,同时也注意到了各项条款之间的联系,体现了思维的逻辑线索。

例文三

商业银行中间业务暂行规定
(二〇〇一年七月四日)

第一条　为进一步促进商业银行发展中间业务,规范与完善银行服务,提高竞争能力,同时有效防范金融风险,根据《中华人民共和国中国人民银行法》、《中华人民共和国商业银行法》,特制定本暂行规定。

第二条　本暂行规定所称的商业银行是指依照《中华人民共和国商业银行法》设立的吸收公众存款、发放贷款、办理结算等业务的银行机构。

第三条　本暂行规定所称中间业务是指不构成商业银行表内资产、表内负债,形成银行非利息收入的业务。

第四条　商业银行开办中间业务,应经中国人民银行审查同意,并接受中国人民银行的监督检查。

第五条　商业银行申请开办中间业务,应符合以下要求:

(一)符合金融市场发展的客观需要;

(二)~(七)略

第六条　中国人民银行根据商业银行开办中间业务的风险和复杂程度,分别实施审批制和备案制。

适用审批制的业务主要为形成或有资产、或有负债的中间业务,以及与证券、保险业务相关的部分中间业务;适用备案制的业务主要为不形成或有资产、或有负债的中间业务。

第七条　适用审批制的中间业务品种包括:

（一）票据承兑；

（二）～（十）略

第八条　适用备案制的中间业务品种包括：

（一）各类汇兑业务；

（二）～（十五）略

第九条　中国人民银行受理商业银行开办中间业务的申报材料后，对适用审批制的业务品种，应在 30 个工作日内发出正式批复文件。对适用备案制的业务品种，中国人民银行监管部门应在受理申报材料后 6 个工作日内以备案通知书的形式答复申请银行。

第十条　中国人民银行审查商业银行开办中间业务的申请，可以对商业银行开办中间业务的适用对象和适用范围作出特别限定。

第十一条　商业银行开办本规定第七条、第八条未列出的中间业务，按审批制报中国人民银行审查。由中国人民银行根据业务性质及风险特征确定适用审批制或备案制。

第十二条　对中国人民银行已经发布专门业务管理办法的中间业务品种，若办法已规定了相应的审批或备案制度，按专门业务管理办法执行。

第十三条　国有独资商业银行、股份制商业银行新开办中间业务，应由其总行统一向中国人民银行总行申请，经中国人民银行总行审查同意后，由其总行统一授权其分支机构开展业务。

商业银行分支机构开办中间业务之前，应就开办业务的品种及其属性向中国人民银行当地管辖行报告。

第十四条　城市商业银行新开办中间业务品种，应由其总行统一向中国人民银行分行、营业管理部申请，经中国人民银行分行、营业管理部审查同意后，由其总行统一授权其分支机构开展业务。

城市商业银行分支机构开办中间业务之前，应由其总行于开办前就开办业务的品种及其属性向中国人民银行当地管辖行报告。

第十五条　商业银行分支机构开办中间业务品种，不应超出其总行经中国人民银行审查同意开办的业务品种范围。

第十六条　商业银行总行申请开办适用审批制的业务品种，应提交下列文件和资料（一式三份）：

（略）

第十七条　商业银行申请开办适用备案制的业务品种，应提交下列文件和资料：

（略）

第十八条　商业银行开展中间业务，应加强与同业之间的沟通和协商，杜绝恶性竞争、垄断市场的不正当竞争行为。

第十九条　对国家有统一收费或定价标准的中间业务，商业银行按国家统一标准收费。

对国家没有制定统一收费或定价标准的中间业务，由中国人民银行授权中国银行业协会按商业与公平原则确定收费或定价标准，商业银行应按中国银行业协会确定的标准收费。

第二十条　商业银行应健全内部经营管理机制，加强内部控制，保证对中间业务的有效管理和规范发展。

第二十一条　商业银行应制定中间业务内部授权制度，并报中国人民银行备案。

商业银行内部授权制度应明确商业银行各级分支机构对不同类别中间业务的授权权限，应明确各级分支机构可以从事的中间业务范围。

第二十二条　商业银行应加强对中间业务风险的控制和管理，并应依据有关法律、法规和监管规章，建立和实施有效的风险管理制度和措施。

第二十三条　商业银行应建立监控和报告各类中间业务的信息管理系统，及时、准确、全面反映各项中间业务的开展情况及风险状况，并及时向监管当局报告业务经营情况和存在的问题。

第二十四条　商业银行应注重对中间业务中或有资产、或有负债业务的风险控制和管理，对或有资产业务实行统一的资本金管理；应注重对交易类业务的头寸管理和风险限额控制；应对具有信用风险的或有资产业务实行统一授信管理。

第二十五条　商业银行应建立中间业务内部审计制度，对中间业务的风险状况、财务状况、遵守内部规章制度情况和合规合法情况进行定期或不定期的审计。

第二十六条　中国人民银行在对银行中间业务监督和检查过程中，发现有下列情形之一的，将根据《金融违法行为处罚办法》、《金融机构高级管理人员任职资格管理办法》和有关法规进行处罚，对情节特别严重的，将强制停办相关业务，取消负直接领导责任的高级管理人员的任职资格。

（略）

第二十七条　银行在业务经营过程中，存在本暂行规定第二十六条以外的其他违法违规行为，或者违反本暂行规定的其他条款，中国人民银行将依据有关法律、法规和规章进行处理。

第二十八条 本规定由中国人民银行负责解释。

第二十九条 本规定自发布之日起实施。

【评析】《商业银行中间业务暂行规定》的事务性较强。由于中间业务是新兴业务,有待于实践后补充修改,故标题中标注"暂行"两字。该规定采用纯粹条款式贯穿的写法。

第一～四条是总则部分。第一条是制定该规定的目的和依据。第二～四条阐明可开展中间业务的银行机构、业务内涵、监督机制,原则性较强。

第五～二十七条是分则部分。其中第五～八条是"规"的内容,第五条是商业银行申请开办中间业务,应符合的要求,条下用7款表明要求。第六条阐明分别实施审批制和备案制。第七条下用10款阐明适用审批制的中间业务的品种;第八条下用15款阐明适用备案制的中间业务的品种。第九～二十七条是"定"的内容。对中间业务提出的具体要求、意见和措施。第二十六、二十七条是"定"中的罚则。主体部分较好地规定了"可以怎样","不可以怎样",规前定后,以定为主。

第二十八、二十九条是附说明解释权和实施日期。

该规定措辞严谨,语言简练,格式完备,值得借鉴。

例文四

金融机构大额和可疑外汇资金交易管理办法

第一条 为监测大额和可疑外汇资金交易,规范外汇资金交易报告行为,根据《中华人民共和国外汇管理条例》等有关规定,制定本办法。

第二条 境内经营外汇业务的金融机构(以下简称金融机构)应当按照本办法规定,向国家外汇管理部门报告大额和可疑外汇交易情况。

大额外汇资金交易,系指交易主体通过金融机构以各种结算方式发生的规定金额以上的外汇交易行为。

可疑外汇资金交易,系指外汇交易的金额、频率、来源、流向和用途等有异常特征的交易行为。

第三条 国家外汇管理局(以下简称外汇局)及其分支局负责大额和可疑外汇资金交易报告工作的监督和管理。

第四条 金融机构为客户开立外汇账户,应当遵守《个人存款账户实名制规定》和《境内外汇账户管理规定》，不得为客户设立匿名外汇账户或明显以假名开立外汇账户。

金融机构为客户办理外汇业务应当核对其真实身份信息，主要包括单位名称、法定代表人或负责人姓名、身份证件及其号码、开户的证明文件、组织机构代码、住所、注册资本、经营范围、经营规模、账户的日平均收付发生额等信息和个人银行账户存款人的姓名、身份证件及其号码、住所、职业、经济收入、家庭状况等信息。

第五条 金融机构应当将所有大额和可疑外汇资金交易记录，自交易日起至少保存 5 年。

第六条 金融机构应当建立和完善内部反洗钱工作岗位责任制，制定内部反洗钱工作操作程序，明确专人负责对大额和可疑外汇资金交易进行记录、分析和报告。

第七条 金融机构不得向任何单位或个人泄露大额和可疑外汇资金交易信息，但法律另有规定的除外。

第八条 下列外汇交易属于大额外汇资金交易：

（一）当日存、取、结售汇外币现金单笔或累计等值 1 万美元以上。

（二）以转账、票据或银行卡、电话银行、网上银行等电子交易以及其他新型金融工具等进行外汇非现金资金收付交易，其中，个人当天单笔或累计等值外汇 10 万美元以上，企业当天单笔或累计等值外汇 50 万美元以上。

第九条 下列外汇交易属于可疑外汇现金交易：

（一）居民个人银行卡、储蓄账户频繁存、取大量外币现金，与持卡人（储户）身份或资金用途明显不符的；

（二）～（十一）**略**

第十条 下列外汇交易属于可疑外汇非现金交易：

（一）居民个人外汇账户频繁收到境内非同名账户划转款项的；

（二）～（二十）**略**

第十一条 金融机构对本办法第八、第九条和第十条所规定情形的大额或可疑外汇资金交易行为须按月以纸质文件、电子文件形式同时上报。

第十二条 金融机构应当对符合下列情形的外汇现金交易进行核查，发现涉嫌洗钱的，应及时以纸质文件上报并附相关附件。

（一）～（三）**略**

第十三条 金融机构应当对符合下列情形的外汇非现金交易进行核查，发现涉嫌洗钱的，应及时以纸质文件上报并附相关附件。

（一）～（二十四）略

第十四条　金融机构设在省会、自治区首府、直辖市的一级分支机构为主报告机构。省会、自治区首府、直辖市没有一级分支机构的，由金融机构总部指定主报告机构。

金融机构各分支机构应于每月初 5 个工作日内汇总上月大额和可疑外汇资金交易情况，逐级上报至主报告机构。同时报送外汇局当地分支局。

各主报告机构应于每月 15 日前汇总各省、自治区、直辖市内上月大额和可疑外汇资金交易情况，报所在地的国家外汇管理局省、自治区、直辖市分局。

各金融机构总部应于每月 5 日前将自身发生的上月大额和可疑外汇资金交易情况报外汇局当地分支局。

第十五条　金融机构对大额和可疑外汇资金交易进行审核、分析，发现涉嫌犯罪的，应于发现之日起 3 个工作日内报当地公安部门并报送外汇局当地分支局。

第十六条　国家外汇管理局省、自治区、直辖市分局将金融机构上报的大额和可疑外汇资金交易汇总情况于每月 20 日前报告国家外汇管理局总局；对涉嫌犯罪的外汇资金交易应当及时移送当地公安部门，并上报总局。

第十七条　金融机构有下列情形之一的，由外汇局责令改正，并给予警告，可以处以 1 万元以上 3 万元以下罚款：

（一）～（四）略

第十八条　金融机构未按规定审查开户资料为个人开立外汇账户的，由外汇局责令改正，并给予警告，可以处以 1000 元以上 5000 元以下罚款。

第十九条　金融机构违反本办法，情节严重造成重大损失的，外汇局可以暂停或停止其部分或全部结售汇业务。

第二十条　金融机构工作人员违反有关规定，协助进行洗钱的，应当给予纪律处分；构成犯罪的，移交司法机关依法追究刑事责任。

第二十一条　本办法下列用语的含义如下："频繁"系指外汇资金交易行为每天发生 3 次以上或每天发生持续 5 天以上。"大量"系指接近上述规定的大额外汇资金的报告标准限额的金额。"短期"系指 10 个营业日以内。"以上"、"以下"，均包括本数。

第二十二条　本办法自 2003 年 3 月 1 日起施行。

中 国 人 民 银 行

二〇〇三年一月三日

【评析】《金融机构大额和可疑外汇资金交易管理办法》全文采用纯粹条款式贯通,共 20 条。第一条是总则部分。说明了制定该办法的目的、依据。

第二～二十条是分则部分,即办法的实施内容。第八条下用 2 款对属于大额外汇资金交易作了说明界定;第九条下用 11 款对可疑外汇现金交易作了说明界定;第十条下用 20 款对可疑外汇非现金交易作了说明界定;第十一条强调金融机构对第八条、第九条和第十条所规定情形的大额或可疑外汇资金交易行为须按月以纸质文件、电子文件形式同时上报的要求,构成分总关系。第十二条下用 3 款对外汇现金交易涉嫌洗钱的作了说明界定,并要求应及时以纸质文件上报并附相关附件。第十三条下用 24 款对外汇非现金交易涉嫌洗钱的作了说明界定,也要求应及时以纸质文件上报并附相关附件。第十四、十五、十六条明确逐级上报和机构权责以及时限要求,具体明白。第十七条～二十条均是罚则。第十七、十八、十九条由外汇局监督金融机构关执行。第二十条特别强调金融机构工作人员违反有关规定,协助进行洗钱的,应当给予纪律处分;构成犯罪的,移交司法机关依法追究刑事责任。

第二十、二十一条是附则部分,即施行说明。第二十条,对"频繁"、"大量"、"短期"、"以上"、"以下"词语作了诠释,体现出该办法的精密特点。第二十一条说明该办法施行日期。

思 考 与 练 习

1.简述法规与规章文书的写作要求。

2.办法与条例、规定在使用的范围上有何不同?

3.何谓"三则"? 何为"分章列条,章断条连"?

第四篇
事务文书写作

第十章 计划 总结

第一节 计 划

一、计划的含义及特点

(一)计划的含义

计划是指为了实现一定时期的目标决策,制订总体的和阶段的任务及实施的方法、步骤和措施的书面表达形式。它要解决和回答的是:在未来的时期里,要做什么,怎么做,达到什么标准。

计划是一个统称,我们平常所见到的设想、规划、安排、打算、要点、部署、方案、工作意见等,都属于计划的范畴,其内涵有所区别,使用时不要含混。"设想"比较粗略,是一种初步的、非正式的计划;"规划"带有全局性,适用的时间较长,范围较广,内容较为概括;"安排"、"打算"适用的时间较短,内容较为具体;"要点"(或工作要点)、"方案"(或实施方案)、"部署"(或工作部署)、"工作意见"主要用于上级机关对下级机关布置任务、交代政策、提出要求,是后者制订具体计划的原则和依据。

古人曰:"凡事预则立,不预则废。"意思是无论做什么事,事先有计划才能成功;没有计划,就要失败。计划是行动的先导,是一种科学的管理方法和手段。它使我们的行动减少盲目性和被动性,增强预见性、主动性和自觉性,提高工作效率,达到预期目的。

(二)计划的特点

1.全局性

制订计划必须以中央的路线、方针、政策为指导。中央有总体的规划,它是从国家的全局出发制订的,地方、单位、个人的计划都是局部的,局部必须服从全局。只有这样才能避免盲目性,使宏观和微观协调统一,促进社会发展。

2.预见性

计划是在工作实施之前制订的,所以制订计划之前就要对工作的全过程有正确的估计和分析,然后制订出切实可行的计划。另外,在执行计划的过程中往往会出现新情况、新问题,阻碍计划的顺利实现,对此应该有所预见。即在制订计划时应该考虑到可能出现的问题,并提出可能、有效的解决措施和方案,使工作能达到预期的效果。

3.实践性

计划的依据、目标和措施是在检查前一阶段的工作,明确下阶段工作任务,分析下阶段工作的主、客观条件之后制订出来的,所以它必须能指导工作实践,具有实践性,使计划落到实处。否则计划就成了一纸空文。

二、计划的种类及作用

(一)计划的种类

计划的种类很多,按照不同的划分标准,有不同的类型。

(1)按内容可分为学习计划、工作计划、科研计划、生产计划、财务计划、成本计划等。

(2)按范围可分为国家计划、地区计划、行业计划、部门计划、单位计划、科室计划、个人计划等。

(3)按性质可分为综合计划和专题计划。

(4)按功用可分为指令性计划和指导性计划。

(5)按时间可分为长期计划(5 年以上)、中期计划(3～5 年)、短期计划(1年以内)。短期计划,又有年度计划、季度计划、月份计划、旬计划、周计划之分。

以上分类,只是从某一角度而言的,就一份具体的计划来说,往往兼跨几类。例如,《银泰百货 2003 年度商品流转计划》,它既是单位计划,又是年度计划和商品流转计划。

(二)计划的作用

(1)计划是正常工作的前提。它是工作的行动纲领,是建立正常工作秩序和生产秩序,使各个领域的工作在正确轨道上正常运行的重要前提,起着导向作用。

(2)计划是科学管理的手段。有了计划,就可以把有限的人力、物力、财力组织起来,形成强大的力量向既定目标进军,提高办事效率。没有计划,所有的一切将是一盘散沙。

(3)计划是现代化运行机制的客观要求。随着社会的发展,各项工作变得错综复杂,有了计划,预见性强,工作中能从容应对可能出现的各种困难,适时调整指标和预防失误。做到防患于未然。没有计划,工作陷于被动和盲目,以至于造成错误或失败。

(4)计划是决策实现的保证。有了计划,决策才能落实。决策是制订计划的依据,计划是实现决策的手段。有了计划,决策才能转化为人们具体的行动,否则,决策的落实就无法保证。

(5)计划是督促工作的依据。计划掌握着工作进程,检查、总结工作都需依据计划,因此它有督促作用。

第二节 计划的内容和形式

一、计划的内容和形式

(一)计划的内容

一般计划是围绕指导思想、奋斗目标、具体任务以及采取的方法、措施、步骤几方面展开的。

1.目标和依据

这部分主要解决"为什么做"。制订计划是一种有目的的行为,订计划时,首先要明确目的。计划的依据,主要包括党和国家有关的方针政策和上级指示、业务主管部门下达的任务、本部门上期计划完成的实际情况,本期计划所面临的各种有利和不利因素。计划的目标和依据,是编制计划的出发点和基础,要在总揽全局的基础上,做高度民主的概括,用简明扼要的语言进行表述。

2.任务和指标

这部分主要解决"做什么"以及"做到什么程度"。任务是对计划期内要做什么以及做到什么程度所提出的具体要求。这些要求,必须具体明确、重点突出;指标是对计划目标在数量和质量方面的规定和表述,其中规定的数量、质量、工作步骤和时间进度必须清楚,决不能模棱两可。这部分事关全局,要本着积极稳妥的精神,合理安排,层层落实,以保证任务和指标的具体实现。

3.措施和步骤

这部分主要解决"怎样做"。措施和步骤是完成任务的保证。措施是指为了完成任务而采取的工作方式、方法、手段与途径;步骤是指开展工作的程序,涉及到"先做什么"的问题。措施和步骤,是整个计划的重点,应尽可能订得详尽周密,切实可行。同时也要留有根据实际情况加以补充调整的余地。

(二)计划的形式

计划在写法上常见的形式有条文式、表格式、既有条文又有表格的综合式。无论哪种形式,都包括以下几个项目:

1.标题

标题主要形式有公文式和文章式两种。

公文式标题由单位名称、时间、内容范围、种类等四要素构成。具体分两种类型,其中四要素俱全的为全称型,有省略的为简称型,如《2003年金松集团产品开发计划》属全称公文式标题,而《2003年全国统计工作要点》则是简称公文式标题。

文章式标题包括揭示主题型和概括内容型,如《我们是怎样吸引顾客的》、《上海力争三年内建成工业新高地》属揭示主题型文章式标题,《以改革为中心严格管理提高经济效益》、《健全三大机制推进医疗改革》属概括内容型文章式标题。

计划如果是未定稿,一般须在标题下或后面用圆括号注明其性质。

2.正文

正文一般包括前言、主体、结尾三部分。根据实际需要有时还包括附表和附图。

(1)前言。前言是全文的开头,是计划的总纲。一般包括制订计划的依据、目标和实际面临的形势,需交代有关的背景材料,对基本情况作出分析,说明上级领导机关的要求、本单位的实际情况,提出任务的依据、开展工作的指导思想、计划的总任务和总要求等。前言的语言应准确鲜明,简练扼要,一目了然。切忌大话、空话。

(2)主体。主体是正文的中心部分,要求明确达到的目的,交代完成任务的措施及步骤。首先,目标是指目的、主要任务和重要指标。目标是计划的灵魂,是制订计划的导因和出发点。在提出任务时,要确定重点,分清主次;列出指标时,要明确数量和质量的标准。其次,措施主要包括实施的具体办法和力量部署,它是实现计划的切实保证。计划的具体办法,要写明达到既定目标需采取的手段、办法;依靠和动员的力量;需创造的条件;需排除的困难。计划的力量部署,应写明负责的主管部门、协调配合单位;对非常规、跨部门的任务,更要明确分工;还要写明检查、奖惩等事项。第三,步骤是指工作的进程和时序。在实践中,完成工作需经历许多阶段和错综复杂的环节,因此,在拟写计划时,应统筹兼顾,合理安排,分清轻重缓急,环环紧扣。既有总体又有局部的时间要求。

根据主体的特点,要求文字精炼、层次分明,防止写得空洞啰嗦、条理不清。写时可分条列项,也可列成表格,或将部分内容列成表格作为附表处理,放在文章最后。

(3)结尾。结尾又常称结语,一般写希望和意见两项或是执行计划的开始日期。写时须鲜明、生动,有时代感和针对性,具有一定的号召力。计划中有一些不写结语,计划事项结束后自然结束。

(4)落款。落款一般包括制订计划的单位和日期两项。日期写在正文的右下方,要详细写明年、月、日。如果标题中没写明制订计划单位的名称,要在日期前写明,并加盖公章。如果需要抄报、抄送某些单位,也要分别写明。

此外,计划还有两种形式:其一,在简洁的前言之后,将奋斗目标、工作任务以及完成任务的具体措施、办法穿插着分项写,这样条理分明,顺理成章;其二,全文都以条目的形式来写,不仅眉目清楚,同时便于理解和检查。

第三节　计划写作的要求

一、贯彻精神,顾全大局

拟订计划时,必须认真掌握党和国家现阶段对此项工作的方针、政策和有关指示精神,了解现阶段政治、经济形势以及对此项工作的总体部署和要求,深刻领会上级部门的要求和领导指示的精神实质,从本单位、本部门的实际出发,本着小局服从大局,大局服从全局的原则,制订计划。以便使所订计划的总要求和基本思路与上级保持吻合,确保党和国家规定的大目标和提出的总体要求,在计划中得到贯彻落实。坚决反对本位主义和分散主义。

二、实事求是,切实可行

在制订计划时,必须掌握客观实际工作特点,并把这些认识贯穿到计划的文字中。要实事求是;一切从实际出发,根据客观需要制订富有改革和创新精神的计划。任务和指标应充分考虑调动群众的主观能动性,指标过高,"可望而不可即",就会使群众灰心丧气,挫伤其积极性;指标过低,"唾手可得",就会使人放弃主观的努力。此外,计划在执行过程中,要有适当的灵活机动的余地,以便及时根据实际情况加以补充调整。

三、集思广益，科学制订

计划制订的程序大体为：学习政策—分析事情—审定内容—预测问题—完成草稿—发动讨论—修订完善。制订计划，都应遵循计划制订的一般程序，坚持走群众路线，使计划的内容既贯彻上级机关的决策意图，又体现广大群众的共同意志。在制订计划过程中，要依靠群众，集思广益，鼓励群众献计献策。草案形成后，再由群众讨论修改。只有这样，计划才能不断完善。

四、要求明确，措施有力

制订计划还要合理安排各项工作任务，一定要突出重点，主次分明。要规定清楚数量、质量、工作步骤和时间进度，决不能模棱两可，责任不清，要求不明。另外，要针对任务提出具体措施，提出实施计划的具体办法和力量部署，这是完成计划的有力保证。

五、言简意赅，通俗易懂

计划用语，应力求简明扼要，遣词造句准确规范，不可过于复杂繁琐，必须条理清楚，段落层次分明，不用含混不清或模棱两可的词语。做到让人易懂易记，便于执行。同时适当注意文采，避免枯燥乏味，令人生厌。

第四节　总　结

一、总结概述

（一）总结的含义

所谓总结，指的是人们对某一阶段或某项工作进行回顾和反思，并作出客观评价和指导性结论的书面表达形式。总结的目的，主要通过进行概括性的分析和评价，检查以往的工作情况，认识和掌握事物发展的规律，积累经验，扬长避短，以促进各种实践活动的顺利进行。

总结是一种科学的工作方法，也是提高工作能力和业务水平的有效途径。因为人的正确认识来源于实践，通过实践总结规律，再以总结的规律为指导，又回到实践中去。这样，实践，认识，再实践，再认识，不断循环往复，使我们从感性认识逐步上升到理性认识，思想觉悟和工作能力就会不断得到提高。从另一方面来说,总结是在计划的基础上形成的,并能检验计划的执行情况,检验计划的科学性和准确程度,因而也就为制订下一阶段计划奠定了基础,同时,也为提高下一步计划的质量提供了依据和可能。因此,凡从事某一工作或开展某一活动,都应事前有计划,事后有总结,善始善终,着眼未来。

(二)总结与计划的异同

总结和计划在实际运用中常相伴而行,相互依存。两者既有相同点又有不同之处。

相同点:总结和计划的范围基本一致,都是"做什么"、"怎么做"和"做到何种程度"三大项,而且两者是相互依赖、相互制约、相互促进的;总结都是在计划的基础上形成的,并能检验计划的执行情况,检验计划的科学性和准确程度,因而也就为制订下一阶段计划奠定了基础,同时,也为提高下一步计划的质量提供了依据和可能。总结和计划,实际上是"计划—实践—总结—再计划—再实践—再总结"这样一个循环往复,不断促进和提高的过程。

总结和计划的区别也是很明显的:首先是写作时间不同,计划是在事前,总结是在事后;其次是具体内容不同,计划是有根据的合理设想,总结则是确实发生过的实践。

二、总结的种类及作用

(一)总结的种类

总结的使用范围很广,因此种类很多。具体可分为以下几类。

(1)按内容可分为工作总结、生产总结、学习总结、活动总结、思想总结等。

(2)按时间可分为年度总结、季度总结、月份总结等。

(3)按范围可分为个人总结、部门总结、单位总结、地区总结等。

(4)按性质可分为综合总结、专题总结。

一份工作总结,往往同属几种类型。常见的总结主要有综合总结、专题总结和个人总结三种。无论哪种总结,都该纳入综合总结和专题总结两种。综合总结包括两方面含义:从时间上看,是一个阶段的全面总结,即总结一个单位或部门在一定阶段内的整个工作(各个方面)情况;从内容上看,是一项工作任务的全面情况的总结,包括基本情况、成绩、效果、做法、体会、问题及今后的打算等。专题总结是对某一项工作或某一方面问题所进行的专门总结。

(二)总结的作用

总结是行政机关常用的文种,它的作用主要表现为:

(1)指导工作。总结有助于总结成功的经验和失败的教训,使成功的经验得到推广,从失败中吸取教训,扬长避短,在今后工作中少走或不走弯路,少犯或不犯错误。

(2)沟通信息。总结有助于沟通信息,交流经验,使下情上达,主动争取上级机关的指导和领导,并加强与兄弟单位的协调配合,推动全局工作。

(3)改进工作作风。对领导干部来说,学会运用总结是一种领导艺术。一个好的领导者,不但要善于通过总结吸取经验来充实自己,而且要善于运用总结去达到提高干部素质,指导以后工作的目的。

(4)积累资料。总结是人们在一定时期内的学习、工作、生产、科研等实践活动的全面回顾,因此,有记录留存的资料作用。

第五节　总结的内容和形式

一、总结的内容

总结一般是围绕工作的指导思想、基本纲领、概况及所取得的经验和体会、问题和教训及今后的打算几个方面展开。

(一)背景材料与目的

说明总结的指导思想、范围、目的,交代时间、地点、背景、环境、主客观条件、有利和不利因素以及工作发展状况。这部分内容,主要是对工作的总体评价,起到开宗明义的作用,语言要求简明。

(二)具体工作情况

首先是介绍工作的过程和做法,包括工作的方法、措施和步骤以及中间经过的主要环节。特别是介绍一些有普遍意义的做法,能给人们以启迪和借鉴。其次是工作的成绩与经验,这是总结的精髓,也是衡量一篇总结价值之所在。成绩指工作中取得的物质成果的原因和方法等。写成绩要实事求是,有一般情况,又有典型事例,令人信服;经验必须反映工作进程中的内在规律。再次是工作的问题和教训,问题是指工作中的缺点和失误,教训是指反面的经验,即总结出工作中所遇到的问题,着重分析出现问题和失误的主客观原因,并由此得出应吸取的主要教训,以防重蹈覆辙。这部分要求重点突出,主次分明,详略得当,条理清楚,有说服力。

(三)新的奋斗目标

针对工作中存在的问题,提出切实有效的改进措施,以表明决心,展望未来,鼓舞斗志。语言须简洁有力。

二、总结的形式

总结的基本形式由标题、正文和落款三部分组成。

（一）标题

有单行标题和双行标题之分。单行标题的形式有公文式和文章式,基本和计划相似。公文式标题由单位名称、时限、内容和文种等四要素组成。四要素齐全的为全称公文式标题,如《华丽集团公司 2003 年财务工作总结》;根据具体情况,省略一个或一个以上要素的为简称公文式标题,如《杭州市商业银行工作总结》。文章式有内容型和主题型两种,内容型是直接将总结的主要内容清楚地表述出来,如《浙江经济改革与建设回眸》、《税制改革：三次重大突破》;主题型是将总结的主旨直接揭示出来,如《1998：中国金融业改革年》、《有"为"才有"位"》。双行标题是指同时使用主标题和副标题,主标题一般用单行标题中的文章式标题,副标题一般用单行标题中的公文式标题。

（二）正文

总结的正文由前言、主体、结尾三部分组成。

1. 前言

前言主要概述基本纲领情况,分别有概述式、结论式、提示式、提问式和对比式。

（1）概述式。概述基本情况,简要地交代工作的背景、时间、地点、条件等。

（2）结论式。先明确提出结论,使人了解经验教训的核心所在,然后再引出下文。

（3）提示式。对工作的主要内容做提示性、概括性的介绍。

（4）提问式。开头先提出问题,点明总结的重点,以引起人们的注意。

（5）对比式。采用比较法,将有关情况进行对比,显示优劣,说明成绩。

2. 主体

这是总结的核心部分,常见的有五种形式。

（1）贯通式。这种结构方式以时间和空间为顺序,不分条款,不用小标题,不分章节,紧扣主题,先叙后议,中心突出,适用于专题性总结。

（2）标题式。在正文部分按逻辑关系分成若干小标题,逐层深入地进行总结。小标题的内容往往是相应部分的概括。这种形式,层层展开,条理清晰,脉络分明,一目了然。一般适用于专题总结。

（3）分点式。把总结的内容按性质和主次轻重分点平列,各点之间有着内在的逻辑关系。它的特点是:有事例,有分析,有比较,有结论;行文简洁、生动,眉目清楚、灵活,适用于领导机关带全局性的专题总结。

(4)板块式。这是总结的基本结构形式。全篇按内容的不同分成若干板块,有基本情况、成绩和经验、总结和教训、方向和设想等几部分。这种形式容量大,内容集中,眉目清楚,整体性强,适用于综合性总结。

(5)条目式。按工作项目排列成若干个条目。由若干个条目形成一个整体,每个条目内部都分成基本情况、成绩和经验、问题和教训、新的打算等几部分。这种形式内容单一,条目鲜明,一般用于比较复杂、工作繁多的综合性总结。

3.结尾

结尾因文而异。综合性总结的结尾,一般是结合存在问题,提出改进意见或努力方向,而专题性经验总结,做法和体会讲完了,全文结束,就不另写结尾了。

(三)落款

总结的落款包括署名和日期。单位总结的署名,一般不放在落款处,而写在标题中或标题下,也有随另文发送,总结上不署名。个人总结署名,一般写于正文的右下方。

第六节　总结的写作要求

一、实事求是,恰当评价

在撰写总结时,要掌握总结的实践性、条理性、典型性、理论性,并使之贯穿到总结的文字中。写总结要求内容真实可靠,如实反映客观实际,这样才能对成绩缺点、经验教训作出正确的估价。充分肯定成绩,对缺点不文过饰非,要善于从成绩中找差距,从缺点里吸取教训,以充实自己,提高觉悟,克服盲目性,增强勇气和信心,激励人们改进工作,做出更大成绩。

二、重点突出,针对性强

总结必须抓住主要矛盾,突出重点,有强烈的针对性,反映出最能体现本行业、本部门、本单位的特点,才能写出特色,通过典型指导一般。如果光是就事论事,罗列现象,叙述过程,没有对大量资料进行分析研究、加工提炼,是不可能抓住事物本质的。面面俱到,写得一般化的总结,往往是彼此相似或雷同,失去了总结的意义,只有重点突出、抓住特点,写出新时代的新思路、新做法、新经验,写出本工作与其他工作的不同点,才能使得总结有力度和深度。

三、反映本质,探索规律

写好总结的关键在于能否找到规律性的东西——基本经验。总结常见的弊病:表面现象的罗列;枯燥条文的拼凑;公式化地在概念后面生硬地加上一些实例。正确的方法应以工作实践中归纳出带规律性的经验,通过对所做工作进行全面的回顾,包括工作的目的、任务、要求、经过、具体做法等,再将广泛搜集的材料进行疏理、分析、概括、提炼,找到事物的内在联系,才能反映出事物的本质。如果不探索规律,提炼主旨,不能成为总结。

四、语言概括,表达生动

总结是对自身实践活动总的回顾和评价,语言就要有高度概括性。因此,要总揽全局,综合考虑各方面情况,用最准确、最明快、最简洁的文字表述出来,做到言简意赅,切忌篇幅太长,语言模糊失真。总结的语言应当是生动的,这样才能吸引读者,达到良好的宣传效果。

例文一

国家知识产权局 2003 年十大工作要点

按照"以邓小平理论和'三个代表'重要思想为指导,认真贯彻落实党的十六大精神,坚持把发展作为执政兴国第一要务,充分发挥专利制度作用,大幅度提高我国专利工作综合能力,为全面建设小康社会服务"的总体要求,国家知识产权局近日推出了 2003 年十大工作要点:

——进一步加强知识产权法律法规体系建设。按照十六大报告提出"完善知识产权保护制度"的要求,逐步完善具有中国特色的知识产权法律体系。今年的工作重点是要为专利法第三次修改做好基础性准备工作,并在专利法允许的范围内,适时修改和完善专利法实施细则和审查指南;会同有关部委起草制定《职务发明创造条例》;加大行政执法指导力度,研究建立专利保护预警机制;进一步完善专利代理规章的制定工作,修订《专利代理条理》,制定《专利代理管理办法》,修改《专利代理人资格考试办法》等规章。

——加强宏观管理,提高决策水平。加强政策研究,做好规划发展工作,深化与知识产权有关的国际协定及其他国际规则的研究以及从战略、应用和基础性研究三个层面的知识产权政策研究,不断提出我国知识产权工作的对策,着手起草《国家知识产权发展战略大纲》;认真落实并逐项分解我局 2010 年宏伟战略目标;加强知识产权的宣传与培训工作;加强知识产权工作体系建设,形成与经济发展相协调的全国知识产权管理网络。

——积极实施专利战略推进工程,大幅度提高自主知识产权产出能力。贯彻十六大报告提出"鼓励科技创新,在关键领域和若干科技发展前沿掌握核心技术和拥有一批自主知识产权"的精神,进一步提高实施专利战略推进工程重要性的认识;积极实施专利战略推进工程,促进自主知识产权的形成;继续做好各项专利试点工作。

——加速提升专利审查综合能力,加快审批速度,保证审查质量。继续做好专利申请的滚动预测工作;采取综合措施,在保证专利审查质量的前提下加快发明专利审批速度;提升实用新型和外观设计专利审查能力及复审、无效请求的审查能力;建立审查质量保障体系,保证专利审批质量;倡导专利审查主动为国民经济和社会发展服务。

——加强基础设施建设。确保续建信息化系统项目投入正常运行;稳步推进中国专利信息检索系统建设;加强信息网络"三个平台"建设,推进专利信息化进程;做好基本建设工作。

　　——着力提高保障能力,拓宽资金渠道,提升资金保障水平,做好年度资金支出预算落实和后勤保障工作。

　　——加强队伍建设,开发人力资源。加强领导班子建设、干部思想建设和业务队伍建设,继续加强年轻干部和专门人才的培养力度,推进人才资源的有效开发。

　　——进一步拓展知识产权领域的国际合作,开好世界知识产权领导人会议。充分履行统筹协调知识产权涉外事务的职能,积极参与国际知识产权规则的制定工作,维护国家利益;扩大我国国际影响。

　　——加强自身建设,提升内部管理水平。积极推进行政管理体制和管理方式的改变;进一步提高认识,统一思想,提高管理水平;加强管理,稳步推进事业单位人事制度改革。

　　——加强党风和机关文化建设。认真贯彻落实十六大精神,加强党的建设,加强党风廉政建设和纪检监察工作,做好青年工作,加强机关文化建设。

　　　　　　　　　(知识产权局网站　2003 年 4 月 5 日　王少冗)

【评析】

　　本文是国家知识产权局制定的 2003 年工作要点。全文采用条目的形式,针对全国的专利工作交代了政策,提出了要求,布置了任务。全文语言精炼,层次分明,要求明确,措施有力,而且眉目清楚,便于理解和检查原计划。

例文二

1998：中国金融改革年

回眸 1998 年我国金融业走过的道路，人们有一个突出的感受：这一年是中国金融业不平凡的一年，这一年是中国金融业的"改革年"。

1998 年，我国金融业在党中央、国务院的领导下，紧密围绕国民经济发展目标，努力克服亚洲货币危机带来的负面影响，配合积极的财政政策和投资政策，适时调整货币供应量，促进了国民经济的稳定增长，人民币汇率保持稳定。

在促进国民经济发展的同时，我国金融业加快了自身改革的步伐。在即将过去的一年中，我国在建立现代金融体系、现代金融制度和维护良好金融秩序方面取得了一系列新的进展。在建立现代金融体系方面，主要是积极稳妥地推进人民银行管理体制和国有商业银行经营管理体制改革，落实分业经营、分业管理，不断完善提高金融宏观调控水平和银行监管专业化水平：

——宣布撤销人民银行 31 个省级分行，成立 9 个跨省、市、区分行，在不设分行的省会城市设立金融监管办事处，撤销在同一城市重复设置的分支机构，并明确了总行、分行、中心支行、支行在金融监管方面的权利和责任，强化了分支机构的金融监管职责。

——国有商业银行改革有重大进展。国有商业银行不再承担政策性业务，同时按经济合理、精简高效的原则，减少管理层次，大力撤并分支机构。另外，适当增加城市商业银行，支持地方中小企业的发展，目前已批准开业的有 87 家。

——对银行、证券、保险及信托业实行分业经营、分业管理。现已把中国人民银行对证券业和保险业的监督管理，先后划归中国证券监督管理委员会和新成立的中国保险监督管理委员会负责。在努力建立现代金融制度方面，经全国人大批准，去年国家发行 2700 亿元特别国债，用以补充国有商业银行的资本金，使国有独资商业银行资本充足率达到 8%，这将促进国有银行更加稳健经营。

在运行制度上，1 月 1 日，正式宣布取消对商业银行贷款规模限额控制，实行资产负债管理和风险管理；改革和完善了存款准备金制度；采取坚决措施要求金融机构与所办经济实体彻底脱钩；对存在严重金融风险、不能支付到期债务的金融界机构实施关闭。

回顾 1998 年我国金融业的改革，人们可以看出这样几个鲜明的特点：一是进行了多项标志性的改革。比如,取消多年来实行的贷款规模管理,标志着我国金融从直接调控为主转向间接调控为主。再比如,对人民银行管理体制进行改革,改变了多年来按行政区划设置机构的状况,标志着中央银行组织管理体制在适应社会主义市场经济要求上迈出了关键步伐。另外,对存款准备金制度实行改革,促使其更加符合国际惯例。还需指出的是中央金融工委的成立,从党的建设方面为更好地发挥金融作用创造了良好条件。二是改革力度和难度大。三是金融调控措施多。实际上,从前年秋季起人民银行就采取了一些扩大货币供应量的措施。去年以来,面对东南亚金融危机影响程度的加深,又相继采取了一系列措施,保持了货币供应量的适度增长,促进了今年宏观经济的平稳发展。

—— 摘自《金融早报》1999 年 1 月 4 日

【评析】

本文针对 1998 年我国金融业走过的道路,进行了实事求是的总结,对所取得的成绩作了恰当评价。全文采用分点式结构,行文简洁,眉目清楚,重点突出,针对性强,属专题总结。

第十一章　调查报告

第一节　概　述

一、调查报告的含义

调查报告是指对某一情况、某一事件、某一问题或某一项经验做了调查研究后所写的报告。简单地说是将调查研究成果写出来反映客观实际情况的书面报告。

它既是报刊上常见的具有较强的新闻性的文章体式，也是经济部门广泛运用的具有较强的揭示性的应用文种。这种文章，一般在标题或副标题上写有"调查报告"、"调查"、"考察报告"、"调查记"、"调查汇报"等字样。

二、调查报告的特点

1. 内容的针对性

一份调查报告的价值大小，要看它在内容上是否抓住了当前需要解决的问题，因而，它必须遵照党的方针政策，从现实需要出发，有针对性地提出问题，针对性越强，作用就越大。

调查是为了解决问题。每次调查总是带着现实中的某个问题去的，因此，反映调查结果的调查报告一定要符合调查研究的目的和要求，要回答人们关心和急需解答的问题。调查报告的针对性越强，它提供给领导决策作参考或指导面上的工作的作用就越大。

2. 材料的真实性

真实是调查报告的生命。调查报告着重于事实的简要叙述和情况的概括说明。这是由于调查研究是为了解决实际问题这一本质属性所决定的，无论作什么调查，写何种调查报告，都必须从客观的真实情况出发，如实地反映调查研究结果。切忌主观、片面,切忌任何虚假浮夸。不能以感情代替政策、法律。在调查中还要排除外界的各种干扰。客观事实是调查报告赖以存在的基础。全面地、周密地调查研究,才能达到预期的目的,才能找出规律性的东西,作出符合实际的调查结论。一篇成功的调查报告,应该是写得实实在在,真实可信的。

　　3. 较强的事理性

　　调查报告的目的是帮助人们认识事物,懂得什么该做,什么不该做,从而更好地指导人们的客观实践活动。因此,调查报告不仅要着重叙事,而且要事和理统一,由具体事实上升到某种规律性的认识。调查报告要写清事情的来龙去脉、原因、结果、性质和影响等,让读者对事实有完整的印象,从而作出判断,甚至制定政策,推动各项工作的开展。

　　调查报告中的事与理是完整统一的,写作中,安排好两者的关系十分重要,如《居民对价格改革的心理承受能力调查》一文,对这个问题处理得比较成功。文章报道了天津就价格改革问题调查市民心理承受能力的结果。在列举大量事实后,得出结论:"心理承受能力是较脆弱的。"这就为有关部门提供了信息,有助于价格改革的顺利进行。文章有事实,有分析,虚实结合,由事得理,以理带事,问题清晰,发挥出调查报告的作用。

　　4. 一定的时效性

　　调查报告要为领导决策提供参考,它回答的问题是现实生活中迫切要解决的问题,因此时效性较强。调查要迅速,指导要及时,否则"时过境迁",就失去现实的作用。

三、调查报告的作用

　　1. 为决策提供参考

　　通过调查报告了解情况,领导机关可以制定出符合客观实际情况的方针、政策,便于贯彻执行。正像陈云同志所说:"领导机关制定政策,要用百分之九十以上的时间作调查研究工作,最后讨论作决定用不到百分之十的时间就够了。"调查报告能为领导决策起参考和依据作用。

　　2. 传递信息、交流经验、推动工作

　　调查报告可以及时传递经济领域各部门的信息,介绍和推广经验。正面经验,可发挥榜样的作用,以点带面,更好地推动各项工作开展。反面经验,如政策制度不完善处、经济领域的不正之风等,通过调查分析,研究原因,找出改进办法,吸取教训,可以推动各项工作沿着正确的轨道前进。

四、调查报告的种类

由于调查报告的目的、性质、问题、对象、要求不同,所以要进行不同的调查研究,写出不同的调查报告,客观存在涉及的内容广泛,表现的形式多种多样。按调查报告所反映的基本内容及其写作特点来分类有反映情况的调查报告、典型经验的调查报告、揭露问题的调查报告、金融业务性调查报告等。

1.反映情况的调查报告

这类调查报告也称综合分析调查报告。它是经济部门就一个单位的多方面情况进行较全面的调查,或围绕一个问题进行多方面的普遍调查,或就某个问题对许多单位进行广泛的调查,然后进行综合分析,及时向领导机关提供材料,作为研究问题、制定政策的依据;也可向有关部门提供有用的信息,作为他们开展业务工作的参考。如银行部门关于一个地区货币流通情况的调查、居民及职工手持现金及购买能力的情况调查等,作为一个基本的较系统完整的报道,向读者提供必要的信息,使读者了解社会生活诸方面的情况,有重要的认识价值和启示作用。如《浙江金融》1999 年第 3 期《当前银行信贷投入中存在的问题及对策——对舟山市国有商业银行信贷投入情况的调查》一文就是属这一类调查报告。

这类调查报告多用于领导机关、决策部门、经济部门为研究问题、制定政策提供依据,以便对工作实施政策性的指导。

2.典型经验的调查报告

这是以介绍经验为主的调查报告。这类调查报告所总结出来的经验较为典型、具体、全面。它能提出具体的经验和办法并能普遍推广,指导性和政策性都较强。在写这类调查报告时,要注意:一要围绕党的中心工作进行调查研究;二要在一次特定的工作试点后进行调查研究;三要抓代表一定方向性的经验。

3.揭露问题的调查报告

这类报告的内容,主要是针对某些错误倾向和问题,揭露事实,分析原因,说明后果,宣传党的政策,以引起有关部门的注意,达到改进工作、解决问题的目的。事物的发展是不平衡的,有先进,也有后进,因而必须揭露矛盾,促使后进转化。在揭露矛盾时,要针对倾向性的问题进行揭露;要揭露一些突出的反面例子,如个别单位违反财经纪律和严重的贪污浪费;要根据党在一定时期指出的问题进行调查和揭露。这类调查报告的基本内容,除了分条例举事实外,还要分析原因,说明后果,以引起有关单位和社会的注意,达到解决问题的目的。

4.金融业务性调查报告

这类调查报告即对金融领域中某些业务环节进行调查,写出书面报告。如银行信贷工作贷前调查报告、保险业务中的理赔查勘报告、防灾检查报告等。

第二节　调查研究的方式与方法

写调查报告,调查是基础。没有调查,对实际情况不了解,研究工作就无从做起;没有研究,就无法找到规律性的东西,得不出正确的结论,报告也无从落笔。为了达到调查的目的,应当采用适当而有效的调查方式。

一、几种常用的调查方式

1.查阅资料

这是从现有的各种资料中,搜集或检索有关材料的调查方式,也是人们经常采用的一种方式。在采用这种方式进行调查时,一定要亲自搜集或检索,并要认真、细致地把情况和数字搞准确。资料包括公开出版的报刊、图书、内部的文书档案,各种账目、统计报表、单据凭证,也包括照片、录音、录像和电子计算机贮存的信息等。

2.开调查会

采用这种方式时,应根据不同内容的专题和不同类型、不同层次的人员,召开不同形式的会议。要开好调查会,主持人应注意以下几点:一要有平易近人的态度,应耐心地听取别人的发言。二要善于抓住中心,防止与会者背离主题去随意谈论。三是在会议的过程中,既要按照事先拟定的计划进行调查,又要酌情随机应变。一旦发现新的问题或新的经验,就要及时地调整计划,根据新的线索进行调查。四要认真做好记录。有些事情,当时记不下来,可采用事后补记的办法。五要打消与会者的各种顾虑,启发他们畅所欲言。调查会开得是否成功,主要看人们是否讲了真话,如果变成了问答式的拘谨的对话,就不会取得好的效果。

3.个别调查

个别调查即在调查时采取个别交谈的方式,而不是只对一个人调查。这种方法可以弥补调查会的不足,并能了解到一些隐蔽的问题。个别调查包括主动约谈和接待来访两种。主动约谈时,要注意被约对象的代表性,并要估计到他对情况的了解程度。个别调查的对象,一般有三方面的人:一是有关部门、单位的领导;二是当事人;三是知情人。为了获得比较符合客观现实的确凿材料,应尽可能多找一些人交谈。个别交谈,最忌呆板、生硬地从概念出发,去要求被访者按题作答。这样的交谈会使对方紧张,甚至产生反感。有经验的调查者,常常是从拉家常自然地过渡到自己的调查领域,并善于把握被访者的心理变化,掌握询问技巧,进而达到个别调查的目的。

4. 现场观察

深入现场观察,往往可以掌握一手材料,可以了解事情发生、发展的背景,并能检核口头调查中的情况的真伪,还能丰富调查者的感性认识,为写作时的理性概括提供素材。在进行现场观察的过程中,应尽可能多走几个观察点,进行比较,并将现场观察与其他调查相结合,以增强材料的真实程度。

5. 问卷调查

问卷调查的具体做法是根据调查的目的和要求把有关的调查项目设计成一种调查表发给被调查单位或个人填写。

调查表的回答方式,分为封闭式问卷与开放式问卷两种。封闭式问卷是指被调查者在回答问题时,只能按表中所列的项目填写,不能自由发挥。这种形式的好处是简便易行,统计的结果比较精确,适合于在大规模调查中使用。开放式问卷是让被调查者回答问题时,自由发表意见。由于这种方式不受任何限制,所以人们更能敞开思想,畅所欲言,写出一些有价值的真实情况,因而有时也会得到某些意外的收获。

以上五种方式各有利弊,在调查实践中,可将几种方式并用,也可以一种为主,以其他方式为辅。

二、调查时要注意的几个问题

(1)掌握第一手的直接材料。当然,一些间接材料(如书面材料或领导介绍)也不容忽视。但只靠现成的材料是不够的,一定要到基层群众中去听、去看、去查,并参加一些实践。通过亲自动手而获得的第一手材料,最生动、最具体、也最可靠。它不仅有助于了解客观实际情况,而且有助于鉴别间接材料的真伪,发掘间接材料中有价值的东西。

(2)既要了解现实材料,也要了解历史材料。现实材料最能说明和体现新的经验、新的问题。但任何事物都有它产生和发展的历史,要深刻地认识它,透彻地说明它,就要把现实材料和历史材料结合起来,这样才能把握事物发展的全过程。

(3)既要了解正面的意见和材料,又要了解反面的意见和材料。好话、坏话、正确的话、错误的话,都要听,并应认真地加以研究和分析。应该指出,调查时当然应以了解正面材料为主,但反面材料往往能使我们更好地理解和说明正面的东西,启发我们把问题的各个方面想得更周密、更全面。

（4）不要怕麻烦。要边调查边分析,发现了问题,还要再作更深层次的调查。

在调查研究时,通过适当而有效的方式,固然可以搜集到许多有用的材料,但是,还要辅之以灵活机动的科学方法。

三、几种功能各异而又行之有效的调查方法

（一）普遍调查法

这是对调查对象的全部逐一地、无遗漏地加以调查,以掌握被调查对象的总体情况。由于这种调查的工作量大,时间性强,需要付出更多的人力。所以,作为微观的经济调查研究,只有在较小的范围内才可采用这种方法。

（二）非普遍调查法

相对于普遍调查法而言,它是从调查对象中选取部分进行调查。它主要有:

1. 典型调查

这是选择具有典型意义或代表性的单位,进行深入地、专门地调查。搞好典型调查的关键,在于选好典型单位。由于这种方法可以在较短的时间内对经济活动进行灵活而周密的调查,所以在获取调查资料时,被人们普遍采用。这种调查方法的最大优点是,能够对典型单位进行全面、系统、细致的调查,可以弄清问题的性质、特征及其发展变化的规律。但也应该指出,典型调查是侧重于事物的质的方面的研究,它的定量分析相对不足,因而还不能较好地从量的角度说明问题。因此,这种调查最好和抽样调查及统计调查结合起来进行。

2. 重点调查

这是从调查对象的总体中,选出具有主要作用或决定作用的单位作为重点,进行非全面的调查。采用这种方法,目的是对调查对象的情况,有一个基本的估计。由于选出的单位在同类单位中占有举足轻重的地位,所以,只要彻底掌握了他们的情况,而重点单位又能集中反映这些情况时,采用这种方法更为适宜。但也正是由于这种调查只是少数的重点,因而往往不具备代表性,只是对经济活动基本情况的掌握。

3. 抽样调查

抽样调查可分为随机抽样调查和非随机抽样调查。常用的是随机抽样调

查,这种调查是按照随机的原则,从调查对象的总体中,抽取一定数目的单位进行调查,用个别的结论,去推断总体的情况。运用这种方法时,牵涉的面较小,时间较短,影响因素较少,代表性也较强。但这种方法也会产生一些误差,因而要注意把误差控制在一定的范围之内。

在调查中,要根据不同的调查内容和调查对象,选定调查的方式方法,深入实际,耐心细致,讲究技巧,把情况了解清楚。

调查得来的大量材料,要进行一个由此及彼、由表及里的认识过程,使这些零乱的、粗精并存的材料成为写报告有用的材料,这个过程包括选择、分析、归类、综合四个环节。

第三节　调查报告的结构和写法

一、一般调查报告的结构和写法

这里我们所讲的是相对于金融业务调查报告而言的。从调查报告的结构来说,大体可分为四个部分。

（一）标题

一般包括调查对象、内容范围和文种名称等几项。也有直接揭示主题的。调查报告的标题有单行标题和双行标题两种形式。

1.单行标题

单行标题可分为公文式标题和文章式标题两种。

（1）公文式标题。要具备事由、文种和行文单位三个要素。事由和文种一般不能省略,行文单位有时可以省略。例如:

2002 年我省建设银行成本效益情况的调查

对宁波市非国有经济贷款情况的调查

（《浙江金融》1999 年第 3 期）

当前城市汽车消费情况的调查

这类标题庄重稳实,中心显豁,一看就能明确文种和调查的对象。一些重大的问题或严肃的内容,采用这种标题是很适宜的。当然,这种标题有些冗长,略显平淡,不利于诱发读者的阅读兴趣。

（2）文章式标题可以避免呆板,增生活力,表现出一定的艺术性。例如:

　　　悄视假发市场

　　　当前居民消费心理透视

　　　"小天使"的吃穿玩

　　这类标题一般比较简短,比较活泼,命题时比较注意标题的艺术。拟制这类标题时,可严肃,可幽默,可含蓄,可显豁,可描述,也可设问。因而,容易写出一些意蕴,引起一些联想,增强一些阅读兴趣。应该说明,我们讲究标题艺术,但也不能单纯地追求形式美。不管怎样的艺术构思,标题中都要凝缩出旨意。

　　2. 双行标题

　　双行标题包括正标题和副标题。正标题一般是文章式的,揭示报告的主旨或内容;副标题一般是公文式的,标明调查的地点、对象、文种等,起补充说明正标题的作用。

　　由于双行标题能够集两种单行标题之长于一体,因而在调查报告中被广泛采用。例如:

　　　依托专业市场　培育块状经济

　　　　——陆埠镇孙家村"江南水暖城"崛起的启示

　　　　　　　　　　　　　　　(《浙江金融》1999 年第 3 期)

　　　魔高一尺　道高一丈

　　　　——国外信用卡风险防范一瞥

　　　　　　　　　　　(《金融时报》1996 年 11 月 11 日)

　　　一个令人担忧的结果

　　　　——从市场抽样看北京的汽车质量

　　　　　　　　　　　　　　(《消费指南》1991 年第 1 期)

　　总之,无论是显豁题旨的标题,还是含蓄蕴藉的标题,都必须做到切意、醒目、简练。标题宜短、忌长,宜活、忌板。较长的标题可采取分行排列的办法,使之简洁、醒目。至于什么样的内容适宜采用含蓄的标题,应该根据表达的需要和作者的写作习惯而定。

　　(二)开头(前言、引言)

　　开头的写法多种多样。一般有:

　　1. 说明式

　　交代调查时间、地点、对象、范围、目的,并简要点明文章的基本观点,突出报告内容的重要意义。

　　2. 介绍式

　　对调查的基本情况作出概括介绍。

3. 点题式

提出报告的主要观点,引起重视。

4. 提问式

采取边提问、边解答的方法介绍要说明的主要内容。

总之,这一部分主要是概括地介绍全貌,包括基本情况、指导思想、主要收获等,以使读者了解调查对象的大概面貌,掌握该调查所阐明的重要观点和事实赖以产生的条件和环境。有的调查报告并不介绍基本情况,而只说明调查经过和发表议论。这部分文字要高度概括、简明扼要。

以下为几种常见的开头写法:

1. 一语破题的浓缩式开头(点题式)

最近,我们有针对性地选择了 35 个县支行办事处,对本年度业务成本管理情况进行了调查,从中得到一些有益的启示。

——摘自《河北投资管理》199×年第 7 期

2. 代任务的目的式开头

最近,带着"如何提高工交审计工作的水平"这一课题,我们对东北三省及天津等地进行了考察学习,得到了许多启发和教益。现将兄弟省的一些好经验、新做法作一介绍,供大家参考。

——摘自《甘肃审计》199×年第 3 期

3. 概括内容的总括式开头

1990 年以来,河南通许县保险公司遵循"调整险种结构,提高社会与企业经济效益和长期巩固、占领农村保险阵地"的指导思想,积极开辟新的服务领域,大力发展以长期农房保险为主的各种农村保险业务,取得了显著的社会效益和经济效益。1990 年全县共 7.2 万户农民的住房参加了长期农房保险,承保面占全县实有农户的63.2%,收储金 63.8 万元,按当年储金所提取的短期保险费计算,赔付率为 26.9%。

——摘自《保险研究》1991 年第 4 期

4. 突出重点的点睛式开头

不久前,我们对近年来黑龙江省主要农业生产资料的价格情况进行了调查。调查的品种有化肥、农药、农膜、柴油、种籽和农机具等,调查的重点是流通环节。现将调查结果报告如下:

——摘自《中国物价》199×年第 4 期

5. 总揽全篇的议论式开头

国营商业企业是联系生产与消费的纽带和桥梁,对搞活流通,活跃经济发挥着主渠道的作用。可近几年偃师县国营商业一直徘徊不前,缺乏生气,甚至亏损。针对这个问题,偃师县审计局在年初对全县商业系统所属单位进行了审计调查后发现,虽然影响商业企业发展的因素很多,但税负过重,造成企业发展没有后劲也是一个不容忽视的原因。

　　　　　　　　　　　　　　　　——摘自《中州审计》199×年第 4 期

　　6.提出主要问题的过渡式开头

　　今年上半年,我们对全县本年度水利事业费、小农田水利补助费、水费等"三费"资金的下拨、管理、使用和效益等情况基本上是好的,为发展农业起到了一定作用。但是,调查发现在分配、管理和使用"三费"资金方面仍存在一些问题,致使一部分资金没有发挥经济效益。其主要问题:

　　　　　　　　　　　　　　　　——摘自《湖北审计》199×年第 4 期

　　(三)主体

　　它是调查报告的主要部分。它以确凿的事例和数据介绍被调查事物的发生、发展、变化等过程,揭示矛盾斗争的情况,总结出规律性的东西(成绩或问题,经验或教训),有的还提出建议。这部分,一般把主要情况、经验或问题归纳为几个问题,分为几个小部分来写,每个小部分有一个中心,加上序码来表明,或加个标题,提示和概括这部分的内容。力求眉目清楚,条理分明,能使读者一目了然,把握住基本要点。

　　写作时,应注意每个小标题之间的内在逻辑联系,层次安排要先后有序。在每个小部分中,观点和具体材料的安排,比较常用的是先提出观点,后叙述材料。这种观点领先,然后叙述事实的方法,是最便于理解的。但也有先叙述事实,后概括出观点的。这是由于内容表达的需要,或者是为了使行文富于变化才这样安排布局的。有时,在叙述一个比较复杂的过程时,是在叙述中说理,这种夹叙夹议的写法,能把观点和材料紧密地结合在一起,不过,要写得有条理,有层次,议论要插得恰当。

　　主体部分材料分类安排的方式大致有三种:

　　1.纵式结构

　　这是按事物发展、变化过程的时序安排材料。它依时为序,逐层表述、分析。例如在例文二中,其行文结构是:因某市化肥厂亟需贮存冬季生产用煤5000 吨,故向银行申请流动资金贷款 100 万元,于是银行对该企业的管理、生产、效益、信誉、前景一一进行调查,最终结论是先贷 30 万元,期限 3 个月。

　　凡贷前调查,主要内容有三层:

　　首先写借方申请贷款的金额和理由;然后写银行调查的结果;最后,银行就调查材料按信贷原则衡量,作出结论。这就是按时间顺序写的"纵式"结构。

这种写法,来龙去脉清楚,适用于内容比较单一的调查报告。

2. 横式结构

这是按事物性质分类来安排材料。它就事物的性质归并材料,并列地从几个方面表达,或平列几个问题,或归纳几条经验。它在形式上虽是几个"板块",彼此相对独立,而实质上有着内在联系。它外形分"块",内在由于逻辑联系却成为有机整体,被用来表达全文基本观点。

横式结构,适宜写头绪较多的问题性或经验性的调查报告,好似梳头,扎出几根"小辫"。这样,使得文章有条不紊,条理通畅,使得全文基本观点一目了然。

3. 纵横交叉式结构

这种结构兼有纵式、横式的优点,既考虑到时间的先后顺序,又体现出事物的发展过程;既注意按内容的性质来分类,又采取按层次方面去议论的形式。这种结构既能使事与理紧密结合,也能增强报告的深广度。

事实上,主体结构的写法是灵活多样的,往往一篇调查报告并不只采用一种结构方式,而是几种结合,几种兼有。

(四)结尾

调查报告的结尾也是多种多样。有的概括全文,表示文章结束;有的总结全篇的主要观点,借以加深读者的印象;有的进一步强调重点,深化文章的主旨;有的是主体中没有提及,但又必须交代的事项,便在结尾部分加以补充说明;有的提出存在的问题,提出相应的建议;有的对调查的对象给以鼓励,并对其发展远景进行展望;也有的调查报告没有结尾,主体写完,全文也就结束。

二、金融业务性调查报告的结构和写法

(一)贷前调查报告的结构与写法

贷前调查报告是贷款"三查"(贷前调查、贷时审查、贷后检查)的基础,经过贷前调查,据实分析,将调查结果作为贷与不贷、贷多贷少、贷早贷迟、期限长短、利率高低的依据,而后写成的书面报告。

关于贷前调查的根据,这里以中国工商银行信贷为例。该行贷前调查报告,一般根据贷款对象的不同而选择不同的调查问题。

第一种对"新建"信贷关系的企业要进行信贷资格的调查,主要调查项目为:①合法性;②独立性;③主要产品是否符合国家产业政策指向;④经济效益;⑤资金使用的合理性;⑥企业新建、扩建部分,其流动资金的 30% 是否筹足,或已有两年内补足的计划。如本章例文一。

第二种对"已建"信贷关系企业的贷款资格条件的调查内容为:①贷款用途是否正当、合理;②企业近期经营状况;③企业挖潜计划,流动资金周转加速与补充的计划执行情况;④企业负债能力;⑤企业发展前景预测等。

如本章例文二《关于市化肥厂申请增加流动资金贷款的贷前调查报告》,就对企业的信誉、资金实力、产品市场、经济效益、偿还能力、发展前景等进行评价,材料具体、数字确凿、态度明朗,并提出了建议。

(二)理赔查勘报告的结构与写法

这是在保险财产遭受自然灾害和意外事故后,由保险公司根据报损情况进行现场查勘,并据实确定保险责任和赔偿金额而写的调查材料。

如《关于小市服装厂遭遇水灾受损的调查报告》(见本章例文四),在内容上大体已反映出撰写理赔查勘报告所要求的如下几点:①审查保单的有效性;②调查损失原因并确定灾害事故是否在责任范围之内;③审核索赔人是否有权索赔;④核实损失程度和数额。

第四节　　调查报告写作的注意事项

1.深入调查研究,详尽地占有材料

调查报告是调查研究的结果,没有深入细致的调查研究,就不可能写出好的调查报告。因为调查报告是以事实说话的,因此在深入调查研究,掌握大量生动、确凿可靠的材料的基础之上,才有可能提炼出深刻的主题,正确反映事物的本质。

为了搞好调查,事先要拟定调查提纲,明确调查目的,确定调查方式,把握调查线索,使整个调查活动有的放矢。调查过程中,既要了解全面情况,又要注意典型事例,起到有点有面、以点带面的作用。

2.精心提炼观点,观点和材料要统一

掌握了丰富、确凿的材料之后,就要对材料进行认真的分析研究,提炼出正确鲜明的观点。从某种意义上说,写调查报告的过程是一个具体分析研究的过程,是一个由感性认识到理性认识的飞跃。分析研究,首先要有正确的立足点,对材料进行科学的分析,将调查材料系统化,提炼出反映事物本质的正确观点。

正确的观点,产生于对调查材料的客观分析之中,因此,要阐述正确的观点,就必须用典型的材料加以说明,使观点和材料统一起来,这样才能形成一篇完整的有血有肉的调查报告,真正起到应有的作用。

3.明确主旨,恰当地安排结构

写调查报告,是有目的、有针对性的,必须解决一个中心问题,提出解决这个问题的见解即调查报告的主旨。因此,必须首先确定主旨,然后才能考虑如何写,如何布局,如何谋篇。主旨要根据调查的目的而确定,主旨一经确定,安排结构便是定好调查报告的重要环节了。文章布局的合理、层次的清晰、脉络的分明,能使主旨得以显现和突出。

例文一

关于市进口汽车配件经营部要求建立信贷
关系的资格调查报告

　　根据盐城市进口汽车配件经营部申请建立信贷关系的要求,我们对该部的经营情况作了全面的调查。情况如下:

　　市进口汽车配件经营部于 1991 年 4 月 11 日经市计、经委批准,批准文号是:盐市经发(91720 号);1991 年 5 月 23 日经市工商行政管理局批准开业(经营执照注册号 14013263—8)。该经营部隶属于市经营开发总公司,性质为全民所有制企业,实行独立核算,自负盈亏。企业法人代表是李志标,现有职工 7 人,采取批发、零售、代购代销的经营方式。主要经营范围为汽车配件、进口轮胎、纺织机械配件、摩托车及配件、橡胶制品,兼营五金工具、油漆、润滑油。该部已于 1991 年 6 月在我行开立结算户(账号:0046002096)。

　　该部注册资金为 50 万元,其中固定资产 10 万元,流动资金 40 万元,系市经济开发总公司投资。

　　该部 5 月底开业,至 10 月末,经营状况良好,已实现销售收入 24 万元,账面盈利 1.3 万元,实际盈利 7 万元。资金使用比较合理,目前资金主要占用为库存商品 65 万元,应收及预付货款 14 万元,另有应付及预收货款 35 万元资金来源(其中 27 万元没有实际债务)。该部财务核算制度比较健全,账表完整。

　　该部的成立,填补了我市在进口汽车配件方面的空缺,对盐城市经济建设有一定的积极作用。鉴于该部已初步具备了贷款条件,我们同意与该部建立信贷关系。

　　以上报告,请领导审查!

调查人　冯海明、陈如秋

××××年×月×日

例文二

关于市化肥厂申请增加流动资金贷款的贷前调查报告

1991 年 12 月 5 日,市化肥厂申请增加流动资金贷款 100 万元,用途是增加冬季贮存生产用煤 5000 吨。

经调查,情况如下:

市化肥厂是我市重点骨干企业之一,前三年,该厂管理不善,设备陈旧,消耗高,成本高,加之受进口尿素的冲击,市场滞销,产品积压严重,亏损达504 万元。

今年,该厂调整领导层,深化改革,狠抓管理,改造设备,扩销促产,节支降本,已使企业经营走上了良性循环。自年初至 11 月份,已生产化肥 11 万吨,完成产值 3631 万元,销售收入 3544 万元,分别比去年同期增长 14.51%,17.38% 和 17.59%,实现利润 131 万元。11 月份主要产品碳铵的单位成本为236 元/吨,比去年下降 33 元/吨。同时,在 9 月份部优产品复检中,获华东地区第一名。

该厂加强了财务核算,资金周转加速,占用结构合理,使用效益得到提高。11 月末,三项资金占用 782 万元,比市计、经委和我行下达的计划控制额降低了 120 万元;全部流动资金周转天数 188 天,比去年同期减少 34 天。当前,该厂银行信誉良好,各项贷款能按时归还。

明年,该厂决心再上一级台阶,计划完成利润 300 万元。这主要是通过技术改造,调整产品结构,改变单一产品的被动局面,提高产品的综合盈利率,企业发展前景良好。

这次,该厂申请增加流动资金贷款 100 万元,用于增加冬季储煤 5000 吨。煤炭是该厂主要的原材料和燃料,货源主要从山西、山东、徐州等地购进,为防止内河封冻,需增加一个月的煤炭储备。该厂月耗用量 6000 吨。经调查,贷款用途正当,情况属实。鉴于该厂现存资金实际,建议分作几次解决;拟先贷给30 万元,1992 年 3 月 20 日到期归还。

以上报告请审查。

调查人 ×××

××××年×月×日

例文三

××街道"双争"活动问卷调查

家庭地址：_____

户主姓名：_____

性　　别：(1)男　　　　　　　(2)女

年　　龄：(1)18～50岁　　　　(2)50岁以上

文化程度：(1)大学 (2)高中(中专) (3)初中 (4)小学 (5)文盲、半文盲

目前是否工作：(1)上班　　　　(2)退休　　　　(3)下岗

调 查 项 目

一、您的户口是否在本居民区

(1)是　　　　　　　　　(2)否

二、您在生活中需要社区提供什么样的便利服务？有什么要求？

(1)_____

(2)_____

三、您有何特长？愿意为邻里提供何种服务？如：

(1)家电维修　(2)疏通下水道　(3)家庭医疗服务

(4)代换煤气　(5)翻丝绵　　　(6)其他(写出具体提供的服务)

四、您认为社区内社会风气如何？

(1)好　　　　　(2)一般　　　　(3)差

五、您是否愿意参加文明家庭评选？

(1)愿意　　　　(2)无所谓

六、您在本地是否感到安全？

(1)安全　　　　(2)不安全

七、您喜欢通过什么途径获得法律知识？(选两项)

(1)上课　(2)发资料　(3)电视　(4)报纸、杂志　(5)文艺演出

八、当您与他人发生纠纷时,您希望通过什么途径解决？

(1)私下解决　　(2)找居委会　　(3)上法院

九、您认为当前需要学习哪些法律？(选三种)

(1)宪法　　　　　(2)民法　　　　　(3)刑法

(4)民事诉讼法　　(5)刑事诉讼法　　(6)消费者权益保障法

(7)行政处罚法　　(8)妇女权益保障法　(9)未成年人保障法

(10)老年人权益保障法 (11)其他(写出具体法律)

十、您是否经常参加体育锻炼？

(1)是　　　　　　　(2)否　　　　　　　　　(3)偶尔

十一、您有何文体特长？（选两项）

(1)唱歌　(2)乐器　(3)跳舞　(4)书法美术　(5)田径

(6)武术　(7)气功　(8)球类　(9)健身舞

十二、您对社区文体设施和活动有何建议与要求？

———————————————————————————

十三、您对生活垃圾袋装化看法如何？

(1)可行　　　　　　(2)不可行

十四、您认为袋装垃圾搜集是否需要专人管理？

(1)需要　　　　　　(2)不需要

十五、您认为社区绿化现状如何？

(1)好　　　　　　　(2)一般　　　　　　　　(3)差

十六、您喜欢参加何种学习班？（选两项）

(1)社会道德教育　(2)安全防范教育

(3)法律、法规学习班

　　　　　　　　　　　　××街道"双争"活动领导小组

　　　　　　　　　　　居委会　一九九七年八月

例文四

中国人民保险公司理赔调查报告

1991 年 6 月 28 日	赔案编号：宁东企 92/12 号
案由：暴雨、洪水	保险单号码：宁字 10616 号

调查内容（主要包括出险时间、地点、原因、施救过程、损失情况、善后措施及处理意见）

关于小市服装厂遭灾受损的理赔调查报告

　　1991 年 6 月 4 日 1 时 05 分，坐落在中央门外王柏村 2 号的南京小市服装厂，因遭受特大暴雨袭击，致使该单位成品库、半成品库等受到水淹，其中部分服装、原料、辅助材料等受损。当时，厂方一方面组织人力、物力进行施救，一方面向我公司报案。我公司立即派员查勘现场。

　　小市服装厂于 1991 年 1 月 21 日向我公司投保企业财产保险，总保额为 6280993.24 元，总保险费为 12561.98 元，其中固定资产按原值加成投保保额为 497.76 元，定额流动资产按 12 个月平均金额投保为 3783111.02 元（十足投保）。根据《企业财产保险法》第四条第二款规定，此案予以受理。

　　该单位生产特种制服。其中，工商、城管制服的受损部分，由于受国家规定的限制，不能随意处理，凡验收不合格，只可报废，因而损失比例较大。

　　经查阅该单位有关单证、账册，以及查对实物，核定损失情况如下：

　　一、流动资产

　　1. 成品服装（工商驼绒大衣、工商衬衫、呢裤、呢大衣、上装等）损失金额为 293684.66 元。（核损详见报损清单）

　　2. 原材料（全棉水洗棉布、白涤棉、灰涤纶布、棉花等）损失金额为 70773.53 元。（核损详见报损清单）

　　3. 辅助材料（灰线、杂色线、钉扣线、有色树脂衬、垫肩等）损失金额为 35452.69 元。（核损详见报损清单）

　　以上，流动资产损失合计 399915.88 元。

　　二、施救费用

　　该单位及时组织抢救、保护以及整理、漂洗、烘干所付出的人工费用为 108328.25 元。（核损详见部分原始发票）

　　上两项合计损失金额为：流动资产＋施救费＝399915.88 元＋108328.75 元＝508244.63 元。

　　故本案责任赔款为 508244.63 元。

　　　　　　　　　　　　　　　　　　　　　经办人：李依苹

例文五

当前银行信贷投入中存在的问题及对策
—— 对舟山市国有商业银行信贷投入情况的调查

钱　辉　郭乐琴　陈先仕　冯增国

今年以来,国家出台了一系列关于改进金融服务,支持国民经济发展的宏观经济金融政策,明确提出要及时有效地增加贷款,提供多种金融服务,促进宏观经济增长目标的实现,支持国民经济持续快速发展。如何增加信贷有效投入、支持国民经济发展已成为国有商业银行当前信贷工作的一项重要任务,也是值得我们大家共同关注的一个重要问题。为摸清当前国有商业银行信贷有效投入和信贷管理的特点,发现存在的问题,最近我们对舟山市工、农、中、建四家国有商业银行近阶段的信贷投入情况作了调查。

一、基本情况

截至今年9月末,全市四家国有商业银行各项贷款57.34亿元,比年初增加9.73亿元,同比多增5.20亿元,如剔除不可比因素,同比多增2.98亿元。调查发现,国有商业银行在国家宏观经济金融政策指导下,努力加强信贷管理,提高自身素质,积极调整信贷结构,不断增加信贷有效投入,不仅在信贷总量上有了大幅增加,而且在信贷投向上得到了较好的把握。一些基础行业、重点基础设施项目及产品有市场、有效益的企业和一些新投资项目,信贷投入明显增加。据调查统计,市内四家国有商业银行投向于交通、邮电、电力等基础项目的贷款增加额达1.04亿元;重点工业企业贷款增加3631万元,重点工业企业中仅舟山海洋渔业公司和浙江金鹰纺机股份有限公司两家企业贷款增加就达0.8亿元。个人住房建设消费成为新的投资增长点,今年以来,各银行加大了对住房信贷的投入。贷款客户群体进一步优化,各银行的贷款对象趋向于集中,从信誉等级来看,各行严格控制对二类企业的贷款,对信誉较好的A级以上企业贷款增加较多,如工行对A级以上企业贷款增量占工行贷款增加额的50%。

二、存在的问题

目前国有商业银行虽然不断加大了支持经济的力度,信贷投入总量较大,但由于自身信贷管理、经济环境等主客观因素的制约,商业银行在信贷投入中尚存在一些比较突出的问题。

（一）贷款投向集中，贷款对象缺少多样化，资金供求矛盾突出

一段时期以来，商业银行普遍实行"抓大放小"、"扶优限劣"的信贷政策，贷款投向趋向于单一，对一些大企业的贷款往往"一哄而上"，而忽视对新的工商企业等贷款客户群的培育，贷款对象缺乏多样性。据对9月末大额贷款报备情况分析，全市四家国有商业银行集中投向于交通、邮电、电力等部门的新增贷款占到当年新增贷款的36.58%；投向于几家大企业如舟渔、金鹰的贷款比例高达26.85%；相反，对企业的技术改造贷款和个私企业贷款的增量较小，甚至有逐渐下降趋势。如建行仅对中电信舟山发展有限公司、舟山渔业公司、舟山海峡轮渡公司、华侨饭店等四家企业增加贷款达0.81亿元，占其贷款增量的31.62%；而新增个私企业贷款仅占其贷款增量的1.6%；技术改造贷款还有所下降，9月末四家银行技术改造贷款比年初下降0.03亿元。而银行贷款投向的过分集中，会加重一些银行的资金压力，如中行自年初以来，对该市的"引水"工程项目累计发放贷款已达1.08亿元，资金缺口以拆借资金弥补解决。

（二）地方经济基础差，缺乏新的投资增长点，银行投入的有效性难以体现

舟山市地处海岛，渔业和水产品加工企业占据了较大经济份额，工业经济基础薄弱，产品结构单一、档次低，附加值不高，缺少新的经济增长点，一些企业技术改造投资少，缺乏发展后劲，无力应付激烈的市场竞争，亏损企业越来越多，亏损额越来越大。9月末，全市被列入考核的370户工业企业亏损额同比增加0.5亿元，利税总额同比减少0.57亿元，而同期银行贷款却增加3.81亿元。银行贷款大量投入，而企业亏损不断增加，企业的投入产出极不平衡，资产流失，还贷无力，造成银行不良贷款上升，至3季度末，工、农、中、建四家银行不良贷款为13.60亿元，比年初增加2.95亿元，不良贷款率达23.72%。不良贷款的不断增加，使大量的信贷资金被长期占用，银行信贷资金不能参与正常的运作和经营，资金回流受阻，一些产品有市场、有效益的企业正常的、合理的资金需要难以得到满足，信贷投入的有效性难以体现，同时也弱化了银行对信贷资金的合理配置功能，银行面对工业企业不合理的产业结构，薄弱的经济基础，缺乏加大信贷投入的信心，为此，一些基层银行的信贷权限受到限制，贷款自主权变小。

（三）企业转制中，银行债权难以落实，信贷资金受到损失，成为商业银行投入运行中十分焦虑的问题

通过企业制度改革，促使社会存量资产得到优化组合，增加了企业活力，从长远来看，这将有利于银行的改革和发展。但因目前企业改革的政策法规不

配套,运作行为不够规范,一些企业借转制之机,大量悬空、逃废银行债务,给银行债权的维护带来困难。从调查的情况看,全市四家国有商业银行共涉及转制企业贷款17.78亿元,占四家银行贷款总额的31.08%,尚未落实的贷款达6.11亿元,占比34.36%。而一些规模较小的转制企业情况更糟,未落实比例更大,甚至有的已造成损失,如建设银行转制企业贷款中有0.74亿元未予落实,占转制企业贷款的31.45%,其中有0.21亿元已造成损失。而且在企业转制过程上,银行为加大支持企业改革的力度,"以贷还贷"的现象也较为普遍,且金额越来越大,其结果是,一旦企业拖延贷款不还,银行债权需通过法律途径来实现难度就很大。从建行系统碰到的几个案例来看,司法部门认为"以贷还贷"的借款合同应属无效,这样银行的债权不仅得不到保障,而且会造成大量信贷资金的损失。

(四)银行信贷风险管理与执行经济金融政策存在认识上的"偏差",信贷有效投入难以全面展开

中国人民银行在《关于改革金融服务,支持国民经济发展指导意见》中强调,金融部门要积极调整贷款结构,支持中小企业的发展;加大住房信贷投入,促进住房建设和消费;支持亏损企业生产有销路、有效益的产品,重点支持国有大中型亏损企业中扭亏有望的企业。但调查中的实际情况是,该市对中小企业的贷款增加不多,特别是对一些乡镇企业和个体私营企业贷款增加更少,9月末四家国有商业银行对个体私营企业贷款增加0.16亿元。银行认为,目前中小企业虽然发展势头迅猛,但其生产规模小,产品档次低,内部管理跟不上,难以适应激烈的市场竞争。从银行的信贷管理角度看,对中小企业贷款担保落实难,贷款风险大,除了对部分效益相对较好的中小企业适当增加贷款外,目前尚不会大面积铺开。住房贷款作为新的贷款增长点,各行投入力度相对较大,但同时又普遍认为,此项贷款量小面广,工作量大,按目前信贷力量难以全面展开,而且住房贷款的期限长,而还贷来源稳定性差,风险较大。对扭亏有望的国有亏损企业的贷款,银行对企业的扭亏增盈信心不足,因为经济基础差,发展后劲不足,政府又无具体可行的扭亏增盈措施,银行担心增加贷款,会形成新的不良资产,造成信贷资金的沉淀。

三、措施和建议

当前商业银行信贷经营中存在的问题和面临的困难,制约着商业银行信贷投入的力度和有效性的体现,影响地方经济的发展。因此,必须改善经济金融环境,调整信贷结构,加大信贷有效投入。但如何增加信贷有效投入,支持国民经济发展,笔者认为,国有商业银行应该做到以下几个方面:

（一）切实转变思想观念，正确处理金融与经济发展的关系

1.正确认识金融与经济发展的关系。经济决定金融，金融服务于经济的发展，商业银行要转变传统的经营观念，充分利用银行自身的优势，主动参与介入企业的生产经营活动，及时和全面了解企业的经营动态，帮助企业提高经营效益，为企业提供全面的综合的配套金融服务，建立长期稳定的信贷合作关系，降低信贷风险，及时有效地增加信贷投入，促进经济发展。

2.正确处理好贷款的集中与分散的关系，合理调整信贷结构。近年来，商业银行普遍实行"抓大放小"、"扶优限劣"的信贷政策，贷款投向愈来愈集中。而一味追求"抓大放小"的信贷政策，不符合严格的、科学的信贷管理，不利于信贷风险的分散。商业银行要在保证对重点项目重点行业和工业企业增加信贷投入基础上，合理选择那些发展有潜力、产品有市场、经营情况较好的中小企业加以扶持，合理调整信贷结构，支持经济全面发展。

（二）努力挖掘贷款增长点，增加信贷有效投入，发挥金融支持经济的作用

1.进一步增强对中小企业的信贷支持力度。目前中小企业无论在数量上还是在规模上已经得到了很大的发展。虽然目前中小企业的产品规模较小，产品档次较低，结构单一，市场竞争能力较弱，并且一时还难以摆脱当前的经营困难。但我们应该看到中小企业的信贷投入对支持中小企业发展的重要作用。商业银行要根据地方实际，支持那些有效益、有信誉、能增加就业和有还本付息能力的中小企业，支持科技含量高、产品附加值高和有市场潜力的中小企业，鼓励中小企业的技术创新，支持中小企业向"小而精"、"小而专"、"小而特"的方向发展。并且对中小企业的重点项目，银行可以在参与调查、分析、论证基础上，参照封闭贷款的方式，加大对中小企业的信贷支持力度。

2.加大住房信贷投入，促进住房建设和消费。个人住房消费已经形成新的投资热点，房地产业已成为新的经济增长点，商业银行要提高对住房贷款重要性的认识，积极调整贷款结构，在资产负债比例要求的范围内，逐步加大对住房信贷的投入，扩大对住房建设和消费贷款的比例。

（三）改善经济、法律环境，维护银行正当权益，促进银行加大信贷有效投入力度

1.增强政府、银行、企业之间的合作，重塑新型的银企合作关系。企业是资金需求者，银行是资金供应者，银行有充分的自主权选择贷款的企业，但政府部门的行政干预行为削弱了银行的贷款自主权，遏制了银行放贷的积极性。政府部门应充分发挥调控、协调的作用，为商业银行提供良好的信贷环境。政府、银行和企业之间应加强沟通和交流，正确分析当前经济发展面临的问题、困难

和商业银行信贷支持的方向,重塑平等互利共同发展的新型的银企合作关系。

2.创造条件,有效落实银行债权,维护银行的正当权益。转制企业的大量"逃废"债行为,使银行的部分债权难以落实,影响银行的信贷经营,挫伤了银行放贷的积极性。为改变这一现象,政府部门要正确看待企业改制中银行贷款的落实问题,银行贷款落实与否直接影响银行的信贷支持和地方经济发展。企业要着眼未来,增强还贷意识,"逃废"债只会削弱银行对企业的信贷支持。商业银行要积极参与企业改制,利用企业改制契机,努力盘活不良资产,调整信贷结构,通过参与企业改制,及时掌握改制企业的经营情况,防止企业"逃废"债行为。有关职能部门要从"服务于改革,服务于经济"的大局出发,认真研究当前经济发展中出现的新问题、新情况,创造有利条件,切实维护银行的正当权益。

【评析】

这是一份提示问题、研究对策的调查报告。文章突出的特点为:①观点鲜明,条理清楚。文章中"基本情况"、"存在的问题"、"措施和建议"三部分明确地表现出作者的观点,然后用材料来说明,两者结合较密切。②材料充足,作者用大量的数字作材料,说明翔实有力。③分析透彻。揭示问题的调查报告,对存在的问题进行分析是极为重要的,这为后面措施建议的提出奠定了基础。④措施具有针对性。另外文章在结构上也比较规范,按提出问题、分析问题、解决问题的逻辑思维进行,环环相扣。

例文六

依托专业市场　培育块状经济
——陆埠镇孙家村"江南水暖城"崛起的启示

谢志强

当前,余姚市已经形成块状经济35个,其中重点块状经济10个,"块"内有个体、私营企业3200余家,从业人员2.8万余人,固定资产近5亿元。1997年创产值(现价)近50亿元,销售收入40余亿元,上缴税金1.5亿元。块状经济已成为余姚市经济发展的新增长点和经济结构调整的主要平衡点,已成为壮大村级经济实力的集聚点。

鉴于此,笔者对该市陆埠镇孙家村作了调查,试图通过对以水暖产品为行业龙头、以村域为集聚载体、以产销一体为经营策略的块状经济的剖析,给予

"面"上的块状经济的培育发展提供一个参照。

启示之一：因地制宜，一个小产品创出一个专业市场

孙家村由水暖产品起步，在短暂的五年里，工业总产值从 1992 年的 1000 万元跃升到 1997 年的 5.93 亿元，形成了"一村一品"的块状经济特色。从发展模式看，孙家村块状经济发展属生产引发市场型，即先有一定的水暖产品生产的基础，然后建成一个实体市场。市场作为生产和销售中介载体，在时空上缩短了生产消费的实现距离，反过来又引发生产规模的扩张。这明显有别于一些地区的"市场拉动生产型"发展模式。经过四期开发建设，总投资 3500 万元，建筑面积 6 万多平方米的专业市场江南水暖城已初具规模。江南水暖城 1997 年销售额 4.76 亿元，利润总额 2657 万元，1998 年 1 月至 5 月份销售 2.46 亿元，利润总额 1313 万元，其中全村 70% 的水暖生产销售在江南水暖城内。

启示之二：因势利导，一个有活力的班子策划一个有形市场

1992 年，邓小平南方重要讲话发表后，孙家村党支部一班人立即认识到这是一次难得的发展机遇。当时，该村有汽配件、纺织配件、水暖配件等多个行业，主导行业不明显。村党支部一班人，搜集信息、分析市场、请教专家，确认水暖产品技术含量低、工艺简单，适宜于一家一户生产经营，符合村情。随后，提出了"兴办水暖专业市场，带动全村经济发展"的思路。将一家一户自发性的作坊生产引向集聚性的规模经营，凭借兴建江南水暖城这个举措来实现，并筹建水暖产品生产联合体——江南水暖集团公司。除本村为主之外，周边村也踊跃进场，有近 50 家市外、省外企业进"城"。同时，专门成立了个体、私营工业管理服务组织，从八个方面进行了帮扶，即帮助办理工商营业执照、提供项目信息、解决用水用电、筹措资金、采购原材料、开拓销售渠道、引进和培养人才、提供生产场地等。由此，江南水暖城发挥辐射、聚集、带动的作用，水暖行业的潜在优势已转化为实际优势。

启示之三：共同致富，一个市场造福一方农民

孙家村的江南水暖城，将千家万户的农民和千变万化的市场联系起来，形成了水暖产品的生产销售一家一户为基础、千家万户成规模的良好局面，迅速地推进了广大农民奔小康的进程。从产业结构来看，全村已由 20 世纪 80 年代后期的一、二、三产业排序转变为二、三、一产业的格局，第二、三产业比重已占总产值 98% 以上；村常住人口 1356 人，而企业职工人数达 1400 人（其中省外打工人员 170 余人），这种农业劳动力向非农业转移的规模和速度，标志着区域经济的结构已发生根本性调整。同时房地产、金融、通讯、交通、餐饮等行业也联动发展。全村农民人均收入 1997 年已突破万元，达 10184 元，全村程控电

话已突破 600 门,手机近 200 部,电话入户率达 103%,摩托车有 200 余辆,汽车近 40 辆,全村 80% 的村民住进了新居,陆埠镇金融机构的居民储蓄总额中,孙家村村民储蓄占 1/4 以上。从企业构成来看,已由单一的集体经济向多种经济成分共同繁荣发展。1989 年全村仅有村办集体企业 4 家,而从 1993 年起步,村办集体企业已发展到 8 家,而个体、私营企业猛增到 285 家,其中年销售额 100 万元以上的私营企业有 80 余家。同时,江南水暖城的示范效应,带动了周边七八个村水暖产品生产,水暖产品产值已占陆埠镇工业产值 60% 以上。

启示之四:努力开拓,一个有形的市场网络开辟一个无形大市场

目前,江南水暖城已发展成为国内规模较大的水暖器材和原辅材料的集散地,16 个大类、368 个品种的"舜孙牌"水暖产品的销量已居全国同类产品的前列,已有效地将千家万户的分散生产和千变万化的国内外市场初步连接起来。在国内市场,江南水暖城已在全国各个大城市设立销售网点 100 余个。在国内市场,通过宁波、青岛等地口岸,主要销往东南亚地区;通过欧亚大陆桥,水暖产品开始进入欧洲市场。

启示之五:注重质量,一个产品健全一个保证体系

江南水暖城初创时期,由于产品供不应求,一度出现少数企业生产劣质产品和低价竞销,影响了江南水暖城的声誉。江南水暖城管委会会同有关单位,主要实行商标、价格、标准、检测四统一,从抓质量管理入手,规范企业的行为,提高企业的素质。具体采取了七项措施:(1)制定产品标准。对村域内企业逐家登记,特别是金属软管生产,在尚无国家标准的情况下,会同企业制定了生产标准,消除了无标生产。(2)制定质量公约。将以质量兴市场、以质量求效益的质量公约 20 条分发到每个企业,并采取多种形式进行宣传。(3)建立产品质量检测站,对生产、交易的产品进行经常性的监测。(4)设立产品质量投诉站。通过这个"窗口",接受用户和企业对产品的质量异议和质量监督。(5)开展"质量优胜企业"评比活动。(6)加强生产技术人员的培训。(7)提高营销人员素质。

【评析】

这是一份典型经验的调查报告,旨在通过"江南水暖城"——余姚市陆埠镇孙家村的调查经验给人以启示,故其题曰"依托专业市场　培育块状经济"。文章用横式结构,以小标题形式展开,分别以"启示之一"、"启示之二"、"启示之三"等作为借鉴经验,并在此基础上对环境、优势等进行分析,进而提出政策建议。文章观点鲜明,调查材料充实,真实可信,说服力强。可以看出,为此作者是作了深入细致的调查研究的。在写法上,文章是叙议结合,采用多种说明方法和分析方法,使文章更具实力。

例文七

乡镇企业如何适应经济全球化趋势

——对万杰集团的调查

经济全球化是世界经济一体化发展在广度和深度上日益加强的表现。我国加入世界贸易组织,加速了中国经济融入世界市场的进程,这一进程的推进,使乡镇企业不仅面临着卖方市场的考验,而且面临着世界市场的冲击和考验。山东万杰集团适应经济全球化的要求,经过开拓国际市场,新上高科技产业项目,10年时间资产由1亿元增加到60亿元,为乡镇企业适应经济全球化趋势树立了榜样。

万杰集团的发展壮大,经历了两个阶段。一是从20世纪80年代初靠6万元贷款起步创办岜山漂染厂,走出发展工业的第一步,到1989年发展了10余个企业,成为淄博市第一个工业产值亿元村,完成企业资本的原始积累;二是1990年以后与国际市场接轨,走高科技、高起点发展之路,壮大成为国内外著名的规模集团。

一、主要经验与做法

万杰集团之所以能从资产6万元、职工不足百人的村办小厂在20年的时间内发展壮大为一个拥有60亿元总资产、年收入5亿元的国家级大型企业集团,其主要经验和做法有以下几个方面:

1.观念不断创新、适应市场变化。在20世纪80年代创业之初,万杰集团在一无资金、二无技术力量的条件下,冲破了"连农业都搞不好,更不可能搞工业"的传统观念,利用当时的卖方市场和党的好政策,抓住机遇创办了乡镇企业,走出了发展工业的第一步;经过10年的艰苦奋斗,使村办企业由少到多,由一个到多个,完成了资本原始积累,实现了工业化;进入90年代后,他们用高新技术改造传统产业,发展以大健康为主导,以医疗、医药、医用新材料及保健品为重点的新兴产业,实现了企业的"二次创业"。两次成功创业表明,思想是行动的先导,只有解放思想与时俱进,才能适应市场变化,把握市场趋势。

2.面向国际市场,发展以大健康为主线的主导产业。进入20世纪90年代后,基本完成了资本原始积累的万杰集团,着手发展以大健康为主线的主导产业。他们与美国杰歇尔公司共同投资组建了中美合资"淄博万杰医院",引进国际先进设备,填补了7项国内空白;万杰制药公司引进英国先进制药设备,生产20多个医药品种,其中奥美拉唑胶囊、迈生散片年产量11000万粒,具有较大规模;同时,万杰集团还开发了功能性保健布,组建起了万杰医学院,使万杰集团形成了以大健康为主线的主导产业。

3.实施人才战略,造就高素质的人才队伍。随着万杰集团产业产品结构的调整和企业规模的扩大,设备技术水平越来越高,企业对人才的需求量也越来越大,为了满足企业对各类专业人才的需求,集团大力实施人才工程。一是多渠道、多层次向社会广泛招聘人才,先后从国内外引进各类专业人才550多名;二是采取推荐、委培方式,从企业在职专业人员中择优选拔部分人员到国内外大专院校和科研机构进修深造,定向培养,先后有300多人相继学成归来,成为集团的中坚力量;三是每年择优录用部分大中专毕业生充实到集团各部门和岗位进行锻炼培养,先后有500多名大中专毕业生被录用,成为集团的后备专业技术力量。目前集团已有各类专业人才1100多人,其中专家教授、硕士、博士和国外归来的留学生70余人,形成了一支素质较高的专业技术人才队伍,成为"科教兴企"的主力军。

4.建立和发展科研机构,增强企业的技术创新能力。万杰集团在发展过程中,注重健全和完善科研机构设施,增强技术创新能力,1990年以来,先后投资1亿多元,建立了淄博万杰工业技术研究所、山东万杰肿瘤研究所、山东万杰癫痫病研究所、万杰新药开发研究所等科研机构;1998年组建了万杰集团技术开发中心,他们已先后研制开发出多功能细旦聚烯短纤维、抗菌保健功能长丝、无毒阻燃长丝、功能性布料、万杰先力大蒜片、远红外线纺织保健品等新产品或新技术30多项,其中有四项国家级星火计划,一项国家级火炬计划项目,五项新产品、新技术填补国内空白。这些科研成果技术含量高,附加值高,市场竞争力强,为企业带来了良好的经济效益,科技进步对企业经济增长的贡献率达到70%以上。

5.加快体制改革步伐,建立现代企业制度。万杰集团作为乡镇企业,自创业以来,机制比较灵活,发展非常迅速,但在经过一段时间的高速发展以后,随着企业规模的扩大,资产不清、权责不明、管理滞后等现象逐步暴露出来。为了保证企业的健康持续发展,万杰集团积极推行现代企业制度,加快企业内部体制改革,依照《公司法》要求,通过企业内部改革、改制、改组和加强管理,完善了母子公司体制,强化了母公司职能,建立健全了股东会、董事会、监事会、经理层等法人治理结构,使企业成为独立的市场竞争主体,逐步纳入了"产权清晰、权责明确、政企分开、管理科学"的规范化运行轨道,为企业注入了生机与活力。

6.加强企业管理,用国际规范来管理企业。近年来,万杰集团的骨干企业,特别是高新技术企业,不断加强企业内部管理,尤其是质量管理取得了明显的成效。万杰纤维有限公司、万杰医院已经先后通过了 ISO9002 质量体系认证,其中,万杰医院是国内同行业首家通过 ISO9002 质量体系认证的医院,万杰制药有限公司从创建伊始就按照国际标准设计、施工、建设,投产后一次性通过了国际 GMP 标准验收达标,成为国内首批通过 GMP 标准验收的前 10 位高科技制药企业。与此同时,万杰集团的骨干企业还先后加入国际互联网,加强了与国内外的信息沟通,使企业的管理水平上了一个新的台阶。

二、启示与对策

经济全球化进程的推进,对乡镇企业来说,既是难得的机遇,又是严峻的挑战,如何抓住机遇、迎接挑战,万杰集团迅速崛起的经验可以给我们带来多方面的启示。

1.解放思想、更新观念,适应经济全球化发展的大趋势。随着我国加入世贸组织,经济逐步融入世界市场,经济全球化趋势不可逆转,我国乡镇企业创业时期历史负担轻、经营机制灵活、劳动力成本低,天然贴近市场经济等先天优势已不复存在,而生产技术相对落后、人才缺乏、布局分散、经营粗放、管理落后等劣势却日益显现出来,而这恰恰是乡镇企业的致命弱点,面对知识经济的到来和经济全球化进程的推进,乡镇企业如何发挥自己的优势,适应市场变化,是关系到乡镇企业生存和发展的一个重大问题。

2.重视人力资源开发,选贤任能,增强企业的创新能力。创新是一个企业进步的灵魂。许多曾红极一时的乡镇企业,如今之所以成为昨日黄花,原因固然是多方面的,但其根本症结就在于企业缺乏创新能力,或因缺乏制度创新,而导致产权不清;或因缺乏技术创新,而导致固步自封;或因缺乏管理创新,而导致企业内耗,资产流失;或因缺乏市场创新,而导致产销脱节,效益滑坡。这一系列的创新,都需要高智商的人去完成,需要管理、技术等各方面的人才。目前,乡镇企业面对知识经济和世界经济一体化的考验,最为突出的问题是人才缺乏。万杰集团从创业到今,始终把实施人才战略、增强企业的创新能力作为头等战略,万杰人通过人才战略和新工程,为企业增添了新的活力。

3.以制度创新为核心,建立适合企业发展实际的制度形式。企业制度创新,基础是产权制度的创新,万杰集团公司根据"产权清晰、权责明确、政企分开、管理科学"的原则,建起了以万杰集团公司为母公司、以资产为纽带的集团化管理体制,形成了集团决策委员会、经营管理委员会和监督检查委员会"三权制衡"的领导模式,并在规范股份制、股份合作制的基础上完成了公司体制改造,建立了科学的法人治理结构,初步完善了母公司的投资中心、金融中心以及子公司、孙公司的效益中心,从而使企业的领导机制、经营机制、竞争机制、人才机制和发展机制日趋完善,经济运行质量不断提高。万杰集团制度创新的经验告诉我们,乡镇企业制度创新,只有不断从实际出发,按企业制度演进的客观规律,逐步由传统的企业组织形式向私人合伙、有限责任公司、股份有限公司、企业集团公司等规范化的现代企业组织形式转变,才能真正实现制度创新。

4. 以管理创新为基础,提高企业经营效益。管理创新在乡镇企业发展中,起着至关重要的作用。万杰集团在完成资本原始积累的基础上,开展以建立创新体系、实施跨国经营为目标的"二次创业",推行了一系列与国际标准接轨的管理体制,一是以产权改革为突破口,落实现代企业制度,逐步实现了产权清晰、权责明确、政企分开、管理科学;二是企业内部实行严格的目标责任制,即公司与车间有合同,车间和班组有合同,最终使职工的工资与产量、质量、消耗、安全、卫生、纪律等各项指标挂钩,这种责、权、利一体化的目标责任制把企业的目标和利益与员工的目标和利益科学地结合在一起,把领导者的压力变成了全体员工的动力,从而进一步激发了干部职工的积极性和创造性。

5. 以市场创新为依托,积极占领国内市场,努力开拓国际市场。适应市场变化,重视对产品的开发创新,企业的市场竞争力才能增强。万杰集团不断推出新产品,万杰制药有限公司推出了奥美拉唑胶囊等高科技药品,取得了良好的经济效益;万杰织造公司功能性布料不仅在国内市场畅销,而且有一半产品销往国外;万杰集团不仅注重开发和创新商品市场,而且更加注重利用好国内外资本市场。万杰实业股份公司股票上市,直接融资达 7 亿多元人民币;2001年万杰集团引进外国技术项目 4 个,引进外资 3000 万美元。万杰集团市场创新的经验,使我们认识到:乡镇企业适应经济国际化的新要求,必须以市场创新为依托,充分利用好国际和国内的资源和市场。

中共淄博市委党校

张存礼、岳顺之

二○○三年二月

——摘自《经济师》2003 年第二期

【评析】

这是一篇典型经验的调查报告。采用新闻式双行标题,正题以"乡镇企业如何适应经济全球化趋势"设问,颇能吸引人,副题说明了调查对象。前言是用概括和背景式的写法,介绍了山东万杰集团的发展壮大简史。10 年时间资产从 1 个亿增加到 60 个亿的业绩，无愧为榜样，也能激发读者的阅读欲望。主体从"观念不断创新、适应市场变化"、"面向国际市场，发展以大健康为主线的主导产业"、"实施人才战略，造就高素质的人才队伍"、"建立和发展科研机构，增强企业的技术创新能力"、"加快体制改革步伐，建立现代企业制度"、"加强企业管理，用国际规范来管理企业"六个方面介绍经验与做法，细加体味，作为乡镇企业能如此高起点大手笔地干，真是了不起！一般典型经验的调查报告常常就此结束了。然而该文却又深拓一层，从中发掘启示与对策，其目的是为了找出规律性的东西，提出方向性的举措，较好地回答了乡镇企业如何适应经济全球化的问题。从而起到以点带面指导全局的积极作用。这也是这篇调查报告的价值所在。文章总体结构呈横式结构。数字的例举增强了说服力。

第十二章　经济简报

第一节　概　述

一、简报的含义

简报，就是用简单的报道形式达到反映情况、传递信息、交流经验、推动工作的一种专用文体。

简报的实际应用，已有较长的历史，但作为机关日常应用的文体被确定下来是新中国成立以后的事。1956年6月9日，国务院颁布《关于所属各部门工作报告制度的规定》，规定"工作简报：各办、外交、计委、建委、体委、经委，每两周向总理写一次工作简报，明白、扼要地报告所掌握的范围内重大问题的处理、工作中的重要情况和经验。"简报成为专向领导反映重大问题和重大情况的简要报告。随着社会经济的发展，简报已成为反映情况、交流经验、传递信息的专用文体。以后，它的使用范围逐步扩大，成为一种党政机关、社会团体、企事业单位用来交流情况的内部刊物，定期或不定期地出刊，发行于内部一定的范围。常用"简讯"、"动态"、"情况反映"、"情况交流"、"经济信息"、"内部参考"等。我国金融系统已广泛使用简报形式，如"金融信息"、"金融情报"、"××金融"等，为领导决策、业务的开展发挥了很好的作用。

二、简报的特点

简报具有简洁、典型、准确、快速的特点。

1. 简洁性

简洁性既是对简报内容的要求，也是对简报写作的要求。简报在内容上不需要面面俱到详说细讲。编写的内容一经确定，就要突出主题，做到中心明确。写法要开门见山，用词要言简意赅。层次要清楚，段落要分明。意思不同的段落可以加上小标题，也可以用数字标明。字数一般在1000字上下为宜。

2.典型性

简报不是每事必报,其材料要精选、要典型。不同的部门都要发生大量的情况和问题,这些情况和问题不能都上简报,而要选择与党的方针、政策密切相关的,或涉及本部门、本系统中心工作的重要情况和典型经验上简报。有些情况虽然暂时看起来并不重要,但客观存在是带有倾向性的苗头(问题)或重要经验(正面的或反面的),这些也要通过简报加以反映。

3.准确性

简报的内容要准确。简报主要是为领导机关服务的。领导机关很可能根据简报反映的情况作出决策,所以简报的内容一定要真实、可靠。简报编写者要力争亲自下去调查,从时间、地点、人员到事情的前因后果,特别是引用的数据、人物的语言,一定要反复核实,力求准确。如不是亲自采写而又有必要上简报的,要在前面加上"据×××反映"等限制词,或在后面加上"据×××提供"等限制词。需要对工作基本情况作出估价时,要适当、客观,既不夸张,也不缩小。这样,简报反映的情况才能具有现实价值。

4.快速性

这是简报的一个重要特点。简报能敏捷地反映实际工作中的各种情况和问题,迅速地传递和反馈信息。因此,有利于领导及时掌握情况,分析问题,作出决策,更好地工作。

三、简报的作用

1.简报是领导机关了解情况的重要渠道

简报可以把各部门的实际工作情况、经验、教训以及工作中的困难和需要上级帮助解决的问题及时向领导反映,为领导和上级主管部门进行决策,推广经验,指导工作提供可靠的依据。简报还可以把群众的思想情绪、愿望和要求向领导反映,使领导准确地掌握群众的"脉搏",有的放矢地做好工作。

2.简报是领导机关指导工作的有效形式

从某种意义上说,简报是领导机关的"机关报",反映领导机关的工作意图。它可以直接刊载有关领导的工作意见,也可以通过"按语"的形式指导各方面的工作。领导部门有时也可根据实际需要,把所属单位的好经验、好典型,通过简报形式发给所属单位,以资推广;有些不良倾向,则通过简报,要求所属单位注意防止;或者综合一个时期、一个阶段某项工作的开展情况,作一简单小结,以表扬先进,督促后进,推动工作的开展。

3. 简报是互通信息、交流情况的桥梁

机关、单位的重大事项、突发性事件,往往要通过简报的形式加以报道,传播到有关单位。各个方面出现的新情况、新问题,也可以通过简报提请各部门重视和研究。它可以报送本系统的兄弟单位,也可以抄送新闻单位,提供报道的线索。

四、简报的分类

常见的简报可分为以下几种。

1. 综合简报

综合简报又叫工作简报,是最常见的一种简报。这种简报主要是为反映本部门、本系统的工作情况和问题、推动日常工作而编发的简报,一般要反映工作的进展情况及工作中出现的新经验、新问题。这种简报要在全面了解的基础上,围绕中心工作,抓住主要问题来写,做到既有情况概述,又有典型事例。可以是定期和不定期的。如银行系统的"银行简报"、"金融简报"。

2. 专题简报

这类简报是专门报送一项活动或几项工作情况的,目的是向主管部门汇报和向有关部门通报,其内容往往是某种情况的多种事例,因而写法往往是汇总式的。如"三讲教育简讯"、"抗洪救灾简报"等。

编写这种简报,更应注意及时、敏锐地反映该项工作中的新情况、新问题、新经验,以充分发挥指导作用。

3. 动态简报

这是为反映本部门本系统内部工作动向而编发的简报。如"金融动态"、"金融情况反映",它着重反映本部门业务上的重大情况和发展动向态势,为领导部门决策提供依据。这种简报具有内部参考性质,保密性强。

4. 会议简报

这是专门报道会议进展情况,反映与会人员的意见、建议的简报。

这种简报,大体有两种:①关于会议的连续报道;②关于会议的一次性报道。它既可反映大型的会议,也可反映一天半天的小型会议。其内容既可以是整个会议情况的反映,也可以是某个问题的专题性反映。

5. 信息简报

这是一种专门为传播信息而发的简报。如"金融信息"等。

随着人们对信息作用认识的提高,信息简报也就应运而生,迅猛发展,方兴未艾。如各级银行也都建立了信息机构,研究开发信息资源,编发信息简报。

作为信息载体的简报,必须注意准确、实用价值以及时效与信息量。

第二节　简报的结构和写法

一、简报的结构(简报的格式)

文无定法,简报也没有固定的格式。从这个意义上讲,编发简报应该解放思想,大胆创新。但作为一种常用文体的简报,经采编人员的长期实践、总结、演变,一些格式已被人们认同,约定俗成。一般情况下,简报可分为报头、报体、报尾三部分 。

(一)简报的报头

报头一般是固定的,在简报第一页的上部,约占全页纸面的1/3。主要有:

1.名称

工作简报一般就称《简报》,内容包括各方面的情况反映 。会议简报的名称,应标明是什么会议的简报,如《全国果品交易会简报》等。有的也冠以单位、行业的名称,如《财贸简报》、《北京商业简报》、《医药情况》等。

简报名称的位置在报头上方正中处。为了美观醒目,字体要大,多用套红印刷。

2.期数

简报的期数多按年度的编发次序排列,也有按总期数依次排列,还有的是总期号与分期号兼用。如第×期(总第×期)。

如系增刊,期数可单独排列,如不分开夹在年刊期号内,某些单位会因得不到而以为刊缺号而引起误会。期数的位置在简报名称的正下方处。

3.编发单位

位置在期数的左下方顶格处。

4.印发日期

位置在期数的右下方处。

5.密级

有的简报内容不能公开,就标明"内部参考"、"注意保存"、"内部刊物"等字样,位置在名称的左上方处。

6.编号

定期收回的简报,在报头的右上角标注编号。

7.分割线

位置在编发单位和印发日期的下面,用一条通栏粗线,通常是用红线,把刊头与正文分开。

（二）简报的报体

报体在报头通栏粗线的下面,由按语、标题、开头、主体、结尾几部分组成。

1. 按语

转发性、编发性和摘发性的简报,一般文前要加按语。这样不仅使读者明白它是转发、转抄或转录,更主要的是能给读者以启示,使之明确编发这篇简报的目的、意义。写按语要吃透文章的精神,有针对性,既表明态度,又简短得体。简报是否需写按语,应视需要而定。

2. 标题

位置一般在正文上面居中。标题的字体要比正文字体大一些,一行印不完可分行,但要注意词语的完整,不要将一词割裂为二,以免产生歧义造成梗塞之感。

如果一期简报是由两篇或几篇文章组成的,文章之间要空一至两行,各篇文章标题的字体要同样大小。

简报一般用单行标题。有的编者为了突出简报反映的内容,也可以加副题,以起补充说明的作用。不过一定要短小、简洁。

3. 开头

要开门见山,用简要的文字,准确概括全文中心,给予读者以总印象。具体写法是比较灵活的,因文而异,但要有吸引力。

4. 主体

这是简报的主要内容。其内容,由于简报种类较多,目的不同,发送对象各异,有的反映情况,有的揭露问题,有的介绍经验,有的互通信息。写作时要紧扣主题,承接开头,突出中心;材料要典型,数据要精确,材料观点要统一;层次结构要清晰严谨。

具体安排上,可按时间顺序、按逻辑顺序、按事件列举平列等,总之依照材料而定,为突出主题服务。

5. 结语

简报结尾要归纳全文,要深化主题,启发读者思考。也可提出新任务、新要求。文字要求简明有力,如正文已把事情说完,那就无须再结尾,以免重复。如是转引或摘录摘抄的稿子要写明出处(供稿者)。

（三）简报的报尾

简报的报尾在简报末页最下部,约占全页纸面的1/5。其项目有：

1.分割线

位置的上部与下部各一条,以便和正文分开。形式同报头的分割线。

2.发送单位级别、名称

在分割线里的左半部。可按级别分为"报"(上级单位)、"送"(同级单位)、"发"(下级单位)三类,发送单位的名称即在"报"、"送"、"发"等级别后依次写,一般只用顿号即可区分,但有时也还要用逗号或分号区分,这要看发送单位的类别划分的情况而定。一般情况下,简报的发送单位比较固定,如果临时需要增加,还要注明"本期增发×××"字样。

3.印发份数

在发送单位(分割线)下边。

另外,有的简报还要加上责任编辑、打印、校对等项目。

注意,简报报尾虽然有一定格式的内容,但不是固定不变的。在不同情况下,可以灵活采用全报尾、半报尾和无报尾三种形式。如简报的最末一页正好被文章排满或基本排满,不能或不够报尾所占版面,那么便可以采取无报尾或半报尾的方式,一般不将报尾单排一张。

简报不同于正式公文,它发送的范围一般比公文要广泛一些,但也要按照内容和实际需要确定发送单位,不可乱报滥送,否则不仅造成物质上的浪费,也会影响收文单位的工作效率。内容需要保密的,更要严加控制。报尾的三种发送对象应根据需要,有几种就写几种,不要每期简报都发送三种对象。

简报只能起沟通情况等方面的作用,而不能用简报代替请示、报告,不能提出要求上级答复的问题。向下发的简报也不能代替通知,强令下级按照执行。有些简报也印发一些工作部署,但仅供下级单位参考。

二、简报的采写

简报一般采用夹叙夹议,以叙为主的方法。它要用大量的事实材料来叙述说明问题,有时也发表一定评论。在具体写作方式上,常有以下几种,采写者可根据稿件的内容和编报的意图加以选择。

1.报道式

这是采用写新闻报道的方法来写稿件,要求稿件的内容有一定的新闻性。适用于写某些重大事件、活动的情况,工作进展的动态,人物突出事迹等。写这类稿子,要求中心突出,叙述清楚,语言简洁,同时要讲究时效。但报道式简报不能写成新闻报道。因为两者是不同的:新闻报道一般只限于叙述客观事实,而简报则要叙议结合,表达出采写者的主观意图。

2.综合式

综合式即围绕一个中心,把不同部门、不同地区的情况、问题综合起来,以反映全面工作。常用于反映全局、整体范围的情况。写这类稿子要紧扣中心,面向全局,抓住典型,点面结合,分析综合,揭示本质。

3.专题式

这种简报内容比较单一集中,要求抓住某个典型,对情况问题作集中介绍。一般用于反映某项专门工作和某个专门事件。写这类稿子,要选好对象,有针对性地透彻分析,指导全面。

4.回顾式

一是从时间上讲,工作开展了一段时间后,回过头来检查这段时间内做了哪些工作,取得了哪些成绩,还存在着哪些问题。

二是从某项工作来说,是对预定计划、分阶段实施的办法和进展情况进行回顾小结。

三、简报的编辑

简报的编辑主要包括以下几个环节。

(一)选稿

简报质量的高低,取决于稿件质量的高低,因此选稿十分重要。编简报除自己采写稿件外,还要选用来稿,或转引或摘录。总之在选稿时应首先考虑:

(1)围绕当前中心工作,能够为各级领导所关注的稿子。

(2)所反映的问题具有普遍意义,能够对其他地区或部门工作起借鉴作用的稿子。

(3)材料典型,所反映的情况或问题尚处于萌芽状态的稿子。对当前的工作有指导作用的。

(4)好的调查报告、总结等都可以作为简报登载的稿件。

(二)改稿

对选用的稿件,根据简报要求要进行修改。修改主要从观点、材料、结构、语言四个方面着手,诸如:观点是否正确鲜明,材料是否典型,结构是否严谨完整,语言是否简明扼要等。改稿须尊重事实,如有重大改动,要和原作者商量。

(三)编排

编排简报,应考虑围绕本期的中心。一般说,一期简报只宜刊登一份材料,使内容单一、集中。有时,为了便于集中反映某个问题,也可将几份内容相关或有共同性的短稿编在一起,但编排顺序上仍要合乎逻辑关系,体现编者意图。

简报版面格式：

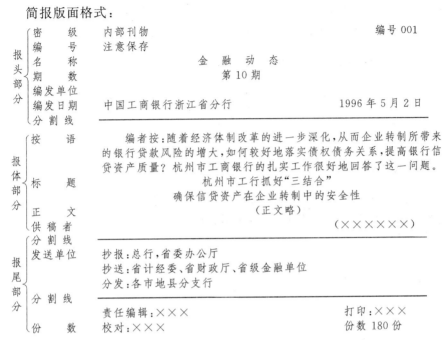

报头部分
- 密　　级
- 编　　号
- 名　　称
- 期　　数
- 编发单位
- 编发日期
- 分割线

报体部分
- 按　　语
- 标　　题
- 正　　文
- 供稿者

报尾部分
- 分割线
- 发送单位
- 分割线
- 份　　数

内部刊物　　　　　　　　　　　　　　　　　　　编号 001
注意保存

金　融　动　态
第 10 期

中国工商银行浙江省分行　　　　　　　　　1996 年 5 月 2 日

　　　　编者按：随着经济体制改革的进一步深化，从而企业转制所带来的银行贷款风险的增大，如何较好地落实债权债务关系，提高银行信贷资产质量？杭州市工商银行的扎实工作很好地回答了这一问题。
杭州市工行抓好"三结合"
确保信贷资产在企业转制中的安全性
（正文略）
（××××××）

抄报：总行、省委办公厅
抄送：省计经委、省财政厅、省级金融单位
分发：各市地县分支行

责任编辑：×××　　　　　　　　　　　　打印：×××
校对：×××　　　　　　　　　　　　　　份数 180 份

（四）写按语

　　简报按语，有的是对简报的内容加以提示——提示性按语；有的是对发表文章的目的、意义或写作背景和经历进行说明——说明性按语；有的对简报的内容加以评注——评注性按语；有的是领导对简报进行批示，要求下级单位参照执行——批示性按语。

　　无论哪种按语，都代表简报编发单位的意向，都要发表倾向性意见，以引起读者的注意。

　　写按语时应该注意面对现实，有的放矢，正确体现领导意图。按语不是批示，不能用命令口气，要用商量的口气，如"供参考"、"望加以对照"等。

第三节　简报写作的注意事项

一、深入工作实际，反映最新情况

　　简报的主要作用是反映情况、传递信息、交流经验，因此简报采编人员要深入实际，了解工作中的新情况、新动态，总结出工作中的新经验、新体会，这样才能反映出单位的真实情况,为领导决策作参考,传递的信息才会受到各单位的重视,交流的经验才会给各单位以启示。否则就起不到简报应有的作用。

二、领会党和国家的方针政策,指导基层工作

简报是指导工作的有效形式。它的内容体现了一个时期党和国家方针政策的精神。因此采编人员要认真学习党和政府的各项方针政策,准确把握领导意图,更好地指导基层工作的开展。

三、把握简报写作的特点,充分发挥其整体作用

简报的特点是简洁、典型、准确、快速,编写简报要充分把握这一点,从而发挥简报反映情况、传递信息、交流经验、推动工作的整体作用。

例文

内部刊物

注意保存 　　　　　　　　　　　　　　　编号 ×××

情 况 反 映

第十四期

（总第三十一期）

×××省商业集团总公司总经理办公室　　　　　1997 年 3 月 10 日

努力工作　克服困难
争取完成 1997 年销售、利润计划

　　3 月 6 日上午，集团总部召开核心层经营单位经理、书记、财会科长和处室负责人会议，对 1997 年度销售、利润计划分解下达。×××总经理主持了会议，会上首先由经营、财会、劳资处负责人分别作了关于 1997 年度各单位销售、利润计划以及分配思路的说明。接着由×××、×××副总经理就如何落实计划，做好下步工作讲了话。要求全体员工一方面要牢固树立主人翁意识、竞争意识、服务意识、效益意识。思想观念要围绕四个转变：即总部围绕基层转，经营围绕市场转，政治工作、后勤部门围绕经营转，一切围绕效益转。另一方面是要抓各项工作的落实，进一步理顺体制、搞活机制、建章建制。在管理体制、经营机制、三项制度的改革上加大力度，下苦功夫。在分配问题上，发动群众想办法，提出合理有效、能充分调动职工积极性的方案来。

　　最后，×××总经理做了总结讲话，他说：近两年来，集团出现了前所未有的困难局面，但要看到，困难局面不是我集团一个单位独有的，是整个国有企业存在的普遍现象，从前阶段中央领导同志讲话中看出，国家对国有企业所发生的困难已充分认识到了，开始着重研究如何搞活国有企业，同时要看到我们集团资产雄厚和政府重点扶持的有利条件，重要的是精神不能垮，精神垮了，一切都会垮，要克服悲观失望的情绪，当务之急，是保持稳定，有了稳定，才能求得生存，才能抓住发展的机遇，这是重中之重。大家提出的资金问题、场地、政策等问题，总部将想尽一切办法解决。在新的一年里，经营工作要打开局面，就要紧紧以市场变化来调整自己的工作。一是流通渠道和网络变了；二是经济态势变了，几乎没有紧俏商品，供过于求长期存在；三是消费者购买心态变了；四是商品结构变了，更新换代的步伐日益加快，商品周期缩短了；五是消费扩

大了、分流了,在服务、文化、精神方面的消费成为主流。但不管外部如何变,总部一定要做活文章,针对这些变化抓住抓好销售对象、销售方式、商品结构、促销手段、经营领域的调整。各单位就自己的具体情况,研究出切实可行的好办法,并做好落实。希望通过这次会议,在3月份后,形势出现新的好转。

报:省委、省政府办公厅,省财办,国内贸易部
送:正副总经理、各处室、信息中心、商报、公司、商厦

【评析】

这是一份动态简报,反映了本单位内部工作动向:集团总部召开核心层经营单位经理、书记、财会科长和处室负责人会议,对新的年度下达销售、利润计划。在分析了单位面临的外部条件的基础上,提出"做活内部文章",努力克服困难,争取完成新一年的销售、利润计划的要求,内容具体、目标明确,起到指导工作的作用。

思 考 与 练 习

1.简述计划的特点及作用。

2.简述总结的特点及作用。

3.简述计划和总结的区别及联系。

4.根据实际情况写一篇学习或工作总结。

5.调查报告与总结有何异同?

6.调查报告的特点是什么?

7.简述调查报告的结构方法及调查方法。

8.利用课余时间,进行社会调查,写一篇调查报告。

9.简述简报与公文的异同。

10.简报特点与作用有哪些?

11.简报在编排格式上有何要求?

12.结合学校、班级或社会活动的情况,编一期简报。

第五篇

专用文书写作

第十三章　经济消息

第一节　概　述

一、经济消息的含义

新闻有广义和狭义之分。广义的新闻,是指报刊广播电视中常用的各种新闻报道体裁,包括消息、通讯、特写、调查报告等。狭义的新闻,是专指消息。本章所讲的消息仅指后者。

所谓消息,是对新近发生和发现的、有新闻价值的事实简明扼要、迅速及时的报道。经济消息则是对当前经济领域中出现的具有一定社会价值或具有一定影响的事实所作的简要报道。从上述定义可以看出,消息必须是新近发生和新近发现的事实;消息所报道的事实必须有价值(真实性、时新性、重要性、显著性、接近性、趣味性构成了新闻价值的六要素);一件有价值的事件,必须通过报道才能成为消息。

二、经济消息的特点

经济消息具有真实性、客观性、新鲜性、短小性和及时性等特点。

1.真实性

真实是消息的生命,消息必须真实。消息的写作不同于文学创作,必须反映客观的真实情况,所报道的事实必须与客观事实相符合,不能有丝毫的虚构、夸张。除了消息写作中的五个"W"要真实准确、引据的数据要反复核对外,新闻的背景材料介绍也要做到真实、客观、全面。

2.客观性

经济消息的来源是事实。消息的写作要用事实说话。离开了事实,消息就失去了根本。在消息的写作中,作者要客观地、忠实地、朴素地叙述所见所闻的事实,不直接说出作者的思想观点,西方新闻界称之为"藏舌头"。消息写作,最忌图解领导讲话的精神、图解政策条文,最忌说教,最忌作者站出来直接评论、议论、抒情。应该坚持用事实说话,但并非不要思想,不要观点,而可以借助于背景材料,通过事实的对比、联系,间接表明自己的观点,也可援用权威人士的评论,间接地表明自己的观点。

3. 新鲜性

新鲜性包含两方面内容:一是指时间上的"新",即所报道的事实是新近发生的。二是指内容上的"新",有些事虽不是近期发生的,但其内容有新的认识、新的发现、新的意义,那也是值得写的。消息就像是一条活蹦乱跳的"活鱼",要争分夺秒进行"加工",尽早端上社会"大餐桌",奉献给社会的应是"鲜鱼",而不是"干鱼"、"臭鱼"。通讯员要在新上做文章,争速度,要及时捕捉最新情况、最新变化、最快发展。西方报界称:"今日的新闻是金子,昨日的新闻是银子,前日的新闻是垃圾。"

4. 短小性

任何消息,都是对事实简明扼要的报道,力求短小精悍,文字简洁、精炼,提倡精选事实,"立片言以居要"。胡乔木同志曾指出:"新闻要五分之四是五百字左右的。"对于标题新闻、一句话新闻、快讯等,更应该强调写清事实,该短则短,越短越好。这样可以使传播快捷,在较短的时间内掌握更多的信息。

5. 及时性

及时性与新鲜性密不可分。即新闻既要讲究时效,又要速写、速发,消息的传播常常争分夺秒,谁快,谁就掌握了新闻报道的主动,赢得了读者;谁慢了,就会影响其报刊的发行量、市场的占有率。现在的电台、电视台常常用直播的形式,同步播出消息实况,就是为了以更快的速度将消息传播至观众,以满足观众的需要,争取到更多收听或收视的观众,并以此取得更高的收视、收听率。

三、经济消息的作用

1. 传播信息的作用

经济消息最主要的用途就在于传播大量的经济信息。在当今社会,信息就是资源,就是财富,谁掌握的信息多,谁就能在日益激烈的市场竞争中"克敌制胜",使自己立于不败之地。谁掌握的信息少,对市场情况不了解,对先进的技术混然不知,谁就会随时被市场淘汰。

2. 传播知识的作用

经济消息不仅传播大量的信息,同时还传播广泛的知识,如新技术的开发,投资的策略、技巧和分析,购物的注意事项,生活的基本常识等,使人们在吸收信息时既得到了学习,扩大了知识面,又提高了文化素质。

3.舆论监督作用

经济消息本着对国家、对人民利益高度负责的精神,还可以利用新闻媒介及时反映人民群众的意见、要求、呼声,对经济领域中出现的一些问题,如不正之风、不规范的行为、欺诈现象等及时披露、曝光,引起社会关注,接受舆论监督,督促有关单位、有关人员端正经营作风,提高服务质量,遵纪守法,以加强精神文明教育,促进经济建设的健康发展。

四、经济消息的种类

经济消息的种类纷繁复杂,可用不同的标准进行分类。

(一)根据消息内容的重要性分类

1.硬新闻

通常指那些政治性、政策性、指导性、时效性很强,题材严肃,以反映政治、经济、科技等领域中重大情况为主的新闻报道。

2.软新闻

通常指那些人情味较浓、知识性趣味性较强、轻松活泼易于引起读者阅读兴趣,或时效性不太强的新闻。

(二)从新闻事件是否具有明显的事件形态来分类

1.事件性新闻

这类新闻具有明显的事件形态,通常是"一事一报"的新闻,相对完整地报道一个事实,事件具有明确的起止时间。

2.非事件性新闻

这类新闻往往超出一个事实,涵盖了若干事件或状态,有时甚至是对一种倾向、思潮、趋势、现象的报道。它是在许多事实、事件的基础上,经过一定的归纳、分析而"抽象"概括出来的,反映的不是一个有形的事件,也没有明显的起止日期,不具有十分明显的事件性。它一般包括报道问题的新闻、报道概貌的新闻和报道典型的新闻三种类型。

(三)根据消息篇幅的长短分类

1.简讯

简讯又称简明消息、快讯、本日消息、昨日消息、最后消息,长者可达100字左右,短者只有"一句话新闻"。其特点是直接、迅速、扼要,只要报道出新闻事实就行。

2.短消息

短消息指500字上下的消息。短消息具有简讯之长，又较简讯清楚、具体，有时有背景材料的穿插。这种消息是最常用的消息形式，在西方又称"最可读消息"。

3.长消息

长消息指1000字左右的消息。这种形式多用于典型报道或述评消息，也用于报道重要的动态。这种消息有展开的余地，能穿插较多背景，结构上也有变化的余地，表现手法也可多样一些。

(四)根据消息报道的内容分类

1.动态消息

动态消息是以报道单一事实为主的，能够显示某一事物、某一领域的最新动态或发展趋势的一种消息类型。

2.经验消息

经验消息就是把某一单位或部门在工作上的成功经验报道出去的消息类型。所报道的，既可以是贯彻党和国家方针政策的典型经验，也可以是某一方面工作的成功做法。

3.综合消息

综合消息就是把发生在不同地区或部门的具有类似性质的新闻事件综合起来进行报道的消息类型。它从不同侧面去表现一个共同的主题，报道面宽，可以给读者全局性的认识。

4.述评消息

述评消息是一种边叙边评、夹叙夹议的消息类型，它介于新闻和评论之间，既报道新闻事实，又在报道的同时对新闻事实的性质、特点、发展前景等作出分析、解释、评价。

第二节　经济消息的结构和写法

一、经济消息的结构

消息的结构形式种类繁多，常用的结构有倒金字塔结构、金字塔结构和并列式结构。

1. 倒金字塔结构

倒金字塔结构,是经济消息写作中最常见的结构形式。倒金字塔结构的写法是将消息中最重要、最吸引人的事实作为导语放在消息的开头,再根据其余材料的重轻程度,由重到轻依次安排层次或段落。其特点体现在以下几个方面:

(1)它不是根据事件发生、发展的时间顺序来安排层次段落,而是按材料的重要性把最重要的事实放在第一段,按材料的重要性依次往后排。

(2)为了突出主要新闻事实,导语部分只突出重要的新闻要素,其他要素在主体部分逐渐补充。

(3)段落划分短小,往往是一两句话一个段落,各段落之间不需要过渡转承,只求其内在联系,第二段往往是第一段的具体化或补充,第三段又是第二段的进一步补充,如此相连,逐层具体深化。

(4)主题富显豁性,人们只要一看导语,便可把握这类消息的精华,欲详欲略,可自由掌握,便于编辑压缩稿件。如:

新华社供本报专电　美国总统克林顿7日向国会提交了总额达3054亿美元的2001财政年度国防预算,这是自冷战结束以来美国第二次大幅度增加年度防务开支。

如果获得国会批准,自今年10月1日开始的美国2001财政年度国防预算将比本年度高出165亿美元。

新国防预算计划拨款600亿美元来购置和更新武器装备,比1998年财政年度猛增了三分之一。购置的更新武器装备包括F-22和F/A战斗机、直升机、DDC-51型驱逐舰、一艘新型攻击型潜舰和一艘价值40多亿美元的尼米兹级航空母舰。尼米兹级航母是美国最大的核动力航母。

——摘自《新民晚报》2000年2月8日

这则消息最重要的事实——美国将大幅增加年度国防开支,因其影响巨大,故作为导语放入首段;次重要的事实——与本年度比,增加幅度究竟有多少,即高出165亿美元;再次重要的事实——大幅增加国防开支主要用于什么地方,即购置和更新武器装备;最次要的事实——主要购置和更新哪些武器和装备,即文中所列。这样排列,由主到次,由粗到细,层次分明,意图明显,给人印象深刻。

倒金字塔结构的优点是:①符合新闻的特点,把最重要的事实摆在第一段,可以避免一般事实掩盖了重要事实;②便于读者阅读,读者如没有时间,只要读了导语,也可以知道消息的主要内容;③便于编辑及时、有效地处理稿件、制作标题和设计版面。

倒金字塔结构的局限是：①程序固定化、单一化，掌握不好，容易写得呆板、生硬，标题、导语、主体也容易造成重复；②它适用于写时效性强、事件单一的新闻，对某些非事件性新闻，富有故事性或人情味的新闻不太适宜。

2.金字塔结构

金字塔结构是相对于倒金字塔结构来说的。它主要依据事实发生的时间顺序来写，事件的开头，就是消息的开头，事件的结尾，就是消息的结尾，直到最后一段，才把事情的结果、最重要的材料显示出来。

按时间顺序组织材料，能够看清新闻事件的起始、发展的脉络，有头有尾，印象清晰。这种结构形式很像小说、戏剧的结构，符合我国读者的阅读习惯口味。它的特点是引人往下看，而且越看越有趣。这种结构形式适用于故事性较强，以情节取胜的动态新闻。但它也有自己的局限，它的开头往往不吸引人，消息的精华部分，往往埋没在长篇叙述之中，读者非得读完全文，才能了解事件的真相。

在写作实践中，人们常常把倒金字塔结构与金字塔结构结合起来，开头部分用导语交代最重要的事实，导语以后再按事件发生发展的顺序依次展开，构成一种新颖别致的结构。

3.并列式结构

并列式结构又称双塔式结构。其特点是，作者在导语中交代主要新闻事实后，以后逐段报道的内容，从时间上看，可能是同时发生的；从重要性上看，可能是同等重要的。这种结构常用于下列新闻：一次重要会议同时作出若干重要决定；一个单位对某项工作总结出几条并列的经验；一个重大事件发生后不同单位有不同反应。

除此之外，我们在报纸上还可以看到不少结构比较自由的消息。这些灵活多样、没有固定格式的消息结构，可以称为自由式结构。

二、经济消息的基本内容

经济消息除一些标题新闻或一两句话的简明消息外，一般由标题、消息头、导语、主体、结尾和背景材料六部分组成。

（一）标题

消息标题是消息的眼睛，它概括、提示、评价消息的内容，提示新闻的本质，吸引读者的阅读兴趣。标题的好坏，直接影响消息的新闻价值。新闻标题通常采用多行标题、单行标题的形式。

1. 多行标题

它包括主题、引题、副题、提要等,并以不同的字体排出。

主题,又称正题、母题、大标题、主标题,是多行标题中的骨干和核心,用来概括说明新闻中最主要的事实和思想,居于显著位置,往往字体显得特别突出。

引题,又称肩题、眉题。它标在主题前面作前奏,起交代背景、烘托气氛、说明原因、揭示消息内涵和精神实质的作用。

副题,也叫次题、辅题或子题,标在正题下面,常用于补充交代新闻中的次要事实,弥补主标题的不足。

提要(或叫提要题),又称提示题或纲要题。其作用是将新闻中的核心内容概括出来,起内容提要的作用,一般文字较长。

根据不同的内容和宣传的需要,经济消息多行标题一般有三种形式:

(1)由提要题、主题组成。如:

非典期间,国家外汇管理局适时调整工作思路和方式,改进工作程序,提高效率,支持经济稳定发展,确保了特殊时期各项业务高效有序开展

　　　　　　　　　　　　　　　　　　　　　　　　　(提要题)

　　　　　　　　特殊时期的见证　　　　　　　(主题)

春节过后,央行通过公开市场业务正回购操作持续大量回笼货币。4月底,央行决定暂停正回购操作,改为每周发行央行票据。在当时的特定背景下,人们自然地将央行票据与丰富公开市场业务操作工具联系起来。但是,发行央行票据的积极效应远不局限于此。经过近两个月的运作,我们看到的是

　　　　　　　　　　　　　　　　　　　　　　　　　(提要题)

　　　　　　央行票据　凸现五大积极效应　　　(主题)

(2)由引题、主题、副题构成。如:

　　　　　天津奥的斯中方股东经营国有资产有创举　　　(引题)

　　　　　　重新评估国资增值 3.5 亿元　　　　　(主题)

　　　企业中方代表在全国政协会上提出进一步完善有关法规

　　　　　　　　　　　　　　　　　　　　　　　　　(副题)

　　　　　经合组织钢铁委员会年度报告指出　　　(引题)

　　　　　　世界钢铁需求量增长趋缓　　　　　　(主题)

　　预计 1996 年需求总量为××吨,增长率低于去年 1.7 个百分点

　　　　　　　　　　　　　　　　　　　　　　　　　(副题)

知否？知否？应是贱"肥"贵"瘦"　　　　　　（引题）

爱吃瘦肉者　请您多付钱　　　　　　　（正题）

本省十几个县市调整猪肉各品种之间的差价　　（副题）

(3)由引题、主题构成或由主题、副题构成。如：

隐瞒捐款　私设金库　　　　　　　　（引题）

德前总理科尔接受司法调查　　　　　　（正题）

投资空间大　工农都得益　　　　　　　（引题）

大中型企业悄然进军农业　　　　　　　（正题）

我国将全面推动养老金社会性发放　　　　（正题）

到2000年底,80%以上企业离退休人员实现由社会服务机构发放养老金

（副题）

搞活企业的着眼点放在哪里　　　　　　（肩题）

要盯住市场　勿盯住市长　　　　　　　（正题）

2.单行标题

单行标题只有一个主题(即正题)。如：

救活"鸳鸯"　换回外汇　　　　　　　（正题）

中外合资谨防中方股权萎缩　　　　　　（正题）

三十三家企业获发行B股资格　　　　　（正题）

平常心乃投资理财之本　　　　　　　　（正题）

3.制作标题的要求

(1)要虚实结合。"实题"一般要扣住新闻事实,点明必要的新闻要素,使人一见就知道这篇消息报道的是什么事情。"虚题"则显得比较抽象、含蓄,一般以引导、说明、烘托、渲染主题,或侧重说明某个原则、道理、愿望等。单行标题,多采用实题,让读者一看就知道你所报道的事实。多行标题,则要虚实结合。一般来说,引题以虚题居多,副题以实题居多,正题可虚可实。如果标题中有两个实题,则要注意处理好两者的关系;正题是实题,它标出的是新闻事实的主要内容,副题就要对正题的内容作进一步的补充或进一步的具体化。

(2)要准确贴切。准确是对"实题"而言的;贴切是对"虚题"而言的。消息标题中的"实题",应准确反映消息的主要内容,严格遵循新闻的真实性原则,丝丝入扣,不失分寸;新闻标题中的"虚题",应恰到好处地引导或说明消息的

实质,加强消息标题的生动性和吸引力。

(3)要简洁工整。消息标题的字数不能太多,语言要简洁。正题和引题如用对称性句式,应讲究形式的工整;副题虽多用解说性的、散文化的句子,但也应简洁、凝练,没有冗词冗字。

(4)要新颖生动。一个好的新闻标题,不仅要符合新闻事实,要有好的思想内容,要简洁工整,同时还要做到新颖、生动。新颖别致的标题,能给人耳目一新之感,先声夺人,吸引读者的注意;生动形象的标题,其感染力强,能给人以想象、回味的余地。为此,可适当采用一些修辞手法,如双关、拈连、借代、比喻、呼告、对偶、对比、比拟、重叠以及对联、诗词等手法,将标题写得美一些。

(二)消息头

1.消息头的形式

消息头是消息的标志,消息头的形式主要有讯和电两大类。

(1)讯。主要指通过邮寄或书面递交形式向报社传递的新闻报道。报社通过自身的新闻渠道所获得的本埠消息,一般标明"本报讯"。无论是记者还是通讯员为一家报社写稿,在其消息的开头,一般应冠以"本报讯"三字。如果稿件是从外埠寄来的,则应标明发布新闻的时间和地点,如"本报北京7月8日专讯"。

(2)电。主要指通过电报、电传或电话等形式向报社传递的新闻报道,又称"电头"。"电头"是由发布新闻的单位名称、发布新闻的地点以及发布新闻的时间所组成,三者缺一不可。如"新华社北京10月8日电"。

2.消息头的作用

(1)消息头是区别于其他文体的标志之一。

(2)消息头与新闻发布单位的声誉紧密联系在一起,它促使新闻发布单位谨慎地对待每一条消息,力求客观、翔实、新颖、生动。

(3)消息头能标明新闻来源,以利读者判断。

(4)消息头是"版权所有"的标志,其他新闻媒介不得任意转载、抄袭。对于通讯社的电讯稿,报社不能任意增补更改。如有删节,则应在消息头上标明"据××社××(地)×月×日电"。

(三)导语

导语,是消息的开头。通常指消息的第一个自然段或第一句话。导语是新闻中的特有术语,简言之,它有引导、诱导、辅导之意。它要求把消息中最新鲜、最重要、最吸引人的事实揭示出来,即概括出新闻的精华,引起读者的注意和兴趣,使之尽快了解主要事实,不得不往下看,所以,有人说新闻导语是新闻的

"眼睛",是"吸铁石"。导语虽然简短,却很重要,美国新闻学家威廉·梅茨曾说"导语是记者展示其杰作的橱窗"。一则消息能否吸引读者,往往取决于导语写得是否成功。故有人说:"写好导语,等于写好了消息。"导语的写法有多种形式,常见的有如下几种:

1.叙述式

叙述式即用直接叙述的方法,简要地写出最重要、最精彩的事实。如:

本报讯　积压在仙居县百货公司两年半的两千双女鞋,和农民见面后,竟成了畅销货。

香港邮政署昨天宣布,1月25日起将停售绘有英国女皇头像的通用邮票。

昨天下午,××省××市中级人民法院做出一审判决,依法分别判处挪用公款达一亿多元为个人进行炒股营利活动的主犯××,市信托投资公司证券营业部经理×××、副经理×××死刑,剥夺政治权利终身。

2.描写式

它是对消息中的主要事实,根据所观察到的情况作简要的描绘,给人以身临其境、生动具体的感觉。如:

在浦东施湾乡,有一片硕大的灌木林,远远望去,只见那绿叶在海风的吹拂下,如波涛一般起伏荡漾,阵阵香气扑鼻而来,这里就是浦东最大的无花果园。

3.提问式

它是把消息中需要告诉读者的事情,先作为一个问题提出,然后在主体中给予告知解答。如:

据哈尔滨市石油公司反映:目前全市有私人轻便摩托车5300多辆,而上半年到石油公司来买汽油的还不到70户,那么,天天在街上跑的5000多辆"轻骑"都烧谁的油呢?

随着上海市家庭装潢标准的提高,一个新的问题提了出来:住宅电话移机能否先装后拆?

4.评述式

它是在消息的开头对所报道的事实发表一段评论,以导入主题的阐述。

如：

年底将至,55 亿额度新股发行已近尾声,这是我国股市首次实现扩容与二级市场承载能力的同步增长,同时大量的新股发行有力地支持了大中型企业的建设。但是也应该看到,新股发行、上市中还存在一些问题。对这些问题加以分析,有助于证券市场的规范发展。

　　　　　　　　　　　　　　　　——摘自《上海证券报》1996 年 12 月 14 日

如果说上海市去年颁发的 10 项政策法规,主要目的是为浦东开发吸引海外资金的话,那么,今天颁布的《上海市鼓励外地投资浦东新区的暂行办法》等 3 项政策法规,无疑标志着浦东开发区这个新生儿睁开了她的第二只眼睛——吸引内资。

　　　　　　　　　　　　　　　　——摘自《中国青年报》1991 年 9 月 19 日

5.引语式

它是引证某人或某通知、决定中的一句关键性话语作为导语,然后具体叙述所发生的事实。

中共中央顾问委员会主任邓小平今天说:要建设,争取比较快的发展和体现社会主义优越性,就要进行经济体制和政治体制改革。

　　　　　　　　　　　　　　　　——摘自新华社 1987 年 10 月 13 日

新闻导语的基本要求:

(1)要抓住最重要的新闻事实。一般可从新闻的六要素入手,选准最具有新闻价值的新闻要素。

(2)要讲究可读性。注意不要将一连串的数字、名词术语、人物头衔、单位名称塞进导语(使用数字时,可浓缩、使之简化;可对比,使之明了;可换算,使之接近读者;可形象性地描述,使之生动)。遇到专业性的问题,应尽可能作通俗化的表述,并尽可能做到新颖、形象。

(3)要注意简短、精炼。西方一些专家经过大量的调查研究后建议,导语段落的长度应限在 35 个字之内。中国的有些学者认为,中国新闻的导语,一般不应超过 50 个字。虽然这些字数的限定不是绝对的,但导语应尽可能地简短、精炼,则是毫无疑义的。

(四)主体

经济消息的主体,是经济消息的主干部分,又称“新闻躯干”。主体在消息中具有双重功能:一是注释导语,使导语中的事实更加清楚,更加详细,以满足读者深入了解新闻事件的要求。二是补充导语,使导语中没有提到的其他有关新闻主题的事实得以补充,以保证新闻的完备性。可见,主体部分的内容主要是用充实的、典型的、具体的材料对导语中所说的事作进一步的展开和说明，印证导语中的提示，回答导语中的问题，深化主题，以使读者对消息报道有较完整、具体的了解。

写消息主体，一般有两种形式：一是按事实发生发展的顺序安排层次，它的好处是可以使读者对事件的来龙去脉有一个鲜明完整的印象。二是根据事物之间的逻辑关系安排层次，这种写法好处是有助于反映事物之间的内部联系，有助于揭示事物本质。按逻辑关系安排层次，常见的有以下四种形式：

1. 主次关系

按倒金字塔结构安排层次的方法，首先叙述最重要的事实，然后再叙述次重要的事实，依次递减。

2. 并列关系

按并列式结构安排层次的方法，主体中每一个自然段所列举的事实，都为同一个主题服务，它们之间的关系是相对独立的、平等的。

3. 点面关系

对所报道的事实先作比较全面的概括和说明，然后再列举一些典型事例作佐证，从而使消息全面、深刻地反映事物的本质。

4. 因果关系

先摆出事实，然后再阐述产生这一事实的原因。

写作主体，要注意变换角度，不要重复导语；注意扣紧主题，不要离题万里；要做到内容充实；要波澜起伏，防止罗列事实。

（五）结尾

消息的结尾是消息的最后一句话或一段话，主要是对全文作归纳小结，或阐明消息的意义，加深读者的印象。消息是否都有结尾，主要由消息的内容和体裁决定。一般来说，消息结尾的写作应紧扣消息主题和新闻事实，顺势而成，既不要画蛇添足，也不要随意简略，损害主题。结尾的写法有许多种，常见的有评论式、总结式、启发式、展望式、引用式、背景式、数字式和补充式等。

（六）背景

1. 背景的内容

背景是指对新闻事件发生的历史、环境和原因的说明，它解释事件发生或人物成长的主客观条件及其实际意义，为烘托和表现新闻主题服务。背景材料对一篇新闻来说，是一个重要的组成部分。新闻报道的是新鲜的事实，而新鲜的事实又不是孤立的，它往往与其他事物有上下左右的联系，通过背景介绍，有利于读者了解事情的来龙去脉，解释它的意义和影响。如 2000 年 6 月 7 日，国内数家报纸都同时报道了河南开封县一些乡村出现罕见蝗灾的消息。有的记者只对蝗虫出现的时间、范围及农作物造成的危害作了简要的报道,不写背景材料。有的记者则在报道这些情况的同时,又对河南数月不下雨,土地龟裂严重而造成蝗虫迅猛暴发的气候、地理环境因素做了介绍;还对近20多年来,该地区蝗灾出现的时间、范围、每平方米蝗虫的密度等历史情况做介绍。通过这些背景材料,使人们加深了对蝗虫的了解以及对防治蝗虫重要性的认识。

2. 背景的功能

经济消息的背景大体可分为四类:人物背景、历史背景、地理背景和事物背景。背景材料在具体运用中有以下三个方面功能:

(1)介绍知识。这一类背景用以帮助读者看懂新闻内容,增长知识和见闻,如产品性能的说明、名词术语的解释、文史知识和风俗人情的介绍等。

(2)补充说明。新闻中出现的人和事,为读者所不很熟悉时,往往要提供一些背景材料,起到补充说明的作用。

(3)增加情趣。新闻在介绍事实的同时,注重穿插历史典故、轶事等知识性背景,以增加新闻的情趣,增强吸引力。

3. 运用背景材料应注意的问题

(1)背景材料一定要紧扣主题。必须用得恰当,一定要为主题服务,不可滥用。

(2)是否运用背景材料要看具体需要而定。背景材料在消息中并非是必不可少的,有的需要作背景介绍,有的却无需背景介绍。一般地讲,事件性消息交代背景材料要相对少于非事件性消息。

(3)背景材料的运用不宜过长、过多。它毕竟是新闻事实的从属部分,而不是主要新闻事实,交代背景只是为了衬托新闻事实。所以,背景材料要做到恰到好处,而不是喧宾夺主。

(4)背景材料的位置要灵活掌握。背景不是独立的结构部分,在消息中没有固定的位置,它可以安排在消息的任何部分。往往穿插在新闻主体之中,有时也可以写在导语或结尾之中。

第三节　几种常见消息的写法

一、动态消息

（一）动态消息的特点

动态消息是以报道单一事实为主的,能够显示某一事物、某一领域的最新动态或发展趋势的一种消息类型。其特点为:

(1)侧重于新事物、新情况、新变化、新成就、新问题、新动向和新气象。

(2)一事一报。它的内容集中而又单一,因此它更具有短小精悍的文体特征。

(3)客观显示,不作解释和评述。一般只采用概括叙述的方法把新闻事实本身叙述清楚,不像解释性报道那样运用解释、评述的方法来加深报道的思想深度。

（二）动态消息的写作要求

(1)积极主动,抓好动态。所谓动态,就是能够显示事物发展特征和趋向的新变化。是否能抓住具有动态性的事实,是动态消息写作的关键。既要关注重大事件的动态,更要从一些并不起眼的"小事"上发现某种"动态"。

(2)精选材料,巧取角度。动态消息只需抓住最重要的那一点新闻事实着笔,这样,选一个什么样的"点"来显示某种动态,从什么角度去表现这个"点",就决定着写作的成败。

(3)根据需要,可作连续报道。为了更加迅速及时,动态消息不一定要在一个事件结束之后才报道,完全可以在事件发生过程中,对其不同的阶段分别进行报道,由多篇报道连成一组。

二、综合消息

（一）综合消息的特点

综合消息就是把发生在不同地区或部门的具有类似性质的新闻事件综合起来进行报道的消息类型。它从不同侧面去表现一个共同的主题,报道面宽,可以给读者全局性的认识。其特点为:

(1)集纳性。与动态消息相比,综合消息最为明显的特点就是它不采用一事一报的写法。它要集纳若干新闻事实,这些新闻事实发生的时间、地点有所不同,情节过程也不一样。但这些新闻事件不能是毫无关联的,而是从深层意义上共同证明一个主题思想的。

(2)灵活性。综合消息不必恪守一事一报的原则,在时效性上就不能像动态消息那样迅捷,结构形式和表现方法要比动态消息更具灵活性,在写作中也不拘一格,有所创新。

(3)丰富性。与单一事实报道的动态消息相比,综合消息的材料是丰富的、多样的,各个材料的详略处理和表现角度也有较丰富的变化。

综合消息的形态分为横向综合和纵向综合。把同一时间范围内发生在不同空间中的同类新闻事实组织在一起的就是横向综合消息。而纵向综合消息不仅表现在同一时间段内发生在不同地区和部门的事实,还表现在不同时间中呈现出来的不同的状态和面貌,以揭示事物的发展变化。

(二)综合消息的写作要求

(1)要注意点面结合。综合消息中的每一个新闻事实都是一个"点",若干个"点"共同构成一个整体的"面"。要做到所选的"点"数量适度,每个"点"都有典型性,组成的"面"要完整而且有深度。

(2)详略有别。较典型较深刻的材料,可详写;一般性的材料,则略写。要使行文富于变化,而且能够突出要点,强调重点,从而把握住最本质的内涵。

(3)要言之有序。多个材料组织在一起,哪个在前,哪个在后,互相之间怎样过渡,怎样呼应,要多斟酌。

三、述评消息

(一)述评消息的特点

述评消息是一种边叙边评、夹叙夹议的消息类型,它介于新闻和评论之间,既报道新闻事实,又在报道的同时对新闻事实的性质、特点、发展前景等作出分析、解释、评价。其特点表现为:一是不仅用事实说话,也用观念讲话。二是讲究精炼,但不像动态消息那样简洁。因其要在报道事实的基础上进行议论,而议论又要包括概念、判断、推理的逻辑程序,还要利用对比、类比、举例、引证、归纳、演绎等手法来把道理讲得深入浅出,因此,不可能做到像纯粹叙述事实那样简练。

(二)述评消息的写作要求

(1)夹叙夹议,以叙为主。从文体的归属上看,述评消息仍然是记叙文而不是议论文,可见,叙述是第一位的,议论是第二位的,新闻事实在文章中的核心地位是不容置疑的。

（2）有一定的理论色彩。述评消息中的议论，应是有理论依据和学术色彩的远见卓识，而非日常生活中信口开河式的议论。

（3）要有的放矢。必须有针对性，对现实中存在某一需要解决的问题发表见解才有意义和价值，脱离现实，只是毫无意义的空谈。

四、经验消息

（一）经验消息的特点

经验消息就是把某一单位或部门在工作上的成功经验报道出去的消息类型。所报道的，既可以是贯彻党和国家方针政策的典型经验，也可以是某一方面工作的成功做法。其特点为：

（1）把经验当做新闻。在经验消息中，最有新闻意义的就是成功的经验或做法，但经验应蕴含在事实中，不可像总结一样罗列几个条条。

（2）有较强的政策性。成功经验和某些方针政策总是密切相关，经验的发现和表达，也总要以特定的方针政策为依托。

（二）经验消息的写作要求

（1）捕捉新鲜的经验。与专门表述经验的文体如总结和典型经验调查报告相比，经验消息除了用记叙写法、靠事实说话之外，还有一个重要标志就是内容新鲜。经验消息如果缺少新鲜感，就失去了存在的理由。

（2）经验在事实中自然显现。经验消息中的经验是在对事实的叙述中自然而然地显现出来的，通常不用条款式的概括。

（3）写出较强的思想性。作者应更多地从政治思想、经济思想、社会改革、工作方法等方面着眼去发现题材、确定写作策略。不能陷入纯事务性、纯业务性的小圈子里，只见木不见林。

例文一

几大"贴身政策" 今日新鲜施行

本报今日综合消息:今日是 12 月的头一天,好些与百姓相关的政策法规今起施行:

● 赴港商务签注有效期放宽

今日开始,内地居民赴港澳地区商务签注分为有效期为 15 天一次和 3 个月、1 年、3 年多次四种类型,每次在港澳地区停留统一为不超过 14 天。取消原二次商务签注、有效期为 1 个月、6 个月多次商务签注和每次在港澳地区停留期不超过 7 天的限制。

公安部规定,各地可根据本地区经济发展的实际情况,研究制定有效期 1 年和 3 年多次商务签注的审批标准。有效期 3 年多次商务签注应签发给所在企业信誉良好,确需长期、经常前往港澳地区且以往赴港澳地区无不良记录的人员。

● 留学换美元两万可找银行

今天开始,我国对自费留学购汇管理进一步放宽,赴国(境)外攻读正规大学预科以上学位(含预科)的自费留学人员,年购汇金额在等值 2 万美元以下(含 2 万美元)的,可持有效凭证直接到外汇指定银行办理。这一标准较以前的 2000 美元提高了 10 倍。

● 广州个人存款可"跨行划账"

今日起,广州地区的居民个人储蓄存款可按个人意愿,由开户银行自动转账到其他银行的个人或企业账户,一个工作日即可到账,改变了以往个人只能在同一银行系统转账的状况,这在全国尚属首次。

● 广州医改正式实施

广州医疗保险制度改革今起实施。今日参保的单位,其职工可从明年 1 月 1 日起享受基本医疗保险待遇。其中,"基本医疗保险"和"重大疾病补助"必须强制参保。"基本医疗保险"的缴费比例是:职工个人缴纳工资的 2%,单位缴纳 8%。看病时,先用个人账户内的款项支付,超过一定的起付线,再由统筹账户支付。

● 商标注册个人也能申请

今起施行的新《商标法》内容将作重大改变,商标权利主体扩大到了自然人和法人,今后,个人也可以像企业一样申请注册商标了。同时,亲兄弟也不必为了一块老字号招牌大打出手了,因为商标的共有权扩大了,可以是两个或两个以上自然人、法人共同所有。

● 电话磁卡可换 IC 卡

今日起,中国电信用新的 IC 卡,更换消费者没有用完的电话磁卡。更换工作到明年 3 月 31 日止。未使用过的电话磁卡更换成等值的中国电信 IC 电话卡;使用过的电话磁卡根据卡上的剩余金额,更换成 IC 电话卡。

● 职业中介允许外资进入

自 12 月 1 日起,我国允许外商以合资、合作形式进入中国职业中介服务市场。

另外,新修订的《药品管理法》也从今日起实施。

　　　　　　　　　　　　　　　　　　——摘自《羊城晚报》2001 年 12 月 1 日

例文二

做布鞋也能发"洋财"

武汉一制鞋厂年赚 40 万美元

本报讯　武汉消息:只有百余名职工的武汉市捷风制鞋厂,靠给"老外"做布鞋,去年轻轻松松赚回 40 多万美元。厂长刘建国说:"武汉多少鞋厂都倒闭了,我们在海外找到市场才坚持到今天。"

确实,现在光顾布鞋柜台的国人越来越少,可布鞋却受到了不少外国人的喜爱。10 年前,"捷风"通过外贸公司,把第一批注塑布鞋穿在沙特阿拉伯人脚上,如今,每年有几十种 100 多万双布鞋销往法国、意大利、沙特阿拉伯、土耳其等十余个国家。据介绍,埃及妇女钟爱传统的金丝绒绣花鞋,法国女郎青睐休闲式的帆布鞋,沙特阿拉伯的石油工人对经久耐穿的精制麻面布鞋爱不释手……

去年国家扩大企业自营出口权的范围,该厂在同年 8 月取得资格,当年就自营出口创汇 10 万美元。

（叶娜、林涛）

——摘自《新民晚报》2000 年 3 月 1 日

例文三

ST海药减轻债务逾千万

公司在与海南省信托的合同纠纷案中被判获胜

　　本报讯　（记者李剑峰）ST海药（0566）今日发布公告称，公司与海南省信托投资公司关于代理发行企业债券3000万元的合同纠纷案，日前已由海南省高级人民法院作出终审判决。

　　据披露，海南省高级人民法院作出的终审判决结果是：驳回海南省信托的上诉，维持原判，二审受理费14万元，由上诉人承担。

　　该结果，可减轻ST海药近1600万元的债务负担。

　　据了解，ST海药于1994年委托省信托代理发行企业债券3000万元，在人民银行一再下调利率的形势下，海南省信托仍按原定高息计算公司欠其2400万元，去年11月10日，海口市中级人民法院作出一审判决，认定海南省信托以违反法律法规的合同条款及协议计算出来的欠款利息是不合理的，依法不予支持，海南省信托不服判决，向海南省高院提出上诉。

　　　　　　　　　　　　　　　　　　——摘自《上海证券报》2000年3月7日

第十四章　经济评论

第一节　概　述

一、经济评论的含义和作用

经济评论是一种以议论说理为主要表达方式，对现实中存在的经济现象或发生的各种经济问题进行评价和论述，从而表明作者的观点和态度的文章样式。它是评论文体在经济领域里的具体运用，与思想评论、时事评论、文艺评论、科技评论、军事评论、外交评论等属于同一层面。经济评论通过讨论，对某一经济现象进行评判，以分清是非，指出优劣，权衡利弊，估量得失，目的是告诉人们应当怎样做，从而指导经济工作顺利进行。经济评论有一定的权威性和较强的说服力。权威性表现在它往往体现了上级的意图，说服力存在于它从全局出发，对情况的洞察和理论及政策的运用。

经济评论的作用，是针对当前经济领域发生的各种典型事例和存在的社会问题，进行论述和作出评价，以帮助人们明辨是非，知所适从。

二、经济评论的特点

经济评论有其鲜明特征，即政治性、针对性、时效性和论理性。

（一）政治性

经济评论鲜明地体现着它的立场、观点和党性。评论的内容必须符合党的路线、方针、政策和基本主张，在政治上与党中央保持一致。一方面它应关心人民疾苦，反映人民呼声，捍卫人民利益；另一方面，要引导人们树立全局观念，不被局部利益和暂时利益所迷惑，不能一叶障目而不识大体。论题必须是触及当前经济工作的重大主题，在宣传体现党的经济方针政策的同时，提出并解决人们普遍关心和亟待解决的问题。

（二）针对性

经济评论一般都是缘事而发，重分析说理，其内容具有强烈的针对性。它着重对最近发生的某一经济现象、经济活动、经济工作或经济建设、经济管理中存在的问题进行评议，辨别是非，权衡利弊，评判优劣，决定违从。其目的在于提高人们的思想认识，说服人民群众赞同评论者的观点和意向，引导经济活动的正常运转和经济工作步入正轨，推动经济体制改革，提高经济效益。

（三）时效性

经济评论虽不像新闻那样是"易碎品"，但也有着较强的时效性，应是针对当前经济领域里所发生的事实进行评议，切忌"马后炮"；它主题单一，篇幅相对短小，形式不拘一格，自由灵活。为了达到及时干预经济生活、经济活动、经济工作的目的，引导读者对所评论的对象尽快作出反应，它不必像经济论文那样作全面的推理论证，而只是围绕具体对象进行集中、精当的分析、解剖，并作出明确的肯定或否定的评论，或提出问题让读者思考。

（四）论理性

经济评论的重点在"评论"，即议论说理，有评有议，评议结合，以理服人。它从某一具体的经济现象落笔，引出评论由头，不追求将具体事物说清楚，而是将其所蕴含的事理提示出来，推而广之，使它涵盖同类或相类似的诸多事物，即提示出带有普遍性的道理。这一鲜明的特点又使它与经济综述和经济述评相区别。

三、经济评论的种类

经济评论种类繁多，按对象和内容来分，有经济理论评论、经济政策评论、经济体制评论、经济改革评论、经济动态评论和经济管理及经济结构、市场、质量评论等六种；按其作者和功用，可分为国家权威性评论（包括经济社论、经济评论员文章、经济短评、经济言论）、探讨性经济评论和反馈性经济评论三种。

国家权威性评论，是党政领导机关或报刊编辑部用以指导经济工作的评论性文章。国家权威性评论，反映了党政领导机关或报刊编辑部对当前经济活动中出现的带倾向性的新问题，或在政策上无法可依而又亟需解决的现实问题，所提出的带指导性的意见。其官方代言人的性质，决定它必须由党政领导机关或编辑部指定专人起草，经集体讨论或有关领导审定后才可发表，有的甚至是党和政府领导人代拟的，因而一般人员撰写这类经济评论文章的机会是很少的。它的作用是宣传党的经济政策，它的目的是使人们明确方向，转变观念。如《劳动者，该有怎样的就业观》（例文三）一文，从当前社会的一个热门话题——职工如何建立与市场经济相适应的就业观入手，着眼大局，立足实际，层层深入，全面而客观地剖析了一些下岗职工就业观滞后的症结，并提出了切中肯綮的解决之道：劳动者只有顺应时代发展潮流，及时更新就业观念，才能顺利重建人生坐标，再就业工程才能实现预期目标。这无疑有利于指导和推进实际工作。因此它是国家权威性评论。

探讨性经济评论，是针对某一问题进行评论和探索，各抒己见，从而达到提高认识，发展马克思主义经济理论，最终解决实际问题的经济评论。根据问题的不同，可分为探索型和争论型两种。探索型所提出的问题直接来自现实经济活动，并由此发表自己的看法主张；争论型所提出的问题来自某一现成经济观点，通过反驳对方不同观点来阐明自己的意见，具有驳论性质。探讨性经济评论有较强的论辩性，有鲜明的是非观。如《"500强"不是什么？》（例文一），主要对"'500强'是否是公司实力的标志"进行了深入探讨，文章论辩性强，属探讨性经济评论。

反馈性经济评论，是用来对实际经济工作中出现的问题进行研究探讨，提出解决问题的办法或建议的经济评论。反馈性经济评论重在探讨工作规律，提出说明原因的根据，促进问题的解决，它的主要目的不在于阐明理论转变人们的认识，而在于申述理由影响读者的实际做法。反馈性经济评论与实际经济工作上的联系有更大的直接性，它侧重于某种或某类经济问题的研究，以求指导同类经济工作。如《捕捉商机》（例文二），通过对"如何捕捉商机问题"的探讨，对商家的具体发展作了积极的引导，属此类评论的典型。

四、经济评论与经济杂文的异同

经济评论与经济杂文都属经济类论理性文章，它们之间有许多相似点和相异处。

相同之处：①两者都有兴利除弊、激浊扬清的战斗功能，都属议论文，对现实生活的种种现象作出思想分析，并阐明自己的观点；②两者都需要诉诸逻辑的理性思考，因而议论文所需要的种种要素，如论点、论据和论证，一个也不能缺。

相异之处：①经济评论是新闻作品，没有新闻背景，缺乏时效性，就不能成为评论；杂文如缺乏独特的"味道"就不能成为经济杂文。②经济评论更需观点鲜明、文字简洁，开门见山，直来直去。清晰、明快、朴素和庄重是经济评论的风格；经济杂文最鲜明的特征是运用一系列的形象化手法，如"比兴"等，具有含蓄而典雅的独特风格。③经济评论主要体现在观点的新颖和思想的丰富上，它的结构完整而一目了然；经济杂文结构重美感，入题和收煞要有艺术的构思，证明和反驳要机智而富有想象力，过渡和照应要有波有澜，语言要有庄有谐、有声有光。④经济评论是时事政治作品，有较强的新闻性和政策性；经济杂文包含着较多的文化和文学因素。

第二节　经济评论的结构和写法

一、经济评论的结构

经济评论的基本结构，一般由标题和正文两部分组成。

（一）标题

古人曰："题好文一半。"经济评论的标题是全文的眼睛，因此经济评论的拟题技巧可以概括为："落笔实在，言之有物；概括精当，凝炼精警；长于表现，疏于陈述。"下面介绍几种常用的拟题方法。

1. 单标题

（1）概括式。概括式主要用来规定论述的范围，如《捕捉商机》主要论述如何捕捉商机达到生财有道，善于"发现"顾客，阐述掌握发现顾客的"技巧"。

（2）点题式。点题式标题突出体现文章的主旨，如《网络孤岛　生存不易》点明目前我国网络服务系统特别是电子商务方面亟待完善和提高；又如《守住门槛　守住清廉》主要阐明要端正党风必须树立良好家风的观点。

（3）揭示式。揭示式标题主要揭示文章的主要倾向，如《收藏投资悠着点》告诫人们在收藏市场，投资切不可盲目出手，更不能急于求成；又如《"500强"不是什么？》主要针对"美国《财富》'500强'是衡量企业大小的量尺，是世界经济形势的晴雨表，是国家综合实力的象征"的观点提出自己的不同看法。

2. 双标题

正题揭示文章主旨和内容，副题点出评论对象。例如《劳动者，该有怎样的就业观？——谈大力实施再就业工程》（第八届中国新闻奖获奖评论）。

（二）正文

经济评论的正文按其内在的逻辑关系分为序论（头）、本论（主体）、结论（结尾）三部分。

1. 序论

主要概述评论的对象和目标，将有关经济事实的典型材料叙述出来、点明

评论的作用和意义.它必须直接或间接表明作者的态度和主张,应该尽快切到主题上去.主要可采用以下四种形式:

(1)概述式.提要内容,点睛介绍,如:

上周九届全国人大常委会第十一次会议审议通过的储蓄利息税征收方案反响很大,一时间成为人们关注的焦点.现在看起来,利息税不仅涉及千家万户,还将对现实经济生活和经济运行产生重要影响.

　　　　　　　　　　　　　　　　　——选自《利息征税影响深远》

(2)结论式.开门见山,直陈看法和主张,如:

江苏某县纪委召开科级干部家属'争当廉内助'座谈会,一位局长夫人积20多年来的体会说:"守住门槛,守住清廉."

　　　　　　　　　　　　　　　　　——选自《守住门槛　守住清廉》

(3)提问式.因事设问,启发思考,如:

国家调整居民收入,上海消费率先趋暖.大家腰包鼓了,不知为谁掏? 善于捕捉商机,才能生财有道.

　　　　　　　　　　　　　　　　　　　　——选自《捕捉商机》

(4)描写式.形象生动,吸引读者,如:

昨夜中秋,月圆花好.而一束献给国庆的绚丽之花,也于此时在中部古城长沙绽开,这就是第十届全国书市.书是花朵,也是食物:民以食为天,农村社会看重物质食粮,发愁这么多人怎么养活;信息社会看重精神食粮,引导这么多人怎样生活.图书市场作为文化与经济的交汇,其供求态势已成了各界瞩目的热点.

　　　　　　　　　　　　　　　　　　　　——选自《月圆书好》

2.本论

围绕序论提出的问题,有针对性地展开评论,详尽地阐述并深化主旨.在写作时,要以现行的经济方针、政策、法律为依据,将宏观与微观结合起来,进行论据充分、典型、有说服力的评论.做到分析实事求是,言之有理,评之有据,是非界限分明.

经济评论的本论,基本上采取并列式(横式)和纵深式(纵式)、或交叉式三种结构方式.

(1)并列式结构.在中心论题确定之后,根据问题的事理再划分为几个分论点;它们彼此之间的关系是并列关系,每一个分论点分头证明中心论题的一个侧面,然后综合起来论证中心论题,得出结论.

(2)纵深式结构.这是在中心论题确定之后,根据客观事实的因果逻辑,划分为几个互为因果的分论点;也就是说,各个分论点之间的关系是因果关系,从一个由头开始,依次纵深分析下去,就可以完成对中心论题的论证,推出结论。

(3)纵横交叉式。这是一种并列式和纵深式交叉的结构形式,也是一种经常看到的写作形式。

经济评论必须建立在科学分析的基础上,即用唯物辩证法的观点对具体经济问题进行具体分析。讲究评论的说理艺术,能增强评论的社会效应。常用的说理分析艺术有六种,具体分别为:

(1)启迪式。这类方式旨在针对人们就经济领域某个新闻事件或社会问题,某项改革措施或某个方针政策所产生的思想疑惑和顾虑,结合实际事例,宣传解释党的有关思想、理论、方针和政策,以帮助读者解惑释疑,认识事物或矛盾的本质及其发展趋向。如本章例文三,下岗职工,由于受旧的择业观的影响,宁可在家呆着,也不愿干那些认为不理想、不体面的工作,这一现象,结合两则新闻"北京火柴厂工人田桂芹下岗又上岗,成为再就业明星"和"华菊妹在家待业三年又被聘用,评上上海市劳动模范",由事入理,引发出:"职工下岗,重新选择职业,这是体制转换时期出现的新现象,以后会成为常态";"改革开放的深入,竞争机制的建立,为各行各业的人们施展抱负和才华提供了条件。不是没有机会,问题是不少人看不到机会或不愿利用机会。实践表明,只要树立正确的择业观念,面对现实,放下包袱,下岗职工就能找到新的职业,甚至走上成才之路"。这样有事有理、以平等交谈进行启迪引导,容易为人们所接受。启迪式适用于评论难点、焦点、疑点等诸多问题,具有事理交融,平易近人,娓娓而谈的特点。

(2)提示式。这是一种正面的富有前瞻性的说理艺术,它一方面对人们的行动积极引导,另一方面对今后的实际工作发出富有远见卓识的提示,以推动工作的顺利进行。如本章例文二,作者对商家在现时代如何"捕捉商机"作了评论,提出了富有建设性的意见:"捕捉商机,要看对象,让买者掏钱心甘情愿。""……要区别消费实体。""……了解消费偏好,有个动态过程。""……要看消费时间,未必只顾眼前。"在国家调整居民收入的转轨之际,"只有认识买主,看好对象,顺应消费需求,才能峰回路转,柳暗花明"。文章对商家的发展进行了积极的引导。这样的提示引导,自然会引发全社会的共鸣,切实推动社会经济的顺利发展。

有些提示式说理分析,是通过反思结合教训,高屋建瓴,给人以启示。

(3)依托式。即依托有典型意义的新闻事实而配写的加以"画龙点睛"的评论说理方法。它以报道所提供的新闻事实作为立论的依托物,或用作由头,或用作论据,由此而引发议论或印证论点。依托的新闻事实必须具有典型性和教育意义。依托式说理,一般习惯以正面典型为依托物。例如,为开创国企改革和发展的局面,《经济日报》发表了通讯"东风汽车公司技术创新唤来浩荡东风",着重报道了:"东风汽车公司技术创新得到了丰厚的市场回报,为加快经营机制和经济增长方式的转变,实现改革和脱困目标及可持续发展战略奠定了坚实基础。"依托这一典型事实,编辑特配写短评贵在执著,寥寥数语,揭示出新闻事实所蕴含的价值:"东风汽车公司技术创新的经验,可贵之处正在于'执著'二字"。拓展典型的社会意义,增强典型的导向性。依托式说理,使评论与新闻报道结合起来形成综合的引导效应,不仅可以避免新闻事实所具有的内涵的流失,而且还加强了新闻宣传的力度和深度。

有些以反面典型或悲剧性事件为依托进行说理,在一定意义上更具有警示作用。

(4)交锋式。俗话说:"道理不破不立,真理越辩越明。"同样,写评论讲道理也离不开思想交锋。交锋式说理的方法有针砭交锋、辩证交锋和设靶交锋等。在交锋中进行说理的一个明显好处在于明辨是非,通过交锋说理,澄清了是非之见,就能使正确的意见凸现出来,以增强说理引导的明确性。评论《贸易保护政策损人不利己》就是一篇切合时宜、导向鲜明的文章。针对美国推行的贸易保护政策进行了三个回合的设靶交锋。第一回合:"美国推行的贸易政策与老前辈的'大棒主义'不乏相似之处,只不过如今的大棒已不再是单纯的武力,而是形形色色的经济制裁手段,且花样不断翻新,从报复性制裁到封锁禁运,不一而足。"第二回合:"美国推行此种贸易政策,美其名曰是为了减少贸易逆差。其实,美国的贸易赤字实际上是一种结构性赤字。"第三回合:"美国以单边主义处理双边贸易问题,这与多边协调的国际贸易体系是完全相背的。"通过三次针锋相对的批驳,揭露了美国贸易保护政策的实质,并严正指出:"即使是从自身利益出发,美国也应放下贸易制裁的大棒,切莫再为平等互利贸易制造人为障碍。"交锋式说理必须立场坚定、观点鲜明。

(5)监督式。监督式说理方法具体表现在通过分析时政、世风,以及人们的思想行为倾向,对于社会经济领域的活动实行舆论监督,以促使社会经济的正常发展,促进领导干部公正廉洁。如《比白色更洁白》一文即用此法。文章从"香港特别行政区政府税务局局长黄河生被革职"一事说起,联想到内地对待像黄河生那样或比黄河生更没有"公信力"的人的"温柔"做法:轻则睁只眼闭只眼;重则批评教育,打几板子后或在原单位继续当领导,或调到别的岗位掌实权。结果其中不少人终于捅出了更大的"漏子","给国家集体造成巨大损失或在群众中产生极坏影响。鉴于此,呼吁我们在廉政建设中,应包含'比白色更洁白'的严格要求和舆论监督。"这篇评论犹如一副清醒剂,起到了一定的舆论监督、扶正祛邪的引导功能。由于监督式说理能直接调动广大群众参与的积极性,因而能形成较为有效的监督氛围和较为强大的舆论压力。

(6)务虚式。这是指结合实际矛盾,提高到理论、思想、方针、思想方法的高度进行说理分析,予以解决问题的一种说理方法,也是评论本身优势的具体体现。例如,人生随时都有可能遇到困境,困境犹如船底水,云后风,伴伺人生左右。遇到困境,人们会感到痛苦甚至失望。《人民日报》发表的署名评论《困境也是机遇》则是这样分析说理的:"困境对于人,是痛苦,是挫折,更是人生奋起的机遇。""其实任何环境,都有可以把握的机会。失败给人以教训,成功让人积累经验,遇到挫折不气馁,人生的路才会越来越宽广。"文章运用对立统一的思想方法,对上述思想矛盾作了分析开导,字里行间闪现出思想的火花。

务虚式说理常用在对困难、挫折和失败的分析,有助于平衡失败者的心态,鼓舞士气。成功运用务虚式说理艺术的文章,读后令人顿开茅塞。

3.结论

结论是评论的总结圆合。要求简短干净,语调坚定;照应引论,首尾一般视需要而定,或作展望,或作号召;或作强调,或提出具体建议。有的经济评论,在主体部分已将所要解决的问题都解决了,就无需再来一段结尾。

第三节　经济评论写作的注意事项

一、选题要有所创建,别有洞悉,具有针对性、独创性和新颖性

选题首先要因事而作,明确这些话要讲给谁听,他们需要什么。有时即使文章写得不算太好,只要是应时而生,因事而作,有针对性便可,正如一个人饥饿的时候,最需要你及时送去面包,而不是充满华丽音符的空气。其次是有所创见,力求在某一点上有新的独到的见解,以至"突破性发现",有独创性的选题为上佳。再次是别有洞悉,一样的答案有不同的解法,一样的疾病有不同的治法,一样的山水有不同的看法。有些选题恐怕是永恒的,变动的只是认识的角度或探索的路径,要平中见奇,旧中见新。

二、布局要找准角度，分清主次先后等逻辑层次

要找准角度，分清主次先后等逻辑层次。找准分析角度即"从何说起，就何而言"。"从何说起"，这部分像是一首曲子的第一串音符，全曲基调由此而生。也像衣服的第一个扣子，扣错了，下摆就对不齐。一篇短文不可能也不必面面俱到。这就要求我们选择一个点观察，找准一个角度切入。这个角度必须是观察某一现象的最佳位置，也就是说，在很少有人观察过的地方观察，在利于窥全貌、观纵深的地方观察，"见宝山得其门而入"。所谓"就何而言"，乃是要有清晰的边界意识。就像统一比赛场上的规则。讨论任何问题都是具有条件的，正如真理总是相对而言的。不然很可能在评论中出现跑题的毛病，使说理沦为毫无意义的抬杠，或者把两个或更多个不同性质的问题绞在一块儿说。

评论作品要讲究分清主次先后等逻辑层次。第一，"先说什么，后说什么"。因为它是对现象进行分析，道出事情的性质，找出事情发生、发展的原因，指出解决问题的途径。先后的层次不清，这样的文章看上去就像是让人先吃药后诊病；或者本来应该结束，却又拎出一个开头。第二，主要说什么。一篇短文最好只讲一个问题，波浪可以无穷，光彩必须有主，要避免散；对评论对象展开分析，要有明确的分类意识。哪些是同一性质的问题，同一类问题中，哪些是主要的，哪些是次要的，要细加梳理。第三，主要删什么。凡与主题无关或所涉不多的，痛删之，使主题更明快一些。一篇文章中不可能每句话都那么鲜活、明亮，但有时一篇文章就需要那么一两句启人心智的话。

三、注重信息的积累，灵活组织材料，为主题服务

通过各种渠道汲取大量信息，同时就像是厨子做饭选那些最精最鲜的"肉"那样，围绕主旨选取最翔实可靠、足以证明观点的材料。在概括提炼时，做到去冗存简，去粗取精，推陈出新，联想生发。在使用材料时，要灵活地组织材料，使材料发挥最大效益。

例文一

"500 强"不是什么？

　　提起"500 强"，许多人都知道它是美国《财富》杂志对全球最大公司的排名，是企业大小的量尺，是世界经济形势的晴雨表，是国家综合实力的象征——然而，我这里要说的是，"500 强"不是什么。有时候，能够恰当地说出一个事物不是什么，更艰难，但更能促进理解，纠正错误。

　　"500 强"不是什么呢？

　　首先，"500 强"不是公司强弱的标志，进了"500 强"，公司不一定强，所以进不进"500 强"并不重要，关键是公司自身要有竞争力。

　　实际上，《财富》杂志"500 强"原文是"500 大"（即全球 500 家最大公司），不是"500 强"。只是由于国人"500 强"叫顺口了，结果以讹传讹，以假当真。

　　我们说《财富》"500 强"只是大小的标志，不是强弱的标志，这是有根据的。由于它只以营业收入作为是否进入"500 强"的主要标准，所以，在"500 强"中一直充斥着不少亏损大户。如 1995 年，"500 强"中亏损户有 50 家，亏损面为 10%；1997 年，亏损户有 36 家，亏损面 7.2%；1998 年，亏损户有 65 家，亏损面高达 13%，该年度"500 强"整体利润比上年下降了 2.6%。有 7 家公司连续三年亏损，但都在《财富》"500 强"中榜上有名。而大名鼎鼎的软件"巨无霸"微软，直到 1997 年才入选"500 强"，排名第 400 位，去年位居第 284 名，但利润排位第 15，它也是全球股票市值最大的公司，高达 5000 多亿美元。

　　其次，"500 强"不是惟一一家全球公司排行榜，它只不过是美国时代华纳公司旗下的一家杂志对公司的排名而已，不要把它看得太重、太神圣。

　　再次，"500 强"不是目的，它仅仅是企业强大后的副产品而已。"强"字当头，"大"在其中。"强"是基础，如果企业一直很"强"，那么它自然就"大"了；相反，如果企业弱不禁风，即使我们把许多弱不禁风的企业拼凑起来组成一个"大"集团，进入了"500 强"，那也是虚胖，是外强中干，最后必然坍塌。因此，如果我们把进入"500 强"当作企业的一个重要目的，而忽视了增强它自身的竞争力，那么，这样的"大"毫无意义，这样的目的是愚蠢的目的。

　　最后，"500 强"不是一成不变的静态排名，今年榜上有名，明年可能名落孙山，今年盈利，明年有可能亏损。经过亚洲金融危机风雨的侵蚀，曾是韩国最大企业集团的大宇公司去年排在第 19 位，年销售额 800 多亿美元，可谓庞然大物，但今年却连一些基本参选数据都无法向《财富》杂志提供，结果只得被排除在"500 强"之外。

　　总的来说,一家杂志排出一个公司排行榜,不值得我们天天嚷嚷,要进入全球"500 强"。倒是排位第 282 名的时代华纳公司的市场运作经验,最值得我们借鉴。如果你有实力,你自然进去了;你没有这个实力,你肯定进不去。实力是企业最重要的因素。至于大小,你看着办。

—— 摘自《中国经济时报》1999 年 9 月 23 日

【评析】

　　本文属探讨性经济评论中的争论型评论。文章采用交锋式说理艺术,通过四个回合的正反交锋:第一,"500 强"是否是公司强弱的标志;第二,"500 强"是否是惟一一家公司的排行榜;第三,进入"500 强"是否是企业的重要目的;第四,"500 强"的排名是否一成不变,告诉人们实力是企业最重要的因素,而"500 强"并不真正代表实力。文章结构严谨,层次分明,逻辑性强,导向鲜明,说服力强。

例文二

捕 捉 商 机

　　国家调整居民收入,上海消费率先趋暖。大家腰包鼓了,不知该为谁掏?善于捕捉商机,才能生财有道。

　　捕捉商机,要看对象,让买者掏钱心甘情愿。卖方是金枝玉叶高坐秀楼,买方是落难弃儿仰慕彩球,那种命令分派的时代毕竟过去了。皇帝女儿也愁嫁,要放下架子,以诚相待,平等选择,审视对象。北京王府井有座驰誉全国的商厦,最近装修告竣,多了个电梯。有人说是"新大整,老样子";更多慕名而来的外地顾客,却仰望门前的张秉贵老大爷,满怀信心和希望。

　　捕捉商机,要区别消费实体。买主是谁?先道名报姓:是公款消费、集体消费还是个人消费?这种差别非门第之见,却实际变成心腹之患。高档住宅闲置多年,一旦开了公款购买的口子,几周之内全部卖光分给个人。酒楼餐馆座无虚席,近来三讲廉政,却又门可罗雀。去医院看病,先就公费私费自报家门,同样的感冒伤风、消炎止痛,从检查化验到开药下来,要价悬殊百倍。禁止在风景胜地开会,"老公"给旅游业断了奶。

　　捕捉商机,考察消费水平,不叫嫌贫爱富。整个 90 年代,城镇居民人均年收入约 3500 元,而基本生活费用不少于 3000 元。双职工节约储蓄,一年也就是 1000 元。要买商品房连装修，每平方米要 2000 元；50 平方米，如果不搞住房补贴货币化，就得积蓄 100 年，成了前人栽树后人遮荫的"跨世纪工程"。

捕捉商机，了解消费偏好，有个动态过程。德国的恩格尔早就发现：花钱中用来填嘴巴的份额，越穷越多。"低指标、瓜菜代"那些年，红烧肉是高层人物的特殊享受，普通百姓只有馋涎欲滴的份儿。谁会相信有一天 2 斤肥肉竟卖不到 1 斤排骨价？而且，当年凭结婚证才能买到的喜糖，如今被苗条淑女弃之不顾。于是，老革命的忆苦思甜，竟与新潮派的嗜苦厌甜，来个同步共振！

捕捉商机，要看消费时间，未必只顾眼前。百姓考虑的是：明天的支出有哪些？明天的收入有多少？明天的物价涨不涨？利息率一降再降，储蓄率一升再升，反常的事，必有原因。不要怪买主都是吝啬鬼、食利客、守财奴。设身处地，怕只有这样。公众稳定的心态是社会稳定的基础。一旦诱发恐慌挤提抢兑，积压涨库的负担分散到居民手中，吃亏的不仅是国有银行、国有企业，而且是财政和整个社会。有货卖不掉时抱怨"停滞"，有钱买不到时才喊"膨胀"，又滞又涨怎么办？明智的厂商能够站高一层，看远一步。

商品爱货币，但是"真爱情的道路决不是平坦的"。在转轨之际，尤其曲折坎坷。只有认识买主，看好对象，顺应消费需求，调整产业结构，才能峰回路转，柳暗花明。

——摘自《中国经济时报》1999 年 9 月 9 日

【评析】

本文属反馈性经济评论中的探索性评论。主要探讨如何捕捉商机达到生财有道。文章采用概括式单行标题，运用并列式结构，通过提示式说理，对商家的发展进行了积极的引导，指出在国家调整居民收入的转轨之际，只有认识买主，看好对象，顺应消费需要，调整产业结构，才能峰回路转。全文观点鲜明，层次清楚，说理透彻。

例文三

劳动者，该有怎样的就业观？

——二谈大力实施再就业工程

由一岗定终身到多次再就业，是职工对市场经济最深切的感受，是就业方式变化的最重要特征。

再就业就是再选择。对劳动者来说，这首先是一种挑战，同时也意味着更多的机遇，意味着自身的解放。

然而，面对这一转变，从"零失业率"走过来的人们还没有做好心理的思想的准备，因而在行动上难免表现出种种不适：

有的下岗职工被动等待"上级"安排再就业，而不肯到市场主动求职；

有的下岗职工对再就业的条件开价很高，但自身劳动技能与市场需求却相距甚远……

实践证明，树立新的择业观念，确立正确的就业意识，已成为实施再就业工程的客观要求。

根据市场需求择业，是下岗、失业职工确立新的就业观的基本出发点。市场经济的本质特征之一就是通过市场调节资源和劳动力的配置，使两者形成合理组合，达到效率的最大化。企业的规模和技术构成，决定了所需劳动力应掌握的不同技能。企业是职工就业的载体，而企业本身也有在市场竞争中兴与衰、生与死的问题，职工也就必然随之进或出、上岗或下岗。在这种情况下，如果还是像过去那样，只找厂长，不找市场，只等上级安排，不懂市场需求，就很难在短期内实现再就业。根据市场需求择业，核心是劳动者适应市场，而不是市场适应劳动者，前提是把握市场需求动向，确认自身条件和特长。现在，不少职工一味追求再就业的岗位要好，离家要近，收入要高，但却缺少一技之长，或者对自身特长把握不准，结果，使再就业供需双方形成巨大反差，制约着再就业工程的实施。

根据市场需求择业，为下岗职工展开了更大的生存空间。过去一岗定终身，使很多人学非所用，用非所长，感兴趣的不让干，让干的又不感兴趣。在市场经济条件下的就业，无疑为劳动者提供了更多选择的机会，为发挥自身的特长提供了更多的余地，为实现自身价值提供了更大的舞台。如果我们能从积极的角度思考，就会发现自己身上还有很多潜能没有挖掘出来，而按照市场需求重新设计自己，不但会找到新的工作岗位，而且还会获得新的成功，变再就业为再创业。

不管饭碗形式,注重饭碗内容;岗位有区别,劳动无贵贱,这是下岗、失业职工确立新的就业观的核心。就业方式的变化,并不等于就业岗位的减少。北京市吸纳了百万外地民工,本市却有十多万职工下岗待业,最有力地证明:根据市场需求就业并不是无岗可上,关键还是观念上的误区阻碍了再就业的正确的价值导向。

观念上的误区源于旧的体制。在计划经济体制下,就业分为三六九等,在国有企业工作成了社会地位高的象征。一些下岗职工过去所在企业往往是隶属中央、省、市的大中型企业,现在让他们到集体企业、私营企业、"三资"企业再就业或自谋职业,感到难以接受,不愿放下架子闯市场。至于摆摊设点干个体、干钟点做服务,更认为是"低人一等"、"有失体面"。其实,这是一种落后的等级观念,是世俗的偏见。不同的经济成分只是所有制的不同,但都是经济、社会发展的需要。那种因经济成分给职工划等级的时代一去不复返了,对多种就业方式的认同将是大势所趋。只有顺应时势,确立新的再就业价值取向,才能用勤劳的双手重塑一个自我,才能给再就业工程注入活力。

给个"救生圈",自己"学游泳",走下岗、充电、再上岗、再充电、再创业的路子,是下岗、失业职工确立新的就业观的重要内涵。大力实施再就业工程,各级政府给下岗、失业职工以各种政策优惠,这无疑是为下岗职工进入劳动力市场这个"海"提供了"救生圈",但下岗职工还必须自己学会"游泳"。

所谓学习"游泳",首先要振奋精神、树立竞争意识。由于长期在缺乏竞争的体制下工作,部分下岗职工缺乏竞争意识,对就业形势的严峻程度和就业市场的风险认识不足,从而在心态和行动上都显得十分被动,希望社会适应他们,结果,在"下海"伊始"呛"了几口水,就又退回到岸边。对这部分职工来说,矫正心态,转变观念,抓紧机会,提高自身技能,掌握再就业的主动权,才是正确的选择。

实践已经证明,机会总是钟情于有准备的人。精一门、会两门、懂三门的"自我优化"正在成为大多数职工的共识和行动,而这正是提高我们这一代劳动者思想文化素质和劳动技能的必经之路。

就业找市场,岗位靠竞争,应当成为全社会的共识。随着社会主义市场经济的深入发展和经济结构的不断优化,职业变更将成为客观存在,今天的在岗职工,明天可能会下岗;今天的下岗职工,明天又可以上岗。因此,转变就业观念,做好再就业的技术储备是每个职工都应认真对待的问题。社会各方面包括下岗职工家属在内,都要消除对下岗职工的偏见,多一分鼓励,少一分讥讽,真正使"再就业就是再创业"成为社会风尚。

　　部分职工下岗、失业,实际就是就业领域的转移。当数百万职工真正实现这种就业大转移时,会成为推动社会发展的巨大杠杆,将会成为劳动者自身的第二次解放。

——第八届中国新闻奖二等奖获奖作品

【评析】

　　本文从当前社会的一个热门话题——职工如何建立与市场经济相适应的就业观入手,着眼大局,立足实际,全面而客观地剖析了一些下岗职工就业观滞后的症结,并提出了切中肯綮的解决之道。无论选题、内容,都贴近实际生活,并采用启迪式的说理艺术,对"职工"的心事和苦恼,循循善诱,提高了读者对再就业问题的认识,达到了"润物细无声"的境界。文章语言精炼平实,感情充沛。

第十五章　经济广告

第一节　概　述

一、经济广告的含义

广告(advertise)是为了某种特定的需要,通过一定形式的媒体,并消耗一定的费用,公开而广泛地向公众传递信息的宣传手段。广告的英文原意为"注意"、"诱导",即"广泛告知"的意思。广告有广义和狭义之分。广义的广告包括非经济广告和经济广告。非经济广告指不以营利为目的的广告,如政府行政部门、社会事业单位乃至个人的各种公告、启事、声明等。狭义的广告仅指经济广告,又称商业广告,是指以营利为目的的广告,通常是商品生产者、经营者和消费者之间沟通信息的重要手段,或企业占领市场、推销产品、提供劳务的重要形式。随着社会经济的飞速发展,市场竞争的日趋激烈,做广告已成为人们从事经济活动的重要组成部分,因此经济广告越来越受到人们的重视。

二、经济广告的特点

美国广告主协会认为,广告是付费的大众传播,其最终目的是传递信息,改变人们对广告商品或事项的态度,诱发其行动而使广告主获得利益。

具体地说 ,经济广告首先是一种传播工具,是将某一项商品的信息,由这项商品的生产或经营机构(广告主)传送给一群用户和消费者;其次,做经济广告需要付费;第三,经济广告进行的传播活动是带有说服性的;第四,经济广告是有目的、有计划的,是连续的;第五,经济广告不仅对广告主有利,而且对目标对象也有好处,它可使用户和消费者得到有用的信息。

三、经济广告的作用

经济广告的作用有很多，其中主要有以下几点。

（一）促进商品流通

经济广告能够促进商品流通。在今天市场经济的条件下，经济广告以其所提供的信息，在生产厂家与用户、销售商家与消费者之间架起了桥梁，可以在一定程度上避免由于信息闭塞而造成的厂家和商家找不到用户和消费者的现象。特别是在同类产品竞争十分激烈的情况下，厂家和商家通过广告向目标受众传播有关的信息显得尤其重要，人云："酒香也怕巷子深。"这从一个侧面证明了广告对于促进商品流通所具有的作用。

（二）调节社会环境

人们生活在一定的社会环境之中。人们希望自己生存其中的社会环境有着良好的氛围。良好氛围的营造，有赖于诸多因素的介入。而广告是其中重要力量。健康的广告，是优越的社会环境的一个构成部分。它可以陶冶人们的身心，可以优化外部环境，可以倡导文明健康的社会时尚，可以在营造良好的社会氛围方面发挥自己的积极的作用。

（三）传播优秀文化

广告本身就是一种文化产品。每则经济广告作品，都程度不等地包含着各类文化底蕴。好的经济广告，不仅有人们所需的经济信息，而且有着丰富的优秀文化内涵。这样的广告，在满足人们对广告信息需求的同时，还给人们带来了美的享受。也许可以说，广告本身就是一种传播优秀文化的载体。我们完全可以用它来包孕更多优秀文化的成分。

四、经济广告的构成要素

特定的经济广告运动涉及诸多方面，主要有广告主、广告内容、广告公司、广告计划、广告媒介和广告经费。

广告主就是广告运动中的行为主体。它是广告信息的提供者，同时又是广告经费的承担者。广告公司又叫广告代理，是代理广告主进行广告策划、制作、发布的机构。这种机构，与几个方面发生联系：一是和广告主相联系。它必须理解广告主的意图，按广告主的要求制作和发布广告。二是和广告媒介相联系。有的广告公司自己拥有一部分媒介，这些媒介可以为广告主所用；一部分媒介并不是广告公司所拥有的，广告公司负责出资租用。三是和市场相联系。广告在开始制作之前，广告公司将负责进行大量的市场调研。广告作品在制成以后,将由广告公司通过媒介向市场发布。广告作品在发布以后,需要由有关的机构从市场上搜集来自受众的反馈意见,对广告效果作出评估。广告计划是广告运动为了实现特定的广告目标而展开的整体策划。科学的广告计划应当包括市场调研、广告定位、广告创意、广告制作、广告媒介组合、广告经费使用、广告效果测评等一系列内容。广告媒介包括大众传媒和其他介质。

正是这些要素的有机运作,产生了一个个成功的经济广告作品,形成了经济广告的许多语言和文字的文本资料和文本形式,其中与受众直接见面的核心部分,我们称之为广告文案。

第二节　经济广告文案

经济广告文案是指已经完成的广告作品的全部语言文字部分。包括"语言"或"文字",或者说广告文案可以通过语言或文字两种形式来体现。语言指诉诸听觉的有声语言或口头语言,主要体现为有声语言的广告文案,包括电视广告文案、广播广告文案;文字指诉诸视觉的书面形式的语言,主要体现为文字的广告文案,包括报纸广告文案、杂志广告文案和电视广告文案中的字幕形式,以及其他通过印刷媒体发布的广告作品的广告文案。

一、经济广告文案的特点

(一)真实性

广告文案是广告者的代表,它向人们介绍和推荐广告者,使人们认识该企业、产品及其服务。通过它的推介,人们会对企业产生肯定或赞许、好感的情绪,对产品的功能有所了解,对是否接受某种服务形成选择意向。如果违背了真实性原则,其广告文案会因为失真而丧失自己的可信度,丧失了可信度的广告文案将毫无生命力,毫无价值。也许,在人们还没有识破其虚假的前提之下,人们会被蒙骗而进行某种消费,而一旦被识破,不仅文案的生命力完全丧失,更重要的是,文案所代言的企业、产品、服务也许因此被毁灭。因此,真实性是广告文案的生命所在,是它的力量所在。

(二)独创性

广告文案的独创性,是指广告人在广告运作过程中,赋予广告运动和广告作品的,以一种独特的吸引力和生命力出现的力量。广告文案的独创性包括表现形式的独创和传达信息的独创。首先,表现形式的独创,使产品具有一种独特的标记,在众多品牌中富有个性;传达内容的独创,不仅表现在能表现别一产品无法替代的消费利益点、产品生产背景以及产品的附加值,还表现在能诉求别人没有诉求的产品特点,更表现在能发现同一产品和服务中的不同的特点和借助心理作用形成或创造出的不同价值。这种独特的信息传达,是独特性的有效表现。"给品牌一个生命和灵魂,能让消费者轻易地与竞争品牌区别开来。它能给消费者一种既熟悉又亲密、朋友般的感觉。"

(三)适应性

广告文案必须经过媒介传播才能达到广告目的。因此,广告文案必须适应特定的传播媒体,不同的广告媒体对广告文案的表现手段、表现方法、语言风格、图文配合等方面有相应的制约。依照媒体的不同特点进行创作的广告文案,就能够达成有效传播:即广告作品经由媒介传达,在众多的信息中吸引目标受众并能让目标受众接收、接受,从而使产品的销售得到不同程度的提高。因此,广告文案的适应性,是广告成功达到最终目的的有力保证。

三、广告文案的种类

广告文案的分类有许多不同的标准,其中按媒介来划分是最常见的一种。

(一)印刷类广告文案

印刷类广告文案包括报纸广告文案、杂志广告文案和其他纸质广告文案(如邮送广告等)。

这类文案的共同优点是:文字可以和画面相配,可以留在纸上,可以用来表现比较复杂、比较深刻的内容,便于长期保存,便于随纸流传。当然,其缺点也是很明显的:传播信息停留于平面,缺乏立体感,难以造成如同电视广告文案那样的视觉冲击力。

(二)广播广告文案

广播是诉诸于受众的听觉来发布和传播广告文案文本的电子广告媒体。因其是电波媒体,传播速度快,传播范围广,受众面复杂;因其只诉诸于听觉,属于一种时间性的媒体,使得这一媒体具有了有别于其他电子媒体的显著特点:完全靠声音来发布和传播广告信息,使广告信息具有一种强迫性、弥漫性和渗透性;顺时传播,转瞬即逝,不具有产生流连忘返的阅读可能性;虽只诉于听觉,但在人的声音、音乐、模拟音效等的配合下,能造就惟妙惟肖、如临其境的立体想象效果。同时,广播的受众群广泛,且区域性较强;顺时传播使得受众处于被动接受的地位;只使用听觉使得受众能处于非专注的收听状态;不同的频道和不同的节目可拥有不同的相对较固定的听众群。

广播广告文案,充分注意受众的收听特点,避免可能产生误听的字、词,对重要的广告内容安排适当的重复,注重广告内容与音响效果的和谐。

（三）电视广告文案

电视被称为综合艺术。电视不仅作用于人们的听觉,而且作用于人们的视觉。它不仅拥有印刷媒介所可以负载的文字（在荧屏上可以打出字幕）,而且拥有广播媒介所拥有的有声语言和其他音响,同时还拥有富于动感的连续的画面。电视媒介综合了各种媒介（印刷媒介、广播媒介）以及它本身所具有的优势。

与电视的特点相联系,电视广告文案有其独特之处:文案的文字不仅包括一般平面广告的文字,而且还具有一些特殊的用以表达连续活动画面的语言文字;有描述一定场景以及人物的对白和独白的文字;有对人物动作、外界音响效果作出提示的文字;还有吸引观众的情节。

（四）网络媒体广告文案

网络媒体现在被公认为第四媒体。只要是计算机网络可以到达的地方,也就是网络所传播的信息可以到达的地方。而且,在网络条件下,使用者可以很方便地通过"链接",搜寻与特定信息相关的、以往发布的其他信息。从这个意义上说网络传播打破了地域界限,它是超越时空的。此外,网络媒体融合了其他诸多媒介的优点和长处,在传播信息的快捷方便、传播范围广阔、多媒体并用等方面,都有无可取代之处。在传播广告信息方面,网络媒体也已经崭露头角。网络信息的编辑体现了"全历史"、"全社会"、"全受众"、"全天候"的特点。可以说,网络媒体是在全天候滚动播出信息方面做得最为彻底的一种媒体。第四媒体与传统的三大媒体的信息编辑是有很大差异的。

正因为如此,写作网络媒体广告文案有一系列独特的要求:文字要求与其他媒体文案相比,要求更加简洁精炼;由于网络具有国际性,针对不同的广告站点因其文化背景的不同,同一则广告可以有不同的语言和表现形式;文案与图形之间的配合更加紧密;充分利用网络热点进行信息诉求。

三、经济广告文案的构成要素

完整的广告文案,应当包括标题、正文、广告口号以及附加部分（即附文）。

1.标题

这是广告文案中的精髓,是尤其引人注目的部分。

2.正文

这是广告的主体部分,用以揭示广告的主要内容,或者对标题进行具体阐释。

3.广告口号

常常在正文的末尾,可以把它看作正文的一部分。它是表达企业理念或产品特征的宣传短句。广告口号是长期反复使用的。它是对某个企业、某种产品或服务特性的最凝炼的概括。

4.附文

附文是广告中用来交代具体联系事宜(如联系人、通讯地址、电话号码、邮政编码等)的部分。

完整型的广告有利于受众了解商品或服务的方方面面。但是,在具体的操作过程中,适应和创意是十分需要的。只有在适应和创意的前提下,广告文案的结构才能在基本结构上体现出各种不同特点的、符合不同媒介特征的、对应不同受众受传心态的结构特色。因此,在具体的广告文案作品中,我们可以看到,有的文案作品无标题结构,有的是广告标题和广告口号同一,有的是只有广告正文而没有其他的组成部分。

第三节　　经济广告文案的写作

一、一般经济广告文案的写作

一般经济广告文案的写作包括标题、正文、广告口号和附文四个部分。

(一)标题的写作

1.标题的含义

标题是广告文案的一个重要的构成要素。它是整个广告文案乃至整个广告作品的总题目。它为整个广告提纲挈领,将广告中最重要的、吸引人的信息进行富于创意性的表现,以吸引受众对广告的注意力。它昭示广告中信息的类型和最佳利益点,使受众继续关注正文。奥格威在他的《一个广告人的自白》中提出:"标题是大多数平面广告最重要的部分。它是决定读者是不是读正文的关键所在。""在我们的行业中,最大的错误莫过于推出一则没有标题的广告。这种无头奇案眼下还有见到。若有什么撰稿人递交给我一份这样的奇物,我是不敢恭维的。"

2.标题的功能

广告标题是整个广告作品的标题,它在广告作品的整个版面和构图中,始终处于最醒目、最有效的位置。而人们在进行无目的的阅读和收看时,对标题的关注率也相当高,特别是在报纸、杂志、网络等选择性、主动性强的媒介上。因此,广告标题的功能为:①引起读者注意;②诱导读者阅读正文;③锁定潜在顾客;④直接招揽顾客。

3.标题的类型

经济广告标题可以从不同的角度进行分类。按标题揭示内容划分可分为:

(1)直接标题。直接以简明的文字表明广告的内容,使人们一看就知道广告的信息内涵。

(2)间接标题。不直接点明广告的主题和主旨,而是用耐人寻味的词句诱人转读正文和观看广告图片。这类标题富有情趣,以引人注目、诱发兴趣为主要目的,多采用比喻、习惯常用语或富有哲理的文学语言。

(3)复合标题。由引题、正题、副题等三种标题等组成的标题群,其中两组标题又可以组合,如正题与副题、引题与正题。

按表述方式划分可分为:

(1)新闻式标题。直截了当地告之消费者新近发生的某些事实。多用于介绍新上市产品或生产企业的新措施,目的在于引起大众关心而转读正文。如"新的少儿百科全书即将出版","光明牛奶又将推出新品种","发现一瓶好水——黑松天霖水"。

(2)诉求式标题。用劝勉、叮咛、希望等口气写标题,意欲催促消费者采取相应的行动。如润肤油广告"日晒后,让你的皮肤也来杯饮料吧!"如东芝笔记本电脑"化概念为现实的杰作,惟有亲身驾驭,才能体会非凡乐趣",在写作这类标题时要绝对谨慎,否则,易引起反感。

(3)颂扬式标题。用正面的方法,积极地称赞广告商品的优点。此类广告标题容易使人产生良好印象,但必须以事实为根据,切忌夸大,否则,易招人反感。如瑞士雷达表永不磨损型的广告"坚刚璀璨,光彩永恒",丰田汽车广告"车到山前必有路,有路必有丰田车"。

(4)承诺式广告标题。也称为许诺式、利益式广告标题。这种广告标题的主要特点是在标题中就向受众承诺某种利益和好处。承诺的表现并不是只用常用词汇来进行承诺,除了直接承诺之外,还有间接的或暗示性的承诺方式。喜力啤酒的广告标题是"酒虽然空了,心却是满的",奥迪广告的标题是"有人照顾"、"能屈能伸"、"值回票价",美国柯达公司的广告"你只需按一下快门,余下的一切由我们来做"。

(5)提问式标题。通过提出问题来引起关注,从而促使消费者发生兴趣,启发他们的思考,产生共鸣,留下印象的一种广告标题形式。提问式标题有两类:

一是设问式,二是反问式。如上海钟厂的广告"怕睡过时间吗？请钻石牌闹钟叫您",台湾麦肯广告有限公司的 OPEL 汽车形象广告系列"谁能制造欧洲最绿的车?""谁最先推出 0.28 超低风速的四门房车?""谁是欧洲中型房车的销售冠军?",福特汽车"有谁的眼光不被'福特'所吸引?"。

(6)悬念式广告标题。用令人感兴趣而一时又难以作出答复的话作为标题,使读者由于惊讶、猜想而读正文。此类标题应具趣味性、启发性和制造悬念的特点,并能引发正文作答。如箭牌机械防缩处理衬衫的广告"我的朋友乔·霍姆斯,他现在已经变成一匹马了"。

(7)对比式标题。通过对同类商品的对比,突出本产品的独到之处,使消费者加深对产品的认识。但有关广告条例规定,不能直接指对方名作对比,所以,对比时采用泛比或同一产品的前后对比为宜。如一种布料广告"好书是天长地久的智慧,好料是万纱织成的高贵",美国明丽顿刮脸刀"从前每片刮 10 人,后来刮 13 人,如今可刮 300 人"。

(8)故事式广告标题。类似于一则故事的题目,在标题中提示或暗示故事的发生和情节的展开。故事式标题的主要特点是能吸引受众阅读正文。如打火机广告"惊人的故事,从鱼腹中取出的打火机"。

(9)修辞式广告标题。就是运用修辞方式而形成的广告标题的类型。常用的修辞方式如比喻、省略、回环、双关、排比、拟人、用典、换字、重复、引用等,都得到了运用。如皮装的广告"独一无二,像您的指纹",保安门的广告"一夫当关,万夫莫开"。

广告文案的吸引注意功能一般是由标题来担当的。

(二)广告正文的写作

1.广告正文的含义

广告文案的中心部分,即除标题随文以外的文字说明,称为广告正文。广告正文在广告文案中处于主体地位的语言文字部分。这部分构成要素的主要功能是展开解释或说明广告主题,将在广告标题中引出的广告信息进行较详细的介绍,对受众特别是目标消费者展开细部诉求。

2.广告正文的内容

广告可以表现的内容是很多的,具体的一则或一系列广告文案中要表现哪些内容,关键是要看广告的起因和目的。而广告策略和广告创意过程中所决定或认定的广告文案诉求重点,是广告正文要表现的主要笔墨。一般正文的主要表现内容有：

(1)对标题中提出或承诺的商品或商品利益点给予解释和证实。

(2)对广告中企业、商品、服务、观念等的特点、功能、个性等方面进行细部说明和介绍。

(3)表现广告中企业、商品、服务、观念等的背景情况。如果是商品的话,由什么企业生产,该企业在同类企业中的位置,商品的制造过程及其制造者的情况,甚至是商品制造过程中的有利于商品形象建立的趣闻逸事,表现商品的背景等等,是为了形成品牌效应,或使消费者产生放心购买的心态。

(4)告知受众获得商品的途径、方法和特殊信息。这里的特殊信息,也可以是折扣、奖励等信息,这一般都是针对销售促进的促销广告正文的一部分内容。但在直接的销售促进的广告配合中,其折扣等特殊信息可以在标题、正文等各个部分中给予表现。

3.经济广告正文的类型

经济广告正文的表现类型有许多,主要有:

(1)事实式。这是一种以事实来说明诉求内容的表现形式。在写作上比较正规、实在。在介绍商品或服务时,多从质量参数、价格水平、花色品种、规格尺寸、自然属性等方面客观地加以表述,在文字表达上没有多余的修饰与描绘。这种形式的正文多用于生产资料和技术服务的广告文案。

(2)描写式。用文学语言对商品或服务的特点和消费者将可获得的利益进行绘声绘色的描写。这类广告如果描绘得亲切感人,会给人们一个鲜明的形象和深刻的印象。

(3)叙述式。叙述式的正文以叙述与产品或企业有关的事情的前后经过,来宣传产品或企业形象。这类正文要使内容像小说故事情节那样,有矛盾的冲突和最后的解决,这样才能引人入胜。倘若平铺直叙,则难以吸引消费者。正文不宜过长。它往往是以某人遇到困难而感到苦恼开始,以找到解决办法而圆满结束。

(4)论证式。论证式的正文重在"以理服人",即依据一定的论据,采用一定的论证方式,来告诉消费者为什么要使用某某产品,说服消费者购买。

(5)消息式。采用类似新闻文体中消息的写法,对新近发生的有关商品或企业情况的事实作简要报道,以减少广告的商业色彩,突出新闻价值,增强传播效果。这种体裁的广告往往具有很强的说服力,更易为消费者所注意。

(6)通讯式。所谓通讯式广告,就是采用纪实的手法,综合运用叙述、描写、议论、说明等表达方式,对产品、企业或与产品、企业有关联的人物、事件进行真实、详尽、生动、形象的报道,以提高产品或企业的知名度,达到扩大影响和促进销售的目的。

（三）广告口号的写作

1.广告口号的含义

广告口号又叫广告标语,它是广告者从长远利益出发在一定时期内反复使用的特定的宣传词句。其目的在于通过反复使用给人以强烈的印象,使广大消费者理解并记住一个确定的观念,使这个观念在无形之中成为消费者进行购买时的选择依据。

广告口号和广告标题都是引人注目的词句,但两者之间也存在明显区别:广告口号的目的,是引诱消费者阅读广告正文,同时具有相对长期性,可以在一个时期的不同广告宣传中使用;而广告标题是一则广告有一个,用完即废,不复再用,因而是短效的。但是在无标题或无口号的广告文案中,广告标题和广告文案可以相互转化。

2.口号的类型

按其内容及心理效因可划分为赞扬式、号召式、情感式、综合式和标题式等多种形式。赞扬式口号的特点是强调商品或劳务的好处,使消费者容易鉴别和牢记其突出的优点。号召式的口号则是鼓动性的言词,直接动员消费者购买广告所宣传的商品或劳务。情感式口号是使用幽默和富有人情味的言词来引发人的联想。综合性的口号是综合运用以上几种广告口号形式,使之融合为一。标题口号则是把口号放在标题的位置,使之充当起标题的作用。广告口号形式的灵活运用,是对广告宣传人员的基本要求。

3.广告口号语言的基本要求

广告主每在一个媒介上投放一次广告,就要设计一次新的广告文案,从标题到正文到附文都要改。但广告口号是很长一段时间内都不变的。

(1)简短易记,口语风格。广告口号主要是要通过口头传播,来扩散广告主体的形象和观念的影响力,并成为消费大众的日常生活流行语。因此,要求简短易记,用消费者在日常生活中所运用的亲切、平易的口头语言。

(2)用词朴素,合于音韵。朴素的词汇会给人以亲切感,而合于音韵的语言便于传播和记忆。

(3)突出个性,观念前瞻。有个性的形式和内容,在平凡中得到表现,能够引起受众的关注和记忆。

(4)情感亲和,渗透力强。具有亲和力的语言可以使一般的商品购买者转化为广告主所期待的消费者,可以使一般的商品购买者转化为某一品牌的忠诚者。

(5)适应媒体,长期运用。过长的句子、过于哲理的语言不能适合在各种广告媒介上运用。

二、媒体经济广告文案的写作

媒体经济广告种类繁多,主要有电视广告、广播广告、报纸广告、杂志广告和网络广告五种。

(一)电视经济广告文案的写作

电视广告文案写作,需要针对电视视听综合的特点,使得语言文字和画面之间构成一种默契,多采用感性诉求,利用电视的接收过程众人化现象,以造成正向的"连带效应"。电视语言文字包括字幕文字和对话、旁白和广告语等形成的口头语言文字。用字幕形式表现的广告文案,要体现书面语言和文学语言的语言特征,应注意文字的准确简明、逻辑严密、典雅凝炼,与画面构成一种有效的画面境界;运用对话、旁白和广告语等口头文字时,要注意流畅、亲切、生活化,使受众对广告中人物产生对象感、环境感。

在一般情况下,电视广告文案结构中的广告正文、广告附文由口头语言来表达,而广告标题或广告口号一般以书面形式表达,有时也用口语表达。

(二)报纸经济广告文案的写作

利用报纸的新闻性,发展广告信息的时效性;利用热点问题,迎合受众相应的文化素养,发展能使其专注阅读的可能性;运用感性诉求,与受众之间形成一定的共鸣;运用理性诉求,采用论证式的、叙述式的方式,展开说明产品的优势、证明和描述产品的特殊功效。在语言运用上,可针对受众群不同的阅读和欣赏特点,书面特点的严谨和口头语的平易可各显风采。

报纸广告的发布必须在一定的版面空间里表现一定的文字和画面。在目前,报纸广告的版面运用大致分跨版、整版、1/2 版、双通栏、单通栏、半通栏、报眼、报花等,由于版面的不同篇幅、不同位置、不同体现,文案的写作也就需要有不同的特征来对应。

(1)报花的写作是在窄小的范围之内,将主要内容用词组作简明表现。因此,它的文案表现是重点式的,而不体现文案结构的全部,它一般采用陈述性的表述。

(2)报眼的文案内容要体现具有新闻价值的信息;标题和正文的写作类型可以倾向于新闻形式和新闻笔法,以醒目、简短为最佳。

(3)半通栏,制作醒目的标题,用典雅凝炼、简洁严密的语言表现来达到小版面多内涵的表现意图。

(4)单通栏,制作单行标题为主,广告文案结构比较完整。

（5）双通栏，广告标题可以采用多句形式和复合形式，立体而创意地体现标题的吸引力和与正文之间的对应性。可以采用论证型文案表现形式，体现报纸广告的文字说明力量，并在其中运用一些小标题形式，达到引发阅读的目的。

（6）半版，感性诉求时，要用大标题、少正文文案、重点性附文方式，体现广告主体的品牌形象气势和形式吸引力。正文在这里可以只是标题的辅助表现。理性诉求时，一般是对大企业的介绍，对某产品或服务的全方位的体现，要着眼于对广告主体逻辑的、有序的文案表现。

（7）整版及至跨版，以创意性的、大气魄的大画面、大标题、大文字和少文字来进行感性诉求。在目前的整版广告中，这样的广告表现已越来越多。

（三）杂志经济广告文案的写作

利用其印刷质量好、传真度高、色彩鲜艳、纸质坚韧等特点，在直观地表现产品形象的图片表现上下工夫，体现产品的高雅风格。

广告文案可利用其专门化的办刊倾向和办刊特点，针对特定的受众群进行对象化诉求，迎合目标受众的阅读和欣赏个性，迎合目标消费者的生活方式特征。杂志广告文案写作的语言风格，应该把握对象化、个性化和专业化，即要针对特定受众而界定，以对象的语言习惯和语言风格作为杂志广告文案的语言风格。广告文案有意识地将文字的间接诉求转化成视觉形式的直接诉求进行表现。

广告文案中的广告标题和广告正文等只是画龙点睛，点出视觉语言表现不到的或表现的核心因素。因此杂志广告文案比报纸广告文案更为简洁，更为独到。

（四）网络经济广告文案的写作

网络信息交流具有全球性特征，广告目标受众是国际范围的，可采用多种针对性文字进行表达。利用它的交互性，发展快捷的双向沟通，并及时地反馈信息；利用它的主动性媒体特征，用号召性的、引人入胜的文案形式来产生高的点击率和消费行动；利用它的综合性媒体感知特点，全方位地吸引目标受众的注意力；利用它的目标群落的一致性，发展适合的、针对性的、"一对一"式的广告诉求形式。采用设问的广告标题形式设置悬念增加点击率；采用诱导性、号召性语言使访问者产生互动。

网络广告由于各种限制，因此比传统媒介更需要用简洁精炼的语言构成，要使用短标题、短文案，即使是分类广告，最好也不超过100字。由于网络具有国际性，针对不同的广告站点选择不同的语言和表现形式，不同文化背景可以有不同的表现形式。

(五)广播经济广告文案的写作

广播的传播速度快,传播范围广,受众面复杂。因为声音是广播广告文案的惟一传播载体,所以广告文案的语言要用节奏明快、音韵和谐,易被感染的口语,并适当地给予修饰,语言长短根据实际需要确定。

例文一　电视经济广告文案

美国"贝尔电话公司"电视广告

一天傍晚.一对老夫妇正在吃饭,电话铃响,老妇人去另一房间接电话。回来后,老先生问:"谁的电话?"

老妇人答:"女儿打来的。"

又问:"有什么事?"

回答:"没有。"

老先生惊奇地问:"没事?几千里打来电话?"

老妇人呜咽道:"她说她爱我们。"

两人顿时相对无言,激动不已。

画外音:"用电话传递你的爱吧!"

——摘自丁柏铨主编《广告文案写作教程》

【评析】

这是一则十分成功的广告。它以脉脉温情打动了天下父母或即将成为父母或为儿女者的心。应当承认,老年人是孤独的、寂寞的。一个人,无论他以前取得过何等成功,拥有过何等辉煌,当生命的暮钟訇然敲响时,"夕阳无限好,只是近黄昏"的感叹就油然而生。此时此刻,他们最需要的不是别的,而只是一个字:"爱"。

这则广告正是从儿女与父母的感情入手,描绘了一幅孝心浓浓的亲情画面。电话有线,亲情无限。贝尔电话连接着千家万户,沟通着亲人们的心灵,缩短了亲人们的感情距离。

这则广告文案,广告语言除最后一句画外音之外,全部采用人物对话,借此来表现一定的情节,以生活化的口语,传递了感人肺腑的人间真情。

例文二 报纸广告文案（"舒味思"柠檬水广告）

"舒味思"的人来了

美国伦敦"舒味思"厂派出的惠特海先生来了。"舒味思"厂自1974年即为伦敦的一家大企业。惠特海先生来到美国各州为的是调查此地生产的每一滴"舒味思"奎宁柠檬水是否都具有本地厂所独具的口味。这种口味是长久以来由"舒味思"厂制作的全世界惟一的杜松子酒及滋补品的混合物形成的。

惠特海带来了"舒味思"独创的秘方,而"舒味思"的碳化秘方就锁在他的小公事提包里。他说:"'舒味思'有一整套毫厘不差道道地地的制法。"

"舒味思"历经百余年之经验,才产生出了奎宁柠檬水这种半苦半甜的完美口味,你把这种奎宁柠檬水和杜松子酒及冰块混合在高脚杯中,只需30秒钟。然后,高雅的读者,你将会由于读了上述文字而赞美这一天。

——摘自丁柏铨主编《广告文案写作教程》

【评析】

这则广告是广告大师大卫·奥格威的得意之作。其成功之处在于别出心裁地推出了广告主惠特海先生本身,以其人之形象宣传其人之产品。广告文案配合画面上惠特海先生的形象大获成功。在广告画面中,创作者以三套道具来烘托客户形象:贵宾级的专机、红地毯;礼帽、手杖和西服;神秘的手提包。而广告文案又以文字着力渲染惠特海作为"舒味思"产品代表的不俗身份、绅士气度,以及最重要的独一无二的"舒味思"的个性。透过惠特海先生那透着诚实、坦然、自信和严谨的目光,读者更能体会文案不惜笔墨塑造惠特海先生形象的深意。爱屋及乌心理使读者首先认同惠特海其人,然后认同惠特海的"舒味思"其物。这则广告的成功使得惠特海真的成了大众喜爱的名人,而"舒味思"也一直是名牌饮品,受到消费者的喜爱。

例文三 杂志广告文案

西门子6618的彩色杂志广告

画面:一个30岁左右的年轻男子,衣着干净名贵,气定神闲地坐在一辆飞速行驶内部装修豪华的火车上。身边的座位上放着他的西装外套和西门子手机。

文案:(口号)灵感点亮生活

(标题)决胜千里之外

(正文)不在办公室,一样能决胜千里!西门子6618拥有强大商务功能,无论你身在何处,都胜券在握。GPRS快速上网,高清晰免提通话,英汉词典,个人商务助理。

——摘自丁柏铨主编《广告文案写作教程》

【评析】

语言在这里发挥了传递主要信息的功能,而画面上男子的表情就是决胜千里之后的表情。文字表述明确详尽,画面具体生动。两者相得益彰。

例文四　网络广告文案

推销最新的韩国电影电视光碟所做的推介广告

2001年韩国电视台收视冠军!继《蓝色生死恋》后,又一部能让你哭得花容失色之作!笑容最甜美的金贤珠,韩载硕、苏志燮两位帅哥,编织了一个水晶般的玻璃童话!如果不是《野蛮女友》的加入,它将成为去年韩国影视星空中最耀眼的一颗星! 如果不相信,请看《玻璃鞋》吸引你的七大亮点!

(注:本剧为中韩双语配音)

如果她打你,一定要装得很痛。如果真的很痛,那要装着没事……让你一会笑得晕过去,一会感动得泪水涟涟,一个伤痕累累的"野蛮女友",怜香惜玉的你怎会忍心不要? 想要《野蛮女友》VCD的朋友,点我吧。

——摘自丁柏铨主编《广告文案写作教程》

【评析】

这是一个专业经营电影电视光碟的网站,为了推销最新的韩国电影电视光碟所做的推介广告。从写作内容看,它们像是电影简介,但它们的网络广告特点还是十分明显的:

其一,强烈的煽情。多用夸张的语气,像"笑得晕过去","哭得花容失色";最高级形容词经常露面:"最甜美","最耀眼";还有很多的感叹号,连问号都是双份的。所有这些都是在渲染电影带给人的强烈感受,从而吸引受众的眼光和好奇心。

其二,直接的促销口吻。"点我吧","怎会忍心不要","如果不相信,请看《玻璃鞋》吸引你的七大亮点",这些内容在其他电影简介中都是不会出现的。

这两则广告的促销用词较为巧妙,或者和电影的名称形成双关,或者通过刺激好奇心的方式来进行诱导。

例文五 广播广告文案

小兔子、大灰狼新传

女(白):兔妈妈到森林里采蘑菇去了……

大灰狼:小兔子乖乖,把门开开,妈妈要进来。

小兔子:大灰狼,别装了,我都从门窗里看见你了,我家的小门早就换上了"铁将军"防盗门,密码开启,八点锁定,进不来,进不来,你就是进不来。

——吉林人民广播电台广告获奖作品

【评析】

这是一则模拟小品的对话式的广播广告文案,对话中大量运用舞台音响效果。整个广告生动活泼,观众乐于接受。

第十六章　经济活动分析报告

第一节　概　　述

一、经济活动分析报告的含义

（一）什么是经济活动分析报告

经济部门根据账表数字和通过调查研究所得到的材料，对经济活动的状况进行分析并把分析的情况写成书面材料，这就是经济活动分析报告。

任何经济部门的工作，都离不开计算和分析。计算，就是掌握账表数字，账表数字能够具体地或综合地反映一个部门、一个单位的经济活动和主管部门工作进行的情况，但由于经济活动本身错综复杂，每一项经济技术指标又是受多种因素制约的，如果单纯从账表数字去看这些指标完成的情况，往往不能发现其隐蔽着的本质问题，也难以发现其产生和发展的原因以及客观的内在规律。因此，还需要根据账表数字和实际情况，对经济活动进行全面分析。计算是分析的数字基础，是分析的主要依据，分析是计算的继续和深化，是数字和情况的有机综合。具体地说，经济活动分析报告就是以党和国家的方针、政策为指导，根据计划、会计、统计及业务核算资料和调查研究所掌握的情况，用唯物辩证的观点，对某一部门、某一单位的经济活动进行综合分析，从而总结经验，揭露矛盾，找出规律，发现问题，提供对策，以指导工作，改进管理，充分挖掘潜力，不断提高劳动生产率和工作效率，争取最大经济效果的一种书面报告。

（二）经济活动分析报告与调查报告的异同

经济活动分析报告和调查报告在作用和文体要求上基本是相同的。它们都为开展工作提供资料，并可作为经济预测的依据，因而可以说分析报告是调查报告的特殊形式。但是，两者也有不同之处。其不同之处表现在：

（1）从时间上看，除了一部分专题分析报告外，一般的分析报告大多作为年度、季度、月度报表资料的文字说明部分，带有定期性，而调查报告则是不定期的。

（2）从内容上看，分析报告是专门分析企业生产或流通过程中各项指标完成的情况；调查报告就没有这种局限，客观存在的内容要广泛得多。而分析报告又是通过分析、提纲挈领地作出结论，它比调查报告的叙述更为概括。

（3）从形式上看，分析报告一般都与表格结合，形式比较单一，而调查报告的形式可以多种多样。

（4）从写法上看，分析报告是从各种数据中去分析企业的活动情况，所以必须以数字为基础去分析各种情况，文字只是对数字的说明。离开数字也就无从说明，无从分析。调查报告虽然也有数字，但它不是以数字为主，数字只是材料的组织之一，它着重的是以文字说明问题、反映问题。

二、经济活动分析报告的特点

（一）内容专业性强

经济活动分析报告是对经济领域的某一项经济活动进行分析研究后所形成的书面报告。由于经济领域不同部门、行业和单位的经济活动具有不同的内容和行业特点，即使是同一部门、行业和单位的经济活动，不同的分析专题和项目也有不同的专业内容和特点。工农商贸，各有各的专业内容，计统会审，各有各的分析角度。因此，经济活动分析具有很强的专业性，分析时不仅要精通本专业的知识，而且必须熟练地掌握各种分析方法、专业指标数据和专业术语，才能使报告切合专业实际，富有专业特色。

只有把写作技巧和专业内容紧密地结合起来，才能写出高质高效的分析报告。

（二）数字显示性明晰

经济活动分析报告是通过一系列计划指标、会计报表和统计报表及业务核算资料等数据来反映经济活动的状态，并通过对指标完成情况以及与计划指标、历史上完成指标的对比分析来显示经济活动的发展方向和趋势的。因此，定量分析在经济活动分析报告中占居重要位置，数字语言在表述中的比重明显地高于其他文种。数据是分析的主要依据，量化内容是立论的基础。各种数据的对比显示，各种数据间的相互揭示，数字语言贯通全篇的牵引力，使整个写作过程具有明显的数字显示性。

（三）行文分析性突出

分析是经济活动分析报告的关键，分析得是否准确，是否精当，是否透辟，决定着分析报告质量的高低，可以说，没有分析，分析报告也就不复存在。事实正是这样，在各种文体的写作中，分析报告中所运用的分析方法最多，分析部分的比重最大，分析的内容和种类最广泛，对分析的深广度要求也最为严格。因为只有这样，才能使报告透过经济现象，把握客观经济规律，抓住经济活动的本质。因此，分析性是经济活动分析报告的关键和主要特点。

（四）信息反馈性及时

经济活动分析报告是通过数据和分析，将经济活动的运行轨迹反馈给经营管理者，作为其经营管理的重要依据。反馈的价值在于其及时，否则，事过境迁，就失去了意义。因此，必须及时掌握经济活动的各种动态，尽快分析研究，及时得出结论，以调整管理措施，使经济活动一直沿着正确方向健康发展。

三、经济活动分析报告的作用

（一）计算和分析是计划的前提

计算和分析有利于帮助领导机关制订出符合客观规律的计划，任何计划工作，如果没有正确的计算和分析，那是不可想象的。通过认真的计算和分析，才能透彻地了解现实的经济情况，科学地预测未来；才能权衡利弊得失，选择最优方案，兼顾需要与可能、长远与当前、整体与局部，进而搞好综合平衡，保证国民经济有计划、按比例地发展。离开了经济活动的计算和分析，计划也就失去了客观依据。

（二）有利于帮助企业改善经营管理

科学的管理依赖于周密的计算和分析。一个企业要想做到科学管理，就必须把生产、供应、销售、运输安排好，把劳动者和生产手段合理地组织起来，把生产过程内部的各个环节衔接好，顺利地进行生产和扩大再生产。要做到这一切，就必须进行经济活动分析，并且要从分析报告中提出加强计划管理的方案。

（三）有利于帮助经济部门开展工作

经济部门为了按客观经济规律办事，用经济手段管理经济，就要经常运用经济活动分析。只有掌握工商企业生产、流通以及资金占用的具体数据，了解企业完成各项指标的情况，才能提出相应的措施。

（四）有利于发挥银行信贷的杠杆作用

银行发挥信贷杠杆作用，应按照择优扶持的原则，优化贷款投向，有区别地发放贷款。这样,银行为取得信贷资金使用的最佳效益,就必须开展对企业的经济活动分析。通过分析,掌握企业生产经营、资金使用以及信誉等状况,从而正确地运用信贷、利率等经济手段对企业进行优化服务与监督。

(五)有利于促使企业加强经济核算,提高企业的经济效益

企业必须以提高经济效益为目的,这是由企业的性质和任务决定的。要提高效益就必须进行经济核算;要搞好经济核算,就必须通过经济活动分析来评价企业生产经营活动的效益,从中找出存在的问题。

第二节　经济活动分析报告的分类及方法

一、经济活动分析报告的类型

经济活动分析报告是经济工作中广泛应用的一种应用文体,可以按不同的标准,划分成不同的种类。详见图 6.1 所示。

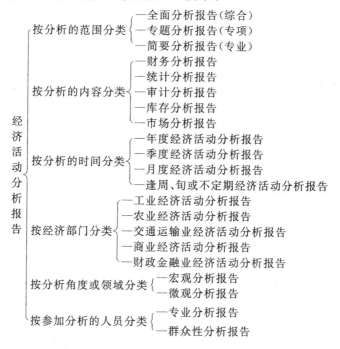

图 6.1　经济活动分析报告分类图

常见的经济活动分析报告是按分析范围分类的三种类型。

（一）全面分析报告（综合分析报告）

这是根据各项经济指标对某一时期内的经济活动情况，进行综合性的全面系统的分析研究后所写的书面报告。它一般要在全面分析的基础上，抓住经济活动中的关键性问题进行总结、检查、考核和评价经济活动的结果，带有全面的指导意义，通常由掌握全局的部门按年度、半年度和季度定期进行。例如，银行按年度或季度对企业单位所做的经济活动分析，其中包括主要指标完成情况，利润和销售的增减幅度，资金周转的情况以及取得良好经济效果的具体措施；商业部门的商品流转计划执行情况分析，主要商品产销平衡分析，市场分析，企业经营管理分析，以及资金、利润、费用的全面分析；统计部门对经济计划指标完成情况的分析，财政部门对预算收支情况的分析，等等。这种分析的特点是涉及面广，内容全面，反映的问题较多，综合研究的成分较大。

就综合分析报告的特点而言，应特别注重分析各指标之间的关系及联系。此外，在全面分析、绝无遗漏的基础之上，要抓住重点问题，对企业经济效益有举足轻重影响的问题进行深入剖析、研究。所以，这种报告应注意点与面兼顾、点与面结合，并注意分析点与面之间的关系。

（二）专题分析报告（专项分析报告）

这是针对经济活动中某项比较突出的专门问题，进行深入具体的分析，或针对综合分析中发现的问题进行专题分析后作出的报告。

由于是专题分析，故不求面面俱到，而是强调专项性，它一般是围绕当前的中心工作，或对某些重大经济措施和业务上的重大变化，或对工作中的薄弱环节和关键问题进行专项分析。例如，商业部门对主要商品购进来源的分析、支农物资供需分析、库存商品结构分析、经营亏损原因分析以及对新增某项业务开展情况的分析，工业部门对产品单位成本高低因素的分析、库存原料质量的分析，等等。

专题分析报告具有内容专一，一事一题，主题鲜明，重点突出，分析透彻，反映及时的特点。它是不定期的分析报告，可以随时运用，形式也较灵活。

（三）简要分析报告（专业分析报告）

简要分析报告，往往是围绕几项财务指标、计划指标，或抓住一两个重点问题进行简要分析，以反映经济活动的发展趋势。

简要分析报告，是综合分析和专题分析报告的合并性报告。通常是在年、季、月末与报表结合，采用图表加文字说明的形式。它与综合分析报告同称为定期分析报告。如《2002 年四季度华东地区银行信贷、现金计划执行情况简析》即是。

以上三种分析样式,有时可以相互补充,相互结合。综合分析可以帮助专题分析与简要分析确定分析的主要方面和主要项目,而专题分析和简要分析又可为综合分析积累资料。在实际应用中,可根据不同分析对象与要求,正确选用分析形式,以便发挥经济活动分析的应有作用。

二、经济活动分析的方法

经济活动分析必须建立在科学方法论的基础上,这样,所获得的分析结果才具有可信度、可靠性,才能使之对今后的经济活动实践具有指导意义。经济活动分析的常用方法有以下几种。

（一）比较分析法

比较分析法又称对比分析法,它是以定量的方式来揭示矛盾、寻找差异的一种分析方法。这种方法是将两组或多组具有可比性的数据进行对比,揭示它们之间所存在的差异,以便找出形成这种差异的原因,对经济活动进行评价。

1.纵向比较法

它是将现实状态与历史状态进行比较的一种分析方法。如将实际完成数额与上期、上年度或历史上同期最高水平或最低水平进行比较,看其发展速度、增长幅度及其原因。需要提及的是,纵向比较法往往容易忽视时代自然发展因素、物价上涨指数在里面所起的不可低估的作用,往往会使人陶醉于虚幻的成果之中。

2.横向比较法

它是将本企业与国内外同行业基本条件差不多的企业相比较的一种分析方法,如将本企业的实际完成数额与同类行业企业同期实际完成数额相比较,或将同类产品的生产数额、销售数额、实际盈利相比较。这种方法克服了纵向比较方法的缺陷,可以看出自己的优势与不足,可使企业主管及其员工在取得成果的同时看到自己的不足与危机;可发现本企业的薄弱环节与差距所在,从而对企业的状况作出合乎实际的评价。

运用比较法必须注意其可比性:①相比较的现象在性质上是相同的;②相比较的现象或经济指标包括的范围是一致的;③相比较的现象或经济指标所反映的时间是相同的。运用比较法时不遵循这些法则,就会使发现的差距(或差异)不能正确反映实际情况。

（二）因素分析法

比较分析法得到的结果,即两者之间的差异,对于一些简单的现象来说,很容易找出这种差距产生的原由。但是,现代社会的经济活动是一项非常复杂的活动,它是多维度、多变量、多层次、多因素纵横交错、纷繁复杂的网络系统。简言之,某一指标的变动,受到若干因素的影响。作为经济活动的分析者,既想知晓这一指标的变动是受到哪些因素影响的,也想知道这些因素中哪一些是起主导作用的,哪一些是起次要作用的。这对指导日后的工作才具有实际意义。因此欲达此目的,就必须采用因素分析法。

所谓因素分析法,是一种以比较分析法所确定的差异数值作为分析对象,对影响因素从数量上确定其影响程度的分析方法。它探求影响某一指标变动的若干因素,亦能抓住最本质、最关键、起决定性作用的因素。

因素分析法具体可分为连环替代法和差额计算法两种。

1. 连环替代法

它是以计划指标为基础,按预定的一贯的顺序将各因素的计划指标依次换为实际指标,一直替换到全部为实际指标为止的分析方法。通过每次替换计算的结果与前次计算结果相比,就可看出这些因素对计划完成的影响程度。

2. 差额计算法

它是连环替代法的简要形式,它首先计算出各因素的实际数和计划数的差额,然后按一定的替换程序直接计算出各因素变动对计划指标完成的影响程度。

运用这种方法进行分析,要特别注意:一是确定构成经济指标的因素,必须是客观存在着的因果关系,不可任意凑合;二是必须按照各因素的依次关系排列成一定顺序并依次替代,不可随意颠倒。

(三)平衡分析法

平衡分析法是统计分析的一种重要方法。这种分析方法是把影响社会经济现象增减变化的各因素指标,以数量上的对等关系表示出来。平衡分析法的作用是:反映经济活动的状况,研究重要的比例关系,提示现象之间的不平衡,组织安排新的平衡,从平衡关系的已知数据去推算未知数据,对未来的发展前景进行预测。

(四)盈亏平衡点分析法

这是通过分析产量(销量)、成本和利润之间的关系,来预测获得一定的产品销售利润所必须达到的产品销售量的分析方法。

企业的产品销售收入恰好等于产品销售总成本时,这时企业生产经营处于不亏不盈的状态,称为盈亏平衡点。运用这种分析方法,既可预测达到盈亏平衡点所需要的产品销售量,也可以预测达到目标利润所需的产品销量。

（五）综合比较法

经济活动纷繁多变，因此，在分析某些经济现象时，要综合地加以考虑，防止片面追求某一单项指标。综合比较法，就是对多种指标进行综合比较的方法。

（六）动态分析法

通过动态分析，可以看出经济活动的过程及其规律。例如，通过对历年商品零售额的增长分析，来预测市场发展的趋势；通过历年来引用的最高水平、最低水平、平均水平等来考察、分析影响费用水平的各种因素和主客观原因。

现象随着时间的推移而发展变化的情形，叫做动态。我们把说明某一经济活动状态一系列统计指标，按其时间顺序排列进来，就叫做动态数列。通过对动态数列的分析研究，可以了解现象的发展趋势及其规律性。发展速度与增长速度、序时平均数、平均发展速度与平均增长速度都是通过动态分析获得的。动态数列各指标的内容，包括范围、计算方法、计算单位、时间长短等必须一致。对于时间数列来说，各指标之间的间隔，在通常情况下，最好一致，以便明显地反映发展过程的规律性。

（七）预测分析法

预测分析法又可称为趋势分析法，即通过现有经济活动指标，来预测、推断未来经济活动的状态及趋势。这里，我们需要对经济活动分析有一个广义的理解。它不仅仅局限于对过去实践及其经验的总结，也应包括立足于现状对未来情况的预测。这样，在经济活动分析中，就需要运用到预测分析法。

预测分析法在实际运用中有两种表现形式，即统计分析与经验预测。所谓统计分析，就是根据过去的以及现有的实际统计资料的计算分析，来预测未来经济发展的趋势；所谓经验预测，就是根据现有的和过去的已取得的成绩、经验、教训，进行科学的分析和理性的推断，预测未来的趋向。前者属于定量分析，后者属于定性分析。这两种分析的结合使用，即可对未来趋势作出较为正确的预测。

第三节　经济活动分析报告的结构和写法

经济活动分析报告的结构，即表述程序，并不固定。但就文体的完整性而言，它有标题、前言、主体和结尾。写作时应注意以下几点。

一、拟好标题

（一）公文式标题

公文式标题，即"单位名称＋分析时间＋分析内容和性质＋文种"的格式。如《2002年四季度华东地区银行信贷、现金计划执行情况简析》、《××省上半年经济金融形势分析》。这两例属于定期分析报告。定期分析报告采用这种标题形式的居多。

（二）省略式标题

专题分析报告，常用省略式标题。如《国际投资流向分析及我国的对策》即是。这则标题，将分析报告的内容显示了出来。

（三）突出结论式标题

这也是专题分析报告常常采用的标题形式。如《世界经济金融运行态势分析——日本：增长基础脆弱复苏势头减缓》。

另外还有目的建议式标题、设问式标题等形式。

二、写好前言

经济活动分析报告的前言一般是先概括说明经济形势，或介绍基本情况；然后标明分析的中心问题，指出分析的目的。这部分写什么，不写什么，须根据全文主旨的需要而定。在文字表达上则要简明扼要。也有内容简要的分析报告，可省掉开头部分，而将这部分的内容附着在正文中表达。

分析报告的开头最好是尽快突现主题，接触矛盾，提示实质。得力的写法是单刀直入，开门见山，一语破的。要用典型的数据，引出核心内容；要用精辟的语言，概述行文宗旨；要用有序的章法，承启全文意脉。

如果是专题性分析，则应集中光柱，投射一点，只需三言两语便把专题的概要向读者交代清楚。或总结经验教训，或宣传先进典型，或提出现实问题，或发现薄弱环节，或分析新的特点，或揭露某种弊端，不管是哪一类专题都必须聚焦于一点，集中主力，攻克要塞，切不可罗列数字，分列旁枝。只有目标专一，靶的鲜明，才能切中要害，进而显现出专题分析的特点。

如果是典型案例分析，落笔便应点明案例的性质及其动机，危害的程度，影响的大小。其写法是数据与情况的结合，叙述与议论并用，个别与一般相连。切不可就事论事，孤立行文，抓"点"丢"面"，失去普遍的指导意义。

如果是随机性分析，要把关键性、趋向性的事物一笔勾出，开篇便应给读者留下深刻的印象。

三、写好正文

（一）正文的内容

经济活动分析报告的正文是报告的核心部分。正文的内容包括三部分：

1. 基本情况

扼要地说明经济活动指标实际完成情况，旨在显示经济活动所呈现的趋势和状态，给读者以总体印象。

2. 分析原因

用正确的观点、辩证的方法，将要分析的中心问题分解成几个方面，一直分解到指标为止，并解剖各个指标的构成因素，运用技术分析方法进行多角度、多层次、多方面的对比分析，分析影响各项经济指标完成情况的原因及影响程度。

3. 得出结论

运用综合归纳的方法，根据对经济活动各项指标，特别是关键性指标实际完成情况的综合、比较和分析情况，对经济活动作出总体评价，得出分析结论，揭示取得成绩的成功经验，导致失败的教训，存在的主要差距和问题。

（二）正文的形式

写好正文部分的关键是如何合理地安排材料，使分析报告条理清楚，结构严谨。正文部分的材料安排和结构形式，通常有以下几种写法。

1. 纵向式结构的写法

这是从大量的材料中，概括出几个要点，分层纵向安排结构形式的写法。其特点是在阐述或论证基本观点的各段落、层次之间，有一定的时间顺序和逻辑推理的递进关系，前面的段落是后面段落的基础，后面的分析是前面的深入和发展，最后得出结论。纵向式结构有三种情况：一是按照事物发生、发展、变化的过程安排材料，比较注意事物发展的先后顺序。二是按照事理层次安排材料，层次之间是一种纵深的逻辑推理关系，即涉其一，必然涉其二，涉其二必涉其三……。三是按照调查的顺序安排材料，先调查的先写，后调查的后写，逐个地将调查的问题讲清楚。

2. 横向式结构的写法

这是把所掌握的材料按性质予以归类，然后按内在联系分成若干相关而又相对区分的几个部分，进行横向安排结构形式的写法。其特点是在阐述或论证基本观点的各类材料之间呈并列关系，分别说明整体的各个局部或各个方面，最后综合、归纳出基本观点。横向式结构也有三种表现形式：一是分条列项式,即按条款安排结构,给每个部分加上序号,分别列项。二是块块式结构,即给每个部分用一简洁的话(或小标题)加以归纳、撮要,并安排性质相同的材料。三是对比式结构,即把两种事物按性质分类加以对比,从对比中分析评价,判定是非。

3.交叉式结构的写法

这是把所掌握的材料按照既有纵向也有横向来安排结构形式的写法。一是以纵向展开为主安排结构,即全文大的结构先纵后横,纵横结合,每个部分则又有不同,有时是纵式的阐述,有时又是横向说明,需纵则纵,需横则横,运用自如,浑然一体。二是以横向展开为主安排结构,即全文大的结构是横式的,既考虑时间的先后顺序,体现事物的发展过程,又注意按内容性质分类突出几个"平列"关系的问题,使得事与理有机结合。

四、收好结尾

经济活动分析报告的结尾,一般是根据正文中对情况的分析,提出改进意见、建议和措施,这些意见、建议和措施要具体、中肯,切实可行,其具体内容有的是谈发挥优势的途径,有的是提出解决问题的措施,有的是提出改进经济工作的意见。

经济活动分析报告还应在收尾后署名和写明写作时间。

以上所说只是经济活动分析报告的一般写法,但在实际写分析报告时,不能千篇一律。由于分析内容、要求和目的不同,分析报告的形式和写法也随之变化,如有的缺"头",它将导语的内容融入正文,有的少"尾",只是分析反映经济活动现状,分析一完,全文就结束了。

第四节　经济活动分析报告写作的注意事项

(一)把握方针政策,了解经济形势

经济活动分析要以党和国家的方针政策为分析的依据,而经济活动正是在其指导下,按照一定的规律运行的。因此掌握党和国家的方针政策、规章、法令是十分重要的前提条件。在外向型经济活动中,世界各国的经济政策也需掌握,才能有效地分析经济活动。

经济形势是在不断变化的,各类企业为了取得较好的经济效益,它的经济活动也必须随经济形势的变化而变化。了解经济形势是使经济活动分析报告作出正确评价的基础之一。

（二）突出重点，分析深入透彻

经济活动分析报告是否有价值，能否推动经济活动的发展，关键看其是否突出重点，抓住了主要矛盾进行深入分析，是否能揭示出潜在的问题，提出有预见性的意见、切实可行的建议。经济活动分析报告的写作，切不可将许多问题一字儿排开，不分主次地进行分析，这样不可能将问题分析透彻，因此是收不到实际的效果的。

（三）观点正确，态度鲜明

经济活动分析要做到观点正确、态度鲜明，肯定什么，反对什么，要清清楚楚。分析中要实事求是，不可含糊其词、模棱两可，隐藏自己的观点和看法。

（四）材料全面，数据准确

分析报告要有充分的材料作为依据，要以准确的数字为分析的基础。掌握的材料、数据越具体、越全面、越客观，经济活动分析的可信性就越大，分析得出的结论也就越符合客观实际，越具可行性。

例文一

××县东方食品厂1992年1—4月经济效益分析报告

一、基本情况

东方食品厂在改革开放路线指引下，10年来生产和效益持续高涨。1991年工业总产值完成335.8万元，比1982年投产时的117.3万元增长2倍，1991年实现利润24.3万，比1982年增加44倍。然而，1992年头4个月东方食品厂的经济效益情况很不理想。请看下表：

东方食品厂1—4月经济效益资料对照表

项　　　目	1992年1—4月	1991年1—4月	1992年1—4月 比1991年同期增减（%）
利润（万元）	4.3	7.2	−40.3
成本率（%）	88.9	86.3	＋2.0
费用（万元）	15.3	14.2	＋7.0

二、原因分析

从主观方面分析，造成企业效益下降的原因主要在于企业领导放松了对企业的管理，具体体现在：

1.该建立的规章制度没有建立,已经建立起来的规章制度又没有很好的执行。如,领退料制度,该厂以往严格控制原材料耗费,收到了很好的效果。然而,目前来讲,该厂在原材料供应上基本是"用料随拿,实报实销",使原材料耗费大幅度增加。1992年头3个月,企业产品成本比去年同期增长4.59%,其中耗料就占86.75%,仅原材料消耗一项,就影响企业效益3.5万元。又如计件工资的取消,影响企业利润减少3500多元。

2.不搞成本核算,生产安排无计划。今年头3个月东方食品厂生产品种76个,亏损品种达32个,占全部生产品种的42.1%,亏损金额达1.4万元。

3.原材料和产成品浪费现象严重。原材料入库不堆码,产成品上下车乱撒现象严重,这是造成原材料和产成品浪费的重要原因。今年头4个月,东方食品厂各种原材料报损2586元,比去年同期1167元增加1.2倍,再加之次、废品及其他损失浪费,1992年1—4月东方食品厂各项损失金额达7568元之多。

从客观方面分析,造成东方食品厂今年1—4月经济效益下降的原因:一是原材料供应不足。米稀是副食品工业不可缺少的原材料。东方食品厂往年所需的米稀一般都是由当地粮食局供应大米,自己加工,不仅成本低,而且质量好。可是现在随着市场的变化,原拨米计划远远满足不了生产的需要,在欲求不得,生产上"等米下锅"的情况下,东方食品厂不得不出高价(每500克0.42元)到外地组织米稀1.05万公斤,如按常规计算,仅这一笔,加运杂费一起就使得企业成本费用增加3600元。二是增加了设备贷款。东方食品厂底子比较薄,在企业现有烘干生产设备中,很多都是70年代生产的老机器,这些机器不仅耗电量大而且费工费时。为了尽快改变目前这种生产设备陈旧的状况,该厂加快了设备更新步伐。1992年一季度企业设备贷款27万元,利息支出8026元,比去年同期增加将近1倍。

三、对策建议

1.整顿领导班子。应当及时把那些懂业务、懂管理的人,提拔到领导岗位上来。在整顿领导班子的同时,企业还必须建立各种奖惩制度,要以经济手段来管理经济,杜绝浪费,对那些随意浪费原材料和因失职而给企业带来经济损失的人,坚决予以经济制裁。

2.重视经济核算,尤其是要重视生产成本的核算,使成本核算工作走在产品投产之前。同时要注意对产品结构的研究,即要预先测定投产产品的经济效益,对那些市场需要但原材料耗费很高、企业不能盈利的品种要注意研究改进。另一方面,可在企业内试行成本、利润包干到车间、班组的办法。力争把班组、车间、厂部三级核算逐步建立起来。

3. 恢复计件工资制。实践证明,像东方食品厂这样一个手工操作比重较大、产品季节性强的行业,实行计件工资制是有利的。一方面可以解决任务重和劳动力不足的问题,另一方面在企业增产的基础上职工也可以增收,同时也便于劳动管理。但在实行计件工资制的过程中,一定要测定好劳动额即应以本行业先进平均数作为基础,努力做到三定:即定产量、定质量、定耗料。把职工个人收入与对企业贡献的大小联系起来,充分调动广大职工的劳动积极性。

4. 按照国务院关于进一步扩大国营工业企业自主权的10条标准拿出具体方案,把生产和企业经济效益搞上去。

　　　　　　　　　　　　　　　　　　　　　　　××轻工业局
　　　　　　　　　　　　　　　　　　　　　一九九二年五月六日

【评析】

此篇经济活动分析报告,是针对 1992 年 1—4 月东方食品厂经济效益作的分析,标题鲜明、完整。正文的基本情况、原因分析、对策建议三部分,环环相扣,条理清晰,分析全面。文中运用表格形式,采用概括性情况介绍和大量数据说明问题的定性定量结合的分析方法,进行历史的同期比较,材料充实,说服力强。特别是对策部分,针对造成效益下降的主客观因素分析,提出解决途径,切实可行。

例文二

再次降息可能性多大

中央银行六次降息已使存贷款利率空前降低,但市场中仍有再次降息的传闻.其中可能性有多大,有专家如此分析 。

(一)今年较宽松的货币政策为再次降息提供良好环境。实行连续、稳定的规则性货币政策是 20 世纪 90 年代以来治理通胀的一个成功经验,货币政策一定要保持连续性,避免政策过于波动造成不必要的消极影响。另一方面也要看到,今年的国际经济环境将面临更大的不确定性,货币政策必须保持一定的灵活性和应变性。

(二)按目前通胀率水平计算仍存在一定降息空间。目前我国实际利率水平较高,不利于经济增长。由于通货紧缩,按 1999 年 2 月商品零售物价指数和居民消费物价指数计算,一年期存款实际利率分别为 6.58% 和 4.98%,高于社会平均利润率。从未来物价的走势来看,今年我国物价将保持较低的涨幅

（预计全国商品零售物价涨幅将低于 0.5%）。

（三）从我国目前平均利润率水平分析，仍有降息需求。目前我国企业亏损面和亏损额居高不下，1998 年工业企业实现利润比 1997 年同期下降 17%。亏损企业亏损额增长 22.1%。国企经济效益差，生产经营利润率低于银行的存款利率，因此搞实业投资积极性不高。实行低利率政策可刺激生产经营企业的投资，对于新一轮经济启动和经济的长远发展都是有利的。

（四）从我国银行盈利水平看，仍有降息需求。我国银行资产质量不高，坏账率较高，国家银行自有资金比例不断下降，1995 年只有 4.2%，1997 年更低。实行低利率政策，可分流部分储蓄资金，有利于减轻银行经营压力。再次，利率差过小，加大商业银行的经营风险。90 年代，我国存贷利差一直处于较低水平，只是在近两年存贷利差才有所提高。

（五）从我国居民储蓄特点分析，前几次降息并没有导致储蓄大幅度下降。降低利率导致部分居民存款转化为消费资金，也会使部分居民存款投向证券市场，从而对居民储蓄存款的增长率有一定的影响。如果这种影响是适度的，则达到了降息的目的。但如果这种影响超过一定限度，则将影响到银行的资金来源，从而影响银行正常的贷款业务。

（六）从发展我国基金业角度分析有再次降息需求。基金业发展依赖于银行利率的下调，由于投资基金的分红派息是不受中央银行管制的，所以市场利率与管制利率的差异越大，投资基金的发展潜力越大。实行低利率政策有利于投资基金发展。

（七）从国际利率水平看有降息需求。国际市场与国内市场利率如果不平衡，就会引起国际资本的移动，以致影响一个国家的国际收支。如果国内利率高于国际利率将吸引外资流入，国内信贷资金供应量减少。目前，亚洲和拉美地区的金融动荡还未平息，美国经济今年将受到金融危机的影响，亚洲各国经济将在今年下半年逐步趋稳，各国利率水平将逐步下调。利率水平下降有利于防止全球经济衰退，有利于亚洲各国经济的复苏。

（八）从维持人民币汇率稳定考虑有降息需求。从以上分析看，今年人民币将保持升值势头，今年再次降息有利于减轻人民币升值压力。目前我国外汇储备已达到基础货币的 43%，相当于中央银行总资产的 36%。中央银行需要减少外汇储备，购入国库券，刺激经济增长。这也将促使人民币升值。

（九）目前的利率结构不合理。商业银行仍然可以从上存中央银行获得收益，也就是说给商业银行坐享其成的机会。这种利率结构对放贷款产生一定的抑制作用，面对企业亏损面较大的现实，商业银行可以既回避风险，又获取稳定收益。

当然，降息有无必要性是一个方面，能否真正降息则又受到多方面因素制约。目前，一个重要制约因素是资金供求状况对利率的影响作用被弱化。利率是一定利润水平下对企业利润的分割比例。因此，在利息水平的确定上，资金的借者之间、贷者之间以及借、贷者之间的竞争起着决定性的作用。当借贷资本供不应求时，利率就会上升；反之，利率下降。从总体上看，我国仍是一个资金短缺的国家。但目前我国不存在完全由市场资金供求关系决定的市场利率。资金供求关系对利率影响作用被弱化。

　　　　　　　　　　　　　　　　　——《北京青年报》1999 年 3 月 28 日

【评析】

这篇专题分析报告，主要针对央行在六次降息之后，是否再次降息的可能性问题进行了分析。

文章采用"突出内容式"标题，醒目、明确；正文则采用专家分析归纳法，从九个方面进行分析，内容单一、集中；文章分析透彻，且语言简洁、形式灵活、行文及时，这些都值得我们借鉴。

第十七章 经济预测报告

第一节 概 述

一、经济预测报告的含义

经济预测是对客观经济过程及其变动趋势的预见和推测,是探求按经济规律办事从而提高经济效益的一种科学方法。

作为科学的经济预测,是在正确理论的指导下,借助于科学的预测技术体系,按照一定的方法和程序,分析研究大量的信息资料,揭示客观经济过程本质联系和必然趋势的活动。进行经济预测,既要对预测对象有比较深刻的认识,又要掌握与预测对象有关的充足的历史和现实的经济信息,还要具备科学的预测手段。

经济预测报告是反映经济预测的分析研究过程及其成果的一种应用文。它是调查报告的特殊形式。从调查的范围来讲,它比一般调查报告广泛得多;从调查的目的来讲,它着重于对未来形势的判断和把握。它要依据有关资料、数据,运用相应的科学方法进行分析研究,找出经济活动未来的发展趋势及其规律,并提出有针对性的措施和建议。

预测是人类利用自身的知识、经验、外界的信息和一定的工具,对事物的未来状况所作出的推断。预测,指向未来,推断可能发展的趋势,所以,常受不确定因素影响。预测的目的,正是为了减少不确定性因素对经济活动的牵涉,以期纳入规律性轨道。

二、经济预测报告的特点

(一)预见性

根据过去和现在"预见"未来,这是经济预测报告最显著的特点。预测本身,一与未来有关,二与不确定性有关。预测的目的,就是为了减少不确定性对经济活动的影响,求得对未来经济发展的科学认识。预测要求"预有根据,测有方法"。所谓方法,是指科学地预测、计算方法。

（二）综合性

经济预测以哲学、政治经济学、统计学和数学为基础,要运用投入产出预测、因果预测、延伸预测等方法,以及运用经济数学方法和现代计算技术。

经济预测的价值与其准确程度成正比,而其准确程度与能否如实反映客观实际关系密切。要做到预测的准确程度高,牵涉面就很宽,在经济预测实践中,要把宏观与微观、时间与空间、历史与现状、整体与局部等方面的情况联系起来综合考虑,才有可能揭示事物的发展趋势。

（三）情报性

经济预测报告包含着重要的经济信息,能为各级经济部门提供必要的情报资料。其情报性表现为:首先它最灵敏、最全面地记录和反映经济活动的最近动态,内容丰富而准确,有实用价值;同时它以最快的速度传递给经济决策部门和经济管理部门,讲究时效。情报性是经济预测报告的生命和力量所在。

三、经济预测报告的作用

经济预测报告对研究经济决策,制订财经计划,改善企业经营管理,都具有十分重要的意义。在经济活动中的地位已愈来愈重要。具体说,其作用有如下几方面。

（一）经济预测报告为经济决策提供科学依据

科学的决策和计划是建立在经济预测基础之上的。预测不仅是决策与计划的基础,而且是决策与计划的重要组成部分。经济预测揭示未来的经济发展趋势,为确定经济发展战略目标提供科学依据。战略目标和战略决策的合理性,在一定程度上取决于预测的正确性。因为在确定经济发展的战略目标时,不确定性因素很多,只有依靠经济预测,才能使不确定性降到最低程度,以便对国民经济体系的未来进程有尽可能清楚的了解,从而使作出的决策尽可能正确一些,避免战略性的失误。

经济预测还有助于防止决策中的片面性和局限性。它可以对经济发展过程中可能出现的种种情况,如有利方面和不利方面、成功的机会和失败的风险、主流和支流、成绩和问题等,进行全面的分析和预测,以防止因局部的失误而影响整个目标的实现。

(二)经济预测报告是改善企业经营管理的手段

企业的生存、发展与市场信息密切相关。把握住市场脉搏,避免商品产、供、销的盲目性,企业生产部门、商业部门和金融机构经常需要敏感地捕捉经济活动中的最新信息。

经济预测归根结底是为了找到经济发展的最优途径,因而写好经济预测报告,可以对经济过程中可能出现的多种发展途径进行科学地分析和论证,为企业经营管理提供多种方案。例如,对产品寿命周期的分析预测,设备投资的预测,市场需求预测,新技术、新工艺和新材料的预测等。企业领导者可以根据预测报告权衡利弊得失,求得最佳经济效益。所以,经济预测是改善企业经营管理的重要手段。

(三)经济预测报告是编制规划、计划的基础

经济预测报告是在调查研究基础上的科学分析,它运用已有的科学知识和手段,来探索某一经济现象在今后的可能发展趋势,并作出评价和估计,从而调节和控制经济活动。写好经济预测报告可以对未来的经济发展作出合理的设想,没有科学的预测报告,财经计划的编制就失去了重要的依据,因而也就很难订出科学的计划。所以,写好预测报告,对于改善计划工作,充分发挥计划的指导作用,具有重要意义。

四、经济预测报告与调查报告的异同

(一)相同点

(1)两者同属新闻体裁。

(2)两者都要以调查为基础,以尊重事实为准则,通过对事物的分析、研究来探索它的内在规律,这是有目的的认识活动。

(二)不同点

(1)侧重点不同。预测报告了解历史和现实,着重于推断和认识未来经济发展趋势;调查报告了解历史和现实,着重以点带面,指导当前工作。

(2)方法上不同。预测报告调查了解情况后,常用统计和数学计算的方法进行分析研究;调查报告调查了解情况后,主要用剖析、综合的方法进行分析研究。

(3)时效用途上不同。预测报告提供信息,而信息具有时间性,因此预测报告比调查报告有更高的时间要求。当前,在市场经济条件下,日益强调经济效益,故预测报告的及时反馈作用比调查报告更具直接应用价值。

五、经济预测报告的种类

（一）按预测对象划分

按预测对象，可分为宏观经济预测报告和微观经济预测报告。

宏观经济预测报告，是预测整个国民经济或一个地区、一个系统的经济发展前景的报告。如《国民经济发展方向和主要比例关系变化的预测》、《国家经济增长速度的预测》。

微观经济预测报告，是预测一个企业、一个乡镇经济发展前景的报告。常见的有：

1. 市场预测报告

它是预测市场对企业产品总需求量的报告。它是企业拟订产品生产计划的重要依据。

2. 销售预测报告

它是预测企业产品在市场上的销售量（即市场占有率、产品的竞争能力）的报告。它是企业改进经营管理、扩大销售的重要依据。

3. 技术发展预测报告

它是预测同行业生产中的新技术、新材料、新产品及其对市场需求的影响的报告。它是企业制订科学研究和新产品发展计划、安排产品更新或升级换代的重要依据。

4. 资源预测报告

它是预测企业生产所需原料、能源的来源和供应保证程度的报告。它是确定企业生产所需用的原材料品种规格、数量、期限和供应单位，制订原材料和能源节约代用计划的重要依据。

5. 生产预测报告

它是在市场、销售、资源等预测的基础上，为制订企业生产计划而进行产量预测的报告。其具体内容有企业生产能力预测，企业改建、扩建的投资预测，计划期各种产品的年产量预测等。

6. 成本预测报告

它是预测企业产品一定时期的成本水平等的报告。它是企业有计划地降低产品成本，加强经济核算，高质高效地发展生产的重要依据。

7. 产品预测报告

对企业产品的生产、销售、技术、资源、成本等方面的综合预测报告。它是银行常用的预测报告。

（二）按预测技术划分

经济预测报告按预测技术划分,有定性预测报告和定量预测报告。

1.定性预测报告

定性,即揭示目标的性质。它抓住事物的主要方面或主要特征,而将同性质事物的数量上的差异略去,从而就总体上主要的或基本的方面认定事物的性质。其结论具有概括性。例如:

在世纪交替的大背景下,人们以一种复杂的心态面对这一历史时刻。幻想、不安、期待,种种思考交织在一起。

鉴此,1999/2000 秋冬中国服装将以自然、科技、多元文化来展示服装的流行。浅淡的粉彩色调,混合效果的面料,渐宽松的造型成为世纪末的流行。

——摘自《都市快报》1999 年 8 月 22 日

2.定量预测报告

定量,指注意从事物的数量特征、数量关系和经济发展过程中数量变化等方面分析事物的方法。它是透过数字来分析与揭示问题的。它有一套植根于数理法则的计算及分析的技术,结合电子计算机的运用,更深一层地了解经济、金融变化因素之间的关系与本质,并据此预测未来,提出解决问题的比较方案和最佳方案。例如:

据预测,到 2000 年,我国 60 岁以上的老年人口将达到 1.29 亿人,在总人口的比例将突破 10％,达到 10.15％,如果按照联合国的划分标准,我国这时将变成老年人口国家,进入老龄化社会。

——摘自《北京日报》1999 年 8 月 17 日

美联储预测,今年全年美国的经济增速只能保持在 2.5％到 2.75％,但下半年增速有望加快。预计明年的经济增长率可达 3.75％至 4.75％。今年第四季度美国的失业率将在 6％到 6.25％之间,明年第四季度可望降至 5.5％到 6％。

——摘自《金融时报》2003 年 7 月 17 日

在预测报告中,通常定性与定量交叉运用,只是侧重点不同。再说,定性分析精度并不高,如果大前提失真,容易失误,所以一定要和定量分析结合起来。例如:

国际货币基金组织最近调低了对德国今明两年的经济增长预测。

国际货币基金组织认为,今年欧洲市场需求疲软、欧元升值,以及德国企业和消费者缺乏信心等因素将使德国经济出现零增长。但由于利率下降、德国政府准备减税和世界经济的逐步回升,明年德国经济将出现复苏,增长率将达1.5%。今年4月份,国际货币基金组织曾预测德国经济今年增长0.5%,明年增长1.9%。

——摘自《金融时报》2003年7月17日

(三)按预测时限分

按预测时限划分,有近期预测报告、短期预测报告、中期预测报告和长期预测报告。

1.近期预测报告

如下文(一般预测时限为一年以内):

金融界预期下半年可望再度减息。

——摘自《科学时报》1999年8月17日

2.短期预测报告

如下文(一般预测时限为一年左右):

作为新兴产业的室内装修业发展势头迅猛,业内人士预测,2000年国内建筑材料市场供需基本平衡,其中有几类建筑材料具有较大的市场潜力。

——摘自《中国物资报》1999年8月17日

3.中期预测报告

一般预测日限为二至五年。

4.长期预测报告

如下文(一般预测时限为五年以上):

日本《日刊工业新闻》2月11日报道:大藏省认为25年后亚洲地区的名义国民生产总值将超过欧美而居世界首位。

——摘自《金融时报》199×年2月

预测报告分类,用不同标准划分,就有不同类别。尽管如此,但具体落在一篇预测报告中却是重叠的。如例文一则是一篇微观的、定性与定量结合分析的短期的预测报告。

第二节　经济预测的方法

经济预测的方法有很多,据统计,现在已有150多种预测方法,常见的也有20多种。但归纳起来,可分为调查分析预测法和数学分析预测法两大类。

一、调查分析预测法

这类方法是通过调查研究,掌握情况,进行综合分析后判断经济发展趋势的方法。

(一)专家会议法

邀请有关专家参加会议,向他们请教对预测对象未来趋势的看法。让专家们在会议上集思广益,互通信息,互相启发,从众多的见解中寻求共同点,以达到预测的目的。

但这种方法有其局限性,容易被权威所左右,有的专家出于自尊心,不愿修改自己不成熟的意见。

(二)德尔菲法

德尔菲是古希腊传说中的一个地名,据说太阳神在德尔菲杀死了巨龙,而太阳神又以对未来有很高的预见能力而闻名。从此,德尔菲便成为预告未来的神谕之地。美国德兰公司在 20 世纪 50 年代初与道格拉斯公司协作研究如何通过有控制的反馈使得搜集的专家意见更可靠时,便以德尔菲为代号,德尔菲法由此得名。

德尔菲法指在经济预测时,先确定预测的经济问题,再拟出提问提纲进行咨询问题的必要性、可能性、可行性和现实性的概率,致函各有关专家,请他们回答问题,并说明置信度和理由。收到专家回信后,将他们的意见分类统计,加以综合、归纳,然后将归纳结果原原本本地反馈给各个专家,请他们再次分析判断,提出新的估计。如此反复 3～5 次,专家的意见便会逐渐接近,得到一个较好的预测结果。

这种方法可以避免专家会议法的缺陷,但信函往返时间较长。

(三)德比克法

把专家请来分成若干小组,每人发一张卡片,用书面形式回答问题。而专家虽在同一小组却互不通气。小组负责人把答案搜集后,将各种意见都公布出来,请专家进一步考虑,然后再投票表决。表决时,只表示同意与否,不作辩论,形成小组意见,在此基础上,再召开全体专家会议进行讨论,重新表决,按投票数取得预测意见。

这种方法比德尔菲法省时,但组与组之间可能有压力而出现某种倾向性。

(四)主观概率法

在利用专家的推断进行预测时,将专家预测的数值加以平均,并以平均值作为预测值。

例如:预测我国 35 个大城市的平均通货膨胀率在第四季度降低的情况。请 10 名经济学家预测降低的百分比,假设有 3 名预测下降 10%,4 名预测下降 3%,2 名预测下降 6%,1 名预测下降 2%,则其平均值为:

$$\frac{10\% \times 3 + 3\% \times 4 + 6\% \times 2 + 2\% \times 1}{10} \times 100\% = 5.6\%$$

结果:第四季度的平均通胀率估计下降 5.6%。

再如:要预测某个产品明年销量的增加情况,先由该厂提供该产品今年 1—2 月份的销售统计,发给 10 名专家,请他们预测明年的增长百分比。假设 3 名预测增加 5% ,4 名预测增长 3%,2 名预测增长 4%,1 名预测增长 2%,其平均值为:

$$\frac{3 \times 5\% + 4 \times 3\% + 2 \times 4\% + 1 \times 2\%}{10} \times 100\% = 3.7\%$$

结果:该产品明年的销售量预计可增长 3.7%。

(五)民意调查法

这是一种民意测验性质的调查方法,它主要用于了解消费者的消费愿望、购买意图、市场需求等心理因素,从而推断出未来经济发展的动向,它反映的是心理因素,因此含有主观成分,需加以判断和调整。

二、数学分析观测法

这是以数字为基础,运用数学计算、统计等手段来求得预测结果的预测方法,有简单平均法、相关分析法等。

(一)简单平均法

简单平均法的预测值与资料值相关,要求得预测值,只需简单地将过去各期资料值相加除以期数,便可得出下期的预测值。

例如:某单位今年 1 月到 10 月份的销售额分别是 21 万元、23 万元、27 万元、22 万元、26 万元、29 万元、32 万元、30 万元、26 万元、28 万元,则可预测出第 11 个月份的销售额为:

$$\frac{21 + 23 + 27 + 22 + 26 + 29 + 32 + 30 + 26 + 28}{10} = 26.4(万元)$$

这种方法一般只宜作近期预测,准确性不可能很高,但运用比较简便。

(二)相关分析法

通过相互联系、相互影响的事物来预测对象的发展趋势的方法,叫相关分析预测法。

如果预测对象与参照对象的关系是直接的,那么参照对象的变化就会直接引起预测对象的变化。如明年进口汽车订货数量扩大,就势必造成明年国产汽车的销售量相对减少;如明年汽车的生产量、使用量增加,就势必引起明年零配件需要量的增加。

如果预测对象与参照对象的关系是间接的,是通过中介而发生作用的,那么,参照对象的变动就会间接引起预测对象的变化。如货币发行过多,通过流通消费这个中介,势必造成物价上涨。

第三节　经济预测报告的结构和写法

预测报告一般在标题之下,分为概况、预测和建议三部分,其中预测部分是报告的核心,概况是预测的基础,建议是预测结论的延伸,三个部分层层递进、环环相扣,构成一个有机的整体。

一、标题

预测报告的标题,常见的是完整式标题。它由预测时限、预测区域(范围)、预测目标(对象)、文种四个要素组成。如:

《浙 江 省 1997 年 经 济 金 融 运 行 趋 势 预 测》
　|　　　　|　　　　　　|　　　　　|
预测区域　预测时限　　　预测目标　　文种

预测报告的标题也有文章式的,如《下个世纪年轻人将挑养老重任》、《汽车近期会降价吗?》、《汽车能否驶入"快车道"?》;有公文式的,如《中国农业银行×市分行关于柑桔生产的预测》。

当然完整式的标题,也可省略范围,只标明时间对象即可。如《2003 年财政收支预测》。

有时,在标题中写明预测对象的名称即可。如《上海牌轿车的市场分析与销售预测》。

预测报告也有双标题形式的,一般正题是文章式的,副题则标明预测的区域等。但不管什么形式的标题,都必须具备"预测目标",而文种标志可以用"趋势"、"前景"等词语替代,直接说明,如《当前社会直接融资状况和发展趋势》。有的进行暗示,间接点明,如《外国对东盟投资将保持良好势头》、《明年轻工产销有望稳增》。此类标题中不出现"预测"字样,却能看出是预测。

在拟定标题时,除了要求鲜明、醒目、简洁外,一般都要求从标题就能看出是经济预测报告。

二、正文

(一)说明历史与现状(概况)

这部分主要陈述预测对象的发展历史和当前状况,交代预测的目的和所要解决的问题,运用数据资料,为预测提供基础。

这部分内容应建立在对历史和现状的分析上,只有对过去的和现在的情况作认真的总结,进行对比分析,才能探索到其中的规律。根据预测目标的需要,围绕主题,抓住特点,突出主要矛盾,选择有典型意义的资料和数据,系统而简明地加以陈述,以表现经济运行的节奏和发展规律,为预测分析提供可靠基础。因此,这部分材料必须具有典型性和代表性,要概括经济活动的全过程和主要内容。在具体写法上,则灵活多样不拘一格。有的分析基本状况和有关问题,由远及近,逐层交代;有的分类别陈述,如供、产、销依次陈述;有的从整体上作出概括。

(二)预测未来趋势(预测)

这部分是报告的重点,反映预测的方法、过程和结果,是预测报告的核心。预测要在上述概况提供的基础上,客观地说明调查搜集到的有用资料和数据,以及影响经济活动前景的各种因素,排除不确定因素,运用一定的预测方法,作出科学的推论,既作定性预测,又作定量预测,预测发展前景,推断未来趋势。做到综合分析有根有据,判断结论明确肯定。

在写法上有两点值得注意:

(1)围绕中心选材,材料观点要统一,能准确地讲明结论。如果材料丰富,内容较多,可以加上小标题和序号。在归纳整理材料时,要紧紧围绕中心叙述问题,不能把不同性质的材料搅在一起,造成内容混乱。

(2)论据必须有力,推理必须严密。所谓论据有力,就是资料和数据要真实充分,没有水分。要反映事物的本质,具有典型意义。所谓推理严密,就是报告所反映的预测过程、方法科学合理,测算准确无误,分析推理符合逻辑。

(三)提出建议和设想(建议)

这是预测部分的合理延伸,是预测报告的落脚点。其意在于剔除经济发展中的不确定因素,扬长避短,利用有利因素,促成矛盾转化。因此,建议要有针对性,措施要有可行性,切合实际,有的放矢,以便有关部门采纳,作为决策依据。

　　以上三部分应是预测报告的基本内容,这并非固定不变的结构模式,在具体写作中,应当根据内容需要,灵活安排,合理组织。如可先提出预测结论,然后分析得出结论的依据,再谈建议。有的预测报告则把内容合并成两个部分写。但无论怎么变,仍包括"概论"、"预测"、"建议"三方面的内容。

　　当然,还要注意的是预测不是一劳永逸的。由于经济的发展变化,是受多种因素与多种条件的影响和制约的。当客观条件发生变化时,必然会影响经济发展的未来趋势。所以经济预测必须适应客观条件和经济形势的变化,经常不断地作出预测,才能更好的预见经济发展的未来趋势,为决策提供可靠依据。

　　事实上,一项经济预测作出之后,工作并未结束,还应经常将实际情况与预测结论相对照,从中检查预测误差,分析原因,总结经验,提高预测水平,同时也可以从中发现经济情况的新变化,为进行新一轮预测做准备工作。

第四节　经济预测报告写作的注意事项

　　经济预测报告的生命在于它的准确和可靠,所以,在撰写报告时,一切都要服从这个大前提。为了提高准确程度,写出有价值的经济预测报告,要做到以下几点。

　　(一)要重视搜集和分析资料

　　根据预测目的搜集资料,是经济预测报告写作的重要前提。资料的搜集要做到系统全面,历史的与现实的、直接的与间接的、宏观的与微观的、理论的与实践的典型事例、精确数据等均在其囊括之列。资料越丰富、越准确,预测的结果才越可靠,根据才越实在。资料搜集到手之后,还要投入精力进行深入的分析研究,从中寻找出活动的本质规律。在这样的基础上,作出的经济预测才是科学的、可靠的。反之,如果资料不准确或残缺不全,依据作出的分析和判断,必然不能真实反映经济发展的历史和现状,也势必不能正确预测其发展前景。大量准确而完整的预测资料的获得,只能靠广泛的经济调查和求实严谨的工作作风。

　　(二)要采用科学而恰当的预测方法

　　在经济预测中,预测的方法多种多样,不是随便拿来一种就能用的。俗话说,一把钥匙开一把锁,选对了方法,预测才能做到科学、准确、可靠。预测方法要根据预测目的、对象、要求、范围、时限以及预测项目的特点等来决定。同时还要注意预测方法的结合使用。例如在运用数学方法时,要注意征求群众和专家的意见；在采用到群众中去调查和到专家中去询问的方法时，也要注意运用数学模型来验证。这样，两种或数种方法相结合，才能提高预测的准确度，也才能保证撰写的预测报告具有较高的价值。

（三）要做到实事求是

在预测以及撰写预测报告的过程中，要实事求是，要忠于客观实际与科学预测，这就要做到：一是避免主观臆断，避免感情用事；二是避免长官意志，要尊重实际，忠实科学。

（四）要注意区别预测的时限

在撰写经济预测报告时要严格区别预测目标的时限性，因为这决定着预测报告的具体写法。要注意根据经济预测时限的不同、种类的相异来进行预测和撰写。短期预测，时间短，预测内容就要写得具体，否则就起不到作用，价值就不大。中期预测，时间较长，预测的内容就不能写得过于具体，而要写得抽象一些。长期预测，时间更长，预测内容就更不能写得具体，而往往只是对经济发展的方向和发展的远景作粗线条的、抽象的描绘。中长期预测，如果内容写得很具体，那就不切合实际了，主观臆断的成分就多了，这是不可取的。同时须避免模棱两可的语言。尽管预测工作本身带有不确定性，多少带有一定的主观色彩，但在撰写经济预测报告的过程中，却不能使用不确定性的或者具文学色彩的语言，模棱两可、变通圆滑的语言更要不得，应尽量使用准确、平实的语言。

（五）提高政策水平，加强知识修养

经济预测与国家、部门、地区、企业的今年国际决策息息相关。就我国现阶段而言，经济预测不仅提供了主要生产资料和主要消费品市场的预测分析资料，而且为认识宏观经济形势，制订年度计划和中长期计划、决定经济发展战略、设计国家经济体制改革方案等提供了大量的信息资料，完成了许多基础性建设工作。因此，撰写经济预测报告，必须立足于政策的高度，具有较高的理论水平和良好的知识修养。同时撰写经济预测还须具备一定的写作知识与能力。如果说对各种科学预测方法不能熟练掌握并得心应手地运用，要迅速及时并经常地作出准确的预测是不可能的。而想要迅速将经济预测研究的成果物化为文章，显现为人们看得见摸得着的东西，如果不懂得驾驭文章、驾驭思维的本领，不能迅速及时而又准确地表述研究的思维成果，要写好经济预测报告也是不可能的。

例文一

二〇〇〇年居室装修材料有潜力

作为新兴产业的室内装修业发展势头迅猛,业内人士预测,2000 年国内建筑材料市场供需基本平衡,其中有几类建筑材料具有较大的市场潜力。

据介绍,这些建筑材料主要有:

铝合金门窗。到 2000 年,全年需求量大约为 1600 万平方米,品种和配套性能将有明显改观,可基本满足不同消费装修水平的需要。

壁纸墙布。估计到 2000 年国内需求量在 3 亿平方米左右。

装修用木制品。在建筑业的发展中,装修用木制品约占全国木材产量的 20％,而且其中品种的升级换代很快。不少消费者会青睐柳桉、水曲柳,相当数量的人开始将目光转向花梨木、枫木、橡木、榉木等高档木材制品。

建筑涂料。在建筑材料市场中,中、高档建筑涂料将占较大比例,基本改变目前中、低档产品多,而高档产品少的状况。

装修石材。市场需求量约在 1 亿平方米左右,其品种、规格的需求增多,名优产品的占有率将在 40％以上,要比现在增加 20％多。

——摘自《中国物资报》1999 年 8 月 17 日

例文二

对煤炭供需情况的预测

加强煤炭供需情况的分析和预测工作,对进一步调整煤炭系统产业和产品结构,制定相应的政策和措施,有效地发展煤炭生产,无疑具有十分重要的意义。

一、煤炭供需发展态势

众所周知,能源是我国实现“四化”的主要物质基础,是发展国民经济的战略重点。国民经济的发展,与作为能源基础的煤炭工业有着密不可分的关系。而国家能源政策、对煤炭的投资、煤炭进出口数量以及煤矿新井投产能力、老井减产数量,直接影响着煤炭的供需关系。

在我国能源消费结构中,煤炭比重向来居高不下,至今仍高达 70％以上。根据能源部提出的我国 20 世纪末“以电力为中心,以煤炭为基础”的能源发展战略，看来近十年内煤炭在能源构成中所占的比重仍不会有太大的变化。由于煤炭价格严重背离价值、煤炭销售困难、基建规模削减，使本来已经滞后的煤炭工业更不适应。近些年来，国家又把能源政策的重点放在了二次能源上，致使耗煤大户的电力工业发展与煤炭工业发展不相适应，"七五"期间已超出了煤炭增长速度，用煤紧缺在一定程度上制约了电力工业的发展。这样，一方面消费结构中对煤炭的需求量大，而另一方面煤炭发展速度过缓，强烈的反差，将导致煤炭供需矛盾日益突出。

从近期煤炭市场预测看，今冬明春，仍是煤种、价格之争。这是因为，工业生产无明显增长势头，社会需煤量没有大的增加，市场煤炭的需求尚无反弹迹象。表现在速度上，今年一至八月份，尽管工业总产值比去年同期最低数增长13％，但由于去年基数较低，经济回升速度还是较缓的。表现在价格上，1990 年与 1980 年不变价换算系数小于物价指数，煤炭价格较低。而在能耗上，今年一至八月份比去年同期增长不足 3％，按 1：0.5 的弹性系数，速度增长不到6％，煤炭需求相对减少。同时，全国煤炭库存到今年七月底达到 1.94 亿吨，比去年同期还多 3000 万吨。因而，煤炭供需暂时趋于缓和。

从明年下半年开始，煤炭供需情况如何呢？从煤炭工业的投资看，建国初期到"七五"末，统配煤矿总投资为 901.07 亿元。其中，"一五"期间，投资为29.68 亿元，占能源投资总量的 41.55％；"二五"投资 86.97 亿元，占 43％；"三五"投资 46.64 亿元，占 30.27％；"四五"投资 90.72 亿元，占 29.35％；"五五"投资 136.24 亿元，占 30.27％；"六五"投资 203.35 亿元，占 29.99％。进入"七五"以后，煤炭基建投资削减，"七五"期间投资虽然达到了 307.47 亿元，但加上物价因素，与"六五"的投资比为 1：4。不难看出，煤炭工业投资的比重在能源投资总量中逐年减少，这与国民经济日益发展的速度很不相应。同时，煤炭建设周期较长，一般 6～8 年，而达产期尚需 4 年左右，且老井陆续衰竭减产，小煤井产量易涨易落，极不稳定。另据规划，到 2000 年，我国一次能源生产量可望达 14 亿吨标准煤，但供需差额仍有 3 亿吨标准煤。所以，20 世纪后几年，煤炭呈现出需大于求的态势。

综上所述，煤炭缓和是暂时的，紧缺是长期的。

二、煤炭行业面临的困境

我国煤炭储量十分丰富，已探明储量 1 万亿吨，1949 年到 1990 年已采出煤炭 184.57 亿吨，占 1.85％。其中 1990 年产量达 10.9 亿吨，跃居世界先进行列。20 世纪末还要实现 14 亿吨奋斗目标，以适应国民经济发展的需要。目前，煤矿面临的主要困难是：

1.投资问题。由于煤炭工业的投资在能源投资总量中的比重逐年减少,加之受市场、物价等诸因素的影响,统配煤炭基建资金缺口日益增加,煤炭生产形势不太乐观。"七五"期间仅投产1.11亿吨,开工9000万吨,未完成计划,是建国40年来几个五年计划中实现程度最差的一个。这样不仅制约了煤炭工业自身的稳定发展,更严重的是给国民经济的发展带来了问题。与此同时,煤炭行业大多又缺乏自我发展能力,也无力对新井建设进行投入。另外,按目前物价水平,投资300亿元可形成设计能力1亿多吨,要实现2000年14亿吨产量的奋斗目标,尚需要增加大量的投入,而国家财力又很困难,投资明显是不足的。

2.报废矿井较多。因资源储存所致,现有的一部分矿井将陆续报废。到2000年,预计统配煤炭报废能力达到8000万吨,小井达到5000万吨。

3.速度问题。按照"八五"规划,工业总产值年增长6%～8%,而煤炭产量就要增加3%～4%。由于新增生产能力有限,有的矿井因资源枯竭而报废,或因采掘比例失调后劲不足,煤炭产量不容乐观。仅小煤井1991年比1990年就减产1000万吨,1992年比1991年还将减产1000万吨。不改变这种状况,就很难保证国民经济所必需煤炭供应。

三、几点建议

增加投资。1990年煤炭产量为10.9亿吨,2000年达到14亿吨,差额3.1亿吨。后十年老井和小井报废1.3亿吨;若按新井设计能力与投产能力3:1的系数,新井欠产1.5亿吨。总计后十年需要增加煤炭为5.9亿吨,按吨煤300元计算,5.9亿吨煤炭需要投资为1770亿元。考虑地方矿、农民办矿投资少,且逐年下降,假如统配煤矿增量与小井增量为3:1,统配煤矿每年投资不能少于150亿元。

理顺煤价。鉴于国家财政困难,应本着谁用煤谁花钱的原则,不能始终实行国家大量补贴。煤炭价格的改革,立足点应放在确立新的合理的煤价运行机制上,在合理确定比价和核定生产能力与成本的基础上,扩大指导性计划,实行统一定价、分类计价、按质论价、超产加价、新井新价、特采特价,力求煤炭价格反映价值。

开辟新路。一些衰老矿井,应做好三点:一是抓好转产工作。在报废前五年,应考虑矿井转产和剩余资源的再利用问题,如改办中小型厂等。二是设立衰老矿井专项基金。衰老矿井盈利时,吨煤提取15元打进成本,减少营业外支出的负担。三是搞好安置工作。要搞好衰老矿井人员的离退和安置工作。

合理布局。煤炭产业结构的调整,在力求实行就地、就近供应的同时,要科学安排老区挖潜和新区开发项目,保证矿井的正常接续,使煤矿生产既充满活力,又备足后劲。同时,要积极进行全面开发,深度加工,综合利用,选择合理的产品链,逐步实现煤电、煤气、煤礁综合开发,联合经营,发展规模经济,促进煤炭就地转化,以消除铁路运输的制约因素,带动其他行业的全面发展。

【评析】

这是一篇对煤炭供需情况的预测报告。文章写作比较规范,体现了预测报告的内容要求和写作要求。

文章标题具体明白,交代了预测的对象及内容。

正文部分从三个方面入手,首先是"煤炭供需发展的态势",其次是"煤炭行业面临的困境",最后是"几点建议"。文章对状况、原因等的分析及数字显示,是有根有据的;预测则是定性、定量相互结合,令人信服。另外,结构合理,条理清楚,是一篇值得借鉴的预测报告。

例文三

1999 我国物价走势将会怎样?

李秀萍

从 1997 年下半年开始我国物价持续走低,各类商品的销售严重萎缩,不少企业为占领市场,维持运转,不得不低于成本价销售,结果把企业拖进了生产越大、赔钱越多的境地。针对这种无序竞争和恶性循环,为了维护整体利益,走向良性循环,许多行业都联合起来实行自律价,在全国引起了一场不大不小的争论,众说纷纭、褒贬不一,效果也很不理想,物价下跌的趋势一直没有能得到有效遏制。据调查,三季度全国工业品仍呈现下降趋势,出厂价较上年同季下降 4.9%,原材料、燃料的购进价格较上年同季下降 6.4%。其主要特点:一是生产资料价格降幅逐渐加大,与去年同期相比,一季度下降 2.6%,二季度下降 4.9%,三季度下降 5.9%;二是生活资料降幅趋缓,三季度的生活资料出厂价较上年同期下降 3.2%,化工原料和农副产品类降幅分别为 9.8% 和 8%,四季度的情况也是如此,全国全年的物价持续回落已成定局。物价反映着一定的经济规律,它是全国经济工作的中枢神经,反映最敏感,影响也最大。通货膨胀会引发经济危机,但物价持续下跌也不是好现象,那么我国的物价何缘一路下跌、一蹶不振,1999 年会有什么变化呢?下面我们简要地进行一下分析。

一、物价下跌的原因

长时间的物价下滑原因是多方面的。但不管怎么说都是违反客观经济规律的表现，应引起各级领导的高度重视，绝不能等闲视之，否则同样会引发经济危机。若是某一种产品的价格在一定时期内下滑是可以理解的，因为这是一种产品在市场上扩大占有份额的有效手段，但这种手段的作用也是很有限的，因为到目前为止，全世界还没有一种商品是依靠降低产品的价格，长期有效地提高市场占有率而成为世界名牌的。再说当前我国的价格下跌都是出于无奈，极少是为了促销而自愿降价的，综观全国的这次降价潮，主要有以下两个方面的原因：

（一）受东南亚金融危机的影响。爆发在1997年7月的亚洲金融危机，给我国经济带来了相当大的冲击和经济损失。我国虽然在前几年进行了宏观调控，抑制了通货膨胀，但由于出口萎缩、商品供大于求，加上国外许多国家低价向我国倾销，导致了我国的物价一跌再跌，迅速下滑，直至"谷底"。

近日在太原铜厂调查时得知，该厂由于受东南亚金融危机和国外倾销的影响，铜的销售价格由1997年的每吨3.35万元下跌到现在的每吨1.5万元，黄金的价格也由原来的每千克9.6万元，降至每千克8.1万元。受这一因素的影响，使该厂从太原市的优势企业、市十大销售收入超亿元企业，成为1998年上半年亏损2000万元，欠银行利息1085万元的亏损户。据了解受此影响更大的还有珠州铜厂、西北铜加工厂、北京铜厂和天津铜厂等，均被迫停产或破产。可见亚洲金融危机对我国的影响非常之大。

（二）受下岗职工增多的影响。由于许多企业被迫停产、破产，下岗职工逐渐增多，带来的是社会购买力的明显减弱。职工稳定的收入被打破，正常的生活得不到维持，虽说大部分家庭都有一定积蓄，全国有近5万亿元的居民储蓄存款，但居民为了应付以后各方面的急需，有几个存款也不敢乱花。首先是应急，生病治疗需要钱，以前是公费医疗，有了病到医院尽管看，自己不用花钱，有的虽然需自己垫付，但过后也能报销。现在就不同了，单位效益好点的还能报销一部分，单位效益不好的全由自己支付。其次是子女上学，以前子女上学基本上不用花什么钱，最多只是个书本钱，现在就不一样了，光是期中、期末的考试卷子钱，就得百十元，还有其他杂七杂八的三天一交、五天一收，一年也得不少钱。第三是养老，职工下岗越来越多，虽说有的还能再就业，但大多只能解决眼前的生活急需，剩余很少，即使是有些剩余钱也不敢乱花，能存则存起来，以防将来年老体弱、没有劳动能力时再用。基于上述这几个方面的考虑，加上收入的减少，社会购买力越来越弱，物价下跌也就成为必然。

二、降价带来的影响

长时间、普遍性地价格下降,使企业付出了沉重的代价,有的难以为继,有的停产破产,带来的是更多的职工下岗、收入减少,正常的生活得不到维持,同时国家也蒙受了巨大的损失。

据报载 1997 年仅玻璃行业就因此亏损 10 亿元,1998 年上半年产量和销量虽有增长,但由于价格下跌也仍然亏损在 7 亿元以上。钢铁行业 1998 年头 8 个月也因降价减少销售收入 113 亿元。三轮农用运输车,1997 年因降价造成了经济损失 20 多亿元,国家税收也因此流失 6.6 亿元。轴承行业 1998 年一季度,全国 109 家骨干企业全部因价格下跌而亏损,截至 5 月,净亏损 9570 万元,1998 年上半年,哈尔滨轴承厂、洛阳轴承厂、西北轴承厂和襄阳轴承厂 4 家大型企业共亏损 1 亿多元。制糖行业 1997—1998 年制糖期全国共产糖 811 万吨,而销售仅 730 万吨,由于产销不平衡,一些企业为抢占市场,竞相以低于全国平均生产成本的价格销售,然而低价竞销不仅没有换来消费的增加,反而导致大面积亏损,1998 年全年亏损额突破了 30 亿元,比上个榨季增加 10 多亿元。受此影响的还有家电、汽车、羊绒、工程机械、纯碱等行业。生产企业如此,销售企业也是一样,尽管有的消息说,一些国有企业销售额在大幅增长,但利润却日渐减少,有的甚至亏损、倒闭,其主要原因都与恶性降价有关。由此可见,降价并没有使那些企业或某个部门兴旺起来,而是国家税收流失、企业严重亏损或倒闭,下岗职工增多,收入减少,正常的生活得不到维持。

因此,我们可以得出这样一个结论,以降价来占领市场是不可取的,带来的只能是税收流失,企业亏损,职工下岗,因小失大。具体到一个人来讲,在购买某件商品时,表面上看该价格由 2 元降到 1 元是省了 1 元钱,而这宗交易的背后就可能会使你少收入 10 元钱,企业连锁反映,最终将是导致企业倒闭、职工下岗,减少的收入就有可能是几百元至上千元。也许有的人还认识不到这一点,但从上述由降价带来的危害看,确确实实是这样,绝不是危言耸听。

三、近期物价走势分析

市场总体价格水平下降,各类商品价格水平也几乎在全面下降,在构成居民消费价格的 8 大类商品中,除医疗保健的价格涨幅高于去年同期外,其他 7 大类商品的价格均是回落。在构成零售物价指数的 14 大类商品中,除药品、化妆品和报刊的价格涨幅高于去年同期外,其余 11 大类的价格也都在下降,从全国各大城市看,上半年零售价格指数,除杭州和济南与去年持平外,其他城市物价指数在 94~99.7 之间,是近年来的最低时期,全国平均零售价格指数为 97.9。物价的持续回落,使消费品零售额的增长力度明显减弱,社会消费品零售总额的增长速度进一步减缓,商品价格总水平回落,商品供求更加过剩,消费需求越来越减弱,最终将导致更多的企业亏损、倒闭,更大的经济萧条,更多的职工下岗,进入可怕的恶性循环。因此,国家不可能顺其自然、任其发展,要制定一系列的方针、政策,采取有效办法、措施,加大资金投入,拉动经济增长,启动消费市场,扭转被动局面,遏制物价回落,促进经济繁荣。可以预测:从1999 年开始,消费市场将保持平稳的增长趋势,由于国家采取了一系列增加社会需求的调控措施,对市场会有一定的拉动作用,从二季度起将会逐渐显现出来,经济形势和市场销售将会进一步好转,物价下滑的趋势将会得到遏制。经过一段时间的运行后,由于经济形势的好转,下岗职工的减少,收入保持稳定,消费需求上升,各类物价将会上升到一个合理的程度,国民经济从此进入一个稳定发展良好的运行状态。

——摘自《经济参考报》1998 年 12 月 23 日

【评析】

　　这是一篇短期宏观经济预测。主要预测了1999 年我国物价的走势。文章首先分析了物价下跌的原因,进而分析降价带来的影响,在此基础上,再对物价的走势进行分析,得出结论。整篇预测有理有据,给人以真实可信的感觉。

思 考 与 练 习

　　1.什么是倒金字塔结构的写法? 这种写法有何好处?

　　2.什么是背景材料?

　　3.写一则校园新闻。

　　4.简述经济评论的含义和作用

　　5.经济评论与经济论文、经济杂文、经济述评和经济综述的区别。

　　6.结合当前经济生活中出现的焦点问题写一则经济评论。

　　7.一则完整的广告文案结构上可分为几部分?

　　8.广告标题和广告口号有何区别?

　　9.从报纸上选出几则广告文案进行评析。

　　10.什么是经济活动分析报告? 它有何特点?

　　11.简述经济活动分析报告的分析方法。

　　12.什么是经济预测报告? 在市场经济日益发展的今天它有什么作用?

　　13.预测的方法有哪些种类?

　　14.简述预测报告与调查报告的异同。

第六篇
交际文书写作

第十八章　求职信　推荐书

第一节　求职信

一、求职信的含义

求职信也称自荐信,是求职人员向用人单位介绍自己、谋求工作的交际文书。它是在现代社会灵活的用人机制下,为适应就业竞争需要而出现的应用文体。写好求职信,使对方了解自己、信任自己,有益于推荐自我,获得求职成功。

二、求职信的作用

求职信是用人单位和求职者在见面之前,求职者给用人单位的一种最初印象、一个总体的了解。求职者利用信函,能充分表达个人意愿,向用人单位展示自己的才能和特长;用人单位可以通过求职信了解情况,决定是否给求职者一个面试的机会,并进而决定是否录用。因此,求职信对应聘者来说是公平竞争、一展才华的工具,对聘任者来说是尽我所需、择优录用的依据。

三、求职信的特点

1. 目的鲜明突出

求职者写求职信的惟一目的就是让对方看过信后对自己有个良好的印象,为录用自己打好基础,进而被顺利录用。

2. 内容单一明了

为了达到被录用的目的,内容要围绕中心,简明扼要,只要使对方了解自己的水平、能力和才华即可,其他内容等面试时再详谈。

3. 语言中肯平和

求职信的表达方式是叙述和说明。要求以中肯、平和而又谦恭、真挚的语言陈述情况,说明诚意,实事求是,彬彬有礼地展现自我。

四、求职信的写作格式

求职信的格式由标题、称谓、问候语、正文、敬语、落款及附件等组成。

(一)标题

标题可直接标明文种"求职信"或"自荐信"或"自荐书",位置居中。

(二)称谓

在标题下一行顶格书写用人单位名称(须用全称或规范简称),如果是写给用人单位的有关领导的,则应根据收信人的身份、地位给予恰当的称谓,在其姓名后加上职务或尊称。

(三)问候语

问候语是对收信人礼貌的表示,一般书信是既要有礼节性还要有针对性,因为收信人各式各样,情况又各不相同。但求职信的收信人很单一,所以只强调礼节性,写上"您好!"、"近好!"即可。位置在称呼下一行,一定要空两格,用感叹号。有些人习惯直接紧跟称呼后问候,一般信件尚可,但求职信非同小可,所以最好规范。

(四)正文

正文包括开头、主体和结尾三部分。

1. 开头

开头应交代写求职信的缘由、目的。如自叙自己为何来应聘:大学毕业,专业对口,下岗再就业,或是用人单位对你有吸引力,等等。总之,要让用人单位知道你为什么来应聘,而不是病急乱投医、碰运气。例如,开门见山写:"看到××报×月×日刊登的招聘广告,本人很感兴趣,特此应聘。"也可客气而礼貌地写:"感谢贵公司给我这次竞争的机会。我久仰贵公司的实力和经营方式,早想到此供职。若能如愿,将不胜荣幸,现将本人情况介绍如下……"。

2. 主体

主体可分三层来写:

(1)概括介绍自身的基本条件。即写一份自传,介绍自己的姓名、性别、出生年月日、所学专业、最高学历,上学、工作的几个阶段,性格特点。

(2)重点介绍。这一部分是决定求职成败的关键,因此,要写得既充分又具体。对刚毕业的学生来说,重点介绍在校期间各科中最突出的能代表自己水平的专业及成绩,尤其是与招聘单位对口或接近的专业成绩,介绍自己学习的深度及广度。若是已参加工作的,就介绍自己的工作经历、在本岗位上的突出贡献,如参加过什么项目,研制过什么产品,解决过什么难题。用人单位要通过求职者的这些经历考察其团队精神、组织协调能力等。重点介绍的另一内容即个人的特点、爱好、擅长。比如自己身体健康、高大,酷爱体育运动,参加过篮球、排球、乒乓球比赛;擅长文艺演出,组织策划过大型活动;喜欢书画艺术,等等。社会非常需要业余爱好广泛而精通的人才,用人单位也可就此观察求职者的工作、生活态度。

在写法上,这部分常采用"简历"式的写法,将自己在不同时期的工作或学习情况特别是所取得过的成绩反映出来,要注意对自身所具有的才能和专长的展示,即要揭示出才能、专长与所取得成绩之间的因果关系,使之水乳交融地结合起来。通过展示,能够充分反映出自荐人胜任某项工作的能力,从而令用人单位信服。

(3)被聘后的打算。这一部分要用简明扼要的语言说明自己对本工作喜爱的迫切心情,以及入选后的想法、打算或计划。应聘者所提出的目标要客观,有可行性;措施要具体可行,有操作性。

3.结尾

在正文即将结束时,简单概括一下全文的内容,用以表明期盼用人单位予以回复的愿望,加深收信人的印象。求职信常用的结束语有"我恳切希望能到贵公司发挥所长,请给予我一个机会,热诚地期待您的回复","倾我所学,为您所用,请给予一个机会","如蒙赐复,不胜感谢","若认为本人条件尚可,请惠予面试,本人将准时赴试","静盼佳音","若被招聘,将十分荣幸"等。

(五)敬语

出于礼节,信的最后往往写一两句祝颂的话或敬语,常用的有"此致　敬礼"、"致 礼"、"祝您事业有成"、"祝您鹏程万里 事业发达"等等。敬语的格式、位置分二行和一行式:正文后紧接着写"此致",另起一行顶格写"敬礼";正文后另起一行,空两格写"此致",再另起一行顶格写"敬礼"。

(六)落款

在结尾语下一行偏右处写上姓名,姓名下面写年、月、日。

(七)附件

一般来说,自荐信后常附有个人履历表、学历证书复印件、奖励证书复印件、各科成绩表、发表的文章或论文目录等,这是用人单位考察竞聘者的重要依据。此外,还要注明自荐人的通讯地址、邮编和电话号码等信息,以便于联系。

五、求职信的写作要求

(一)要实事求是

撰写求职信,对求职人的基本情况特别是对其专业特长和主要成绩等的叙写,必须从实际出发,实事求是,有一说一,有二说二,绝不能随意夸大或缩小;也要避免含糊其词的表述,更不允许凭空编造,无中生有。那种为达到个人目的而弄虚作假的做法,一经查实,将会造成难以挽回的后果,使自荐的目的落空。因此,真诚率直是赢得用人单位好感和信任的支柱。

(二)要突出重点

所谓重点,一般是指能够充分反映求职人工作能力和工作水平的材料,能够适合用人单位所需要的材料。要着力叙写求职人表现突出、不同凡响之处,以便用人单位品评,并据以做出选择。求职信的目的是让用人单位相信自己的才干能胜任所求职位。因此,要针对所求职位的要求,重点展示自己适合此职位的才干和资格,突出自己的专长和特殊技能,切忌平均用墨,主次不分,盲目罗列优点,展现多方面才能。实践证明,求职信写得面面俱到,主次不分,篇幅冗长,其结果往往是弄巧成拙,事与愿违,导致求职的失败。

(三)要恰当适度

求职信是让用人单位了解自己的一种途径,在阐明自己竞聘的有利条件时,既不能曲意逢迎,故作谦虚,也不可自吹自擂,骄傲自大;既要有效地介绍自己,又不致给人以"王婆卖瓜"之嫌。这里有一个尺度的把握问题,求职者应下工夫,仔细揣摩取舍。有的人在求职信中特别注明自己某项能力不强,这就是过分谦虚了,实际上不写这些并不代表说假话。有的人在求职信上写道:"我刚刚走入社会,没有工作经验,愿意从事公司任何基层工作。"这也是过分谦虚的表现,这会让招聘者认为你什么职位都适合,其实也就是什么职位都不适合。过于自谦不好,过于自誉也让人生厌。要善于将自己的能力和特长通过具体的事实表现出来,而不能仅限于单纯的自我评价。在这里,真诚的态度是最为重要的。此外,在语言上还要注意朴实自然,不要过于华丽。"我希望这样一个人生,它在经历了无数场风雨后成为一道最为壮丽的彩虹……请用您的目光告诉我海的方向……"这份求职信的语言就过于诗化,形容词、修饰语太多,这样的求职信一般不会打动招聘者。总之,要讲究语言艺术,建议多用动宾结构的句子,既要生动鲜明,又要谦诚可信,分寸把握得恰到好处。这样,不仅能增强自荐的真实感和可信感,而且还在求职人与用人单位之间架起了一座有效沟通的桥梁,从而顺利地实现自荐的目的。

（四）要文字简洁，书写清楚、美观

人力资源主管和公司老板无暇阅读冗长的求职信，要想给他们留下印象，就必须言简意赅，没有废话。每到招聘的时候，一个企业，尤其是大企业会收到很多份求职信和简历，工作人员不可能每份都仔细研读，一份求职信和简历一般只用一分钟就看完了，再长的也不超过三分钟。所以，求职信和简历要尽量简短，建议求职信只要一页纸就足够了。此外，求职信的文面可手写，也可打印。打印固然清楚、美观，手写也不失为展现自己能写一手工整、规范、漂亮的钢笔字的机会。因字写得好而得到职位的事，也是屡见不鲜的。

第二节　推荐书

一、推荐书的含义

推荐书，也称推荐信，是由有权威、有影响的人向有关单位或个人推荐人才的专用书信。

随着市场经济的发展和人才市场的开放，就业竞争日趋激烈。在这种自由竞争中，人才也同商品一样，需要推销、宣传。推荐书就是解决人才需求问题的一个途径。用人单位可以通过推荐书找到本单位所需适用人才，应聘者也可以通过推荐信找到较为理想的单位。供需双方通过推荐信达到相互了解、双向选择的目的。

推荐书与求职信所不同的是求职信是求职者自己写的，而推荐书是由推荐人写的。

二、推荐书的作用

推荐书是用人单位录取人员的重要依据。用人单位往往很重视求职者在学习和专业中反映出来的多方面的特点，而这些特点多依赖于推荐书的推荐。推荐书的作用与求职信相同，希望用人单位录用求职者。

推荐书与求职信特点相同，都具有目的性、单一性及平和性。推荐人必须熟悉被推荐人的学习情况、工作能力、创造能力和品行特点，还必须具备高级职称。如果推荐人在国内外学术界、企业界等诸方面享有盛誉，那么他写的推荐书就具有很大的效力。

三、推荐书的书写格式

推荐书的格式与求职信相同。推荐书的书写格式一般由标题、称谓、正文、结尾语、落款五部分组成。

（一）标题

在首页上方居中的位置标明文种"推荐书"或"推荐信"。

（二）称谓

在标题下一行顶格书写用人单位的名称（须写全称或规范简称），如果写给单位领导，则应根据收信人的身份、地位给予恰当的称谓，在其姓名后加上职务或尊称。

（三）正文

正文主要由推荐理由和推荐语两部分构成。推荐理由着重介绍被推荐者的基本情况，包括知识结构、业务能力、实践经历、工作成绩和基本素质等内容。这是推荐书的核心部分。为使用人单位对被推荐者有具体的印象，要避免空泛的介绍。推荐理由写完后，顺水推舟，写推荐语。例如，"为此，本人乐于推荐他（她）到贵公司工作"、"该同志符合贵公司所提要求，特此推荐"、"特推荐该同学到贵公司工作，如蒙聘用，不胜感谢"等语。

（四）结尾语

结尾语常用的是"此致　敬礼"。如果是熟人之间写推荐书，结尾语可灵活些，如"顺致安康"、"祝工作顺利"、"顺致商安"、"致好"等语。

（五）落款

落款包括署名和日期。如果是单位推荐信，还需在署名和日期上加盖公章。

四、写作要求

（一）客观公正

写推荐书，要本着对本人负责、对用人单位负责的精神，实事求是地把被推荐人的基本情况以及之所以要推荐的理由写清楚，肯定优点，指出特长，但不要夸大其词，要以客观公正的态度向对方提供真实的情况。

（二）介绍身份

如果是以个人名义写推荐信，按照国际惯例，要在信的开头部分简要地介绍一下自己的身份，说明自己与被推荐人关系。一般而言，推荐人的社会地位越高，推荐书的分量就越重。

（三）保留底稿

单位向单位写推荐信，要由主管人签名；底稿留存，以备查考。

例文一

求　职　信

尊敬的领导：

　　您好！

　　昨天我从××人才网上获悉贵公司的招聘信息，特冒昧写信应聘。

　　我是一名即将毕业的电子专业本科生，男，现年 23 岁，原籍××市。愿意到贵公司从事信息管理方面的工作。

　　大学四年是我人生中最为重要的一个阶段，我热爱我的专业，并为其投入了巨大的热情和精力。在这期间我学习了英语、高等数学、法律等基础课程，系统地学习了电路基础、网络理论、模拟电子技术、数字电子技术、电力电子变流技术、自动控制理论、电机现代控制等专业课程。除此之外，由于我对计算机的酷爱，还自己系统地学习了计算机方面的知识，能熟练地操作计算机，精通 Windows98，2000 操作系统，精通 Microsoft Office 系列办公软件，精通 Dreamweaver，Flash，Fireworks 网页设计与制作软件，还熟悉网络编程语言 Vb 和 Asp。本人从 2000 年起开始制作网页，在网页设计和制作方面有丰富的经验和足够的技术，并拥有自己的个人网站：www.XXstudent.net。

　　四年的大学生活，我对自己严格要求，注重能力的培养。在校期间多次深入企业实习，还参与×省电信科技研究院的工程项目研制开发工作，进一步锻炼了实践动手能力。我曾担任院学生会成员、副班长等职，现任计算机系团总支组织部部长，具备良好的组织能力、团队协作精神和务实的工作作风。多次组织系部、班级联欢会、春游等活动，受到老师、同学们的一致好评。

　　贵公司的领导重视人才，善于管理，着眼于企业的长远发展。本着发挥自身特长，与同事们携手并进，服务于企业这一目的，我挚诚地希望能成为贵公司的一员。尽管在众多应聘者中，我不一定是最优秀的，但我仍然很自信。兹奉上简历一份，如蒙约期面谈，请惠告时间、地点，我当准时前往。

　　此致

敬礼！

求职者：×××
2002 年×月×日

附表：（略）

例文二

推 荐 信

杨经理：

　　您好！

　　来函已阅。得知您处急需一名公关宣传人员，适逢 2003 年大学生毕业之际，特向您举荐我的学生，中文系毕业生张×。

　　张×，女，23 岁，中共党员。1999 年考入××大学中文系汉语言文学专业学习。张×思想品质好，思路敏捷，洞察力强，学习刻苦，工作踏实。她最大的特点是对事物具有极大的热情和极强的毅力，无论学习工作，不出色完成决不罢休，样样工作从不示弱。

　　张×在校以优秀和良好的成绩通过了所有课程。英语成绩优异，口语相当熟练；计算机操作名列前茅；曾多次获得学科单科奖，三次被评为"三好学生"；尤其擅长写作，几年来在省级报刊上发表短篇小说、散文多篇，在校刊上发表了十多篇各类文体的作品。

　　张×一贯严格要求自己，对同学真诚，对工作积极。连续四年担任班长，所在的班级被评为优秀集体，她个人也被评为校级优秀干部。她口才流利，组织能力强，曾多次成功地组织了系里和全院的演讲比赛，并获得过第一名。

　　张×非常适合这份工作，她也渴望得到这份工作。详细情况，她将前往与您面谈。望接洽，望录用！

　　顺祝

兴旺发达

刘××

2003 年 3 月 7 日于××大学

第十九章　讲话稿　论辩词

第一节　讲话稿

讲话稿是为了在一定的场合发言而事先准备好的文字材料。根据不同的目的和内容,分工作性讲话稿和演说性讲话稿和礼仪性讲话稿三大类,本节只介绍前两类。

一、工作性讲话稿

（一）工作性讲话稿的特点

（1）务实性。工作性讲话稿属于机关事务性文书,经常作为单位负责人公开发表讲话的"蓝本",其主要作用是解决实际问题,推动工作,所以讲话稿的内容应该联系实际,具有较强的务实性。

（2）可听性。工作性讲话稿是以讲话人的声音为媒介,以听众为对象,通过口语向听众传达的,它同靠视力接受的书面文章不同,接受的效果如何,很大程度上取决于听讲者被吸引的程度。所以,稿件本身是否上口、入耳,直接影响到"说"和"听"的效果。因此,为适应口头表达的需要,可听性是讲话稿的一个显著特征。

（3）号召性。工作性讲话,无论是布置工作,还是动员、总结,都需要有一定的感召力,讲话者在把自己的思想观点传达给听众的同时,最好能在听众的情感上引起共鸣,受到鼓舞,使之心悦诚服。

（二）工作性讲话稿的写法

工作性讲话稿一般由标题、称谓和正文三部分组成。

1. 标题

讲话稿的标题可以直接点明会议的名称并加上文种构成,如《在全国抗洪救灾表彰大会上的讲话》;也可以点明文章的主旨或主要内容、范围,如《反腐

倡廉 警钟长鸣》、《关于灾后生产自救的几个问题》。

2.称谓

凡正式发表的讲话稿,在正文之前,必须加上称谓,称呼与会者,以示礼貌和引起注意。称谓应根据与会者的不同而灵活把握,其位置在标题下,空一行,左侧顶格,独占一行,并以冒号起领正文。讲话稿的称谓除了在文首,还可以在文章内多次出现,以引起听众的注意,或将内容转入新的层次。

3.正文

讲话稿正文的写法较为灵活,由于会议性质、讲话内容不同,讲话者的身份和听众不同,其写法和用语也就不同。一般要求用通俗、简练的语言,抓住听众,引起听讲的兴趣。结构上,分开头、主体和结语三部分。

(1)开头。工作性讲话稿的开头通常要交代一下讲话的目的,如果是动员性的讲话,要先说明情况,提出动员的中心议题;如果是传达性的讲话,一般开门见山地说清要传达的是什么会议、什么文件,主要精神是什么,给听众一个总体印象;如果是开幕词,则用简洁的语言热情洋溢地宣布开会;闭幕词,往往要先肯定本次大会的圆满成功。总之,工作性讲话稿的开头,要紧扣讲话议题,开门见山,抓住听众。

(2)主体。工作性讲话稿的主体部分一般采用并列式结构,分几个部分谈工作情况,或提出工作意见,用小标题或序码衔接各个部分。如果是动员性讲话,紧接开头部分,要讲明开展这项工作的意义,如何开展这项工作及具体的方法和要求等;如果是传达性的讲话,一般传达主要精神、主要内容,传达者还可以夹叙夹议,谈自己的认识和感受;开幕词的主体要阐明大会的目的,介绍本次会议的议程等;闭幕词往往小结会议取得的成绩和效果,并围绕会议主题,提出贯彻会议精神的有关要求。总之,讲话稿的主体内容要具体,结构要清晰,语言要通俗上口,让听众听得清楚,听得明白,听得专注。

(3)结语。讲话稿的结语是全文的自然收束,写法有:概括式,对主体内容作简要的回顾、总结;希望式,向听众提出希望和要求,若是传达性讲话,还须结合本单位的实际情况,提出如何贯彻落实;宣布式,如闭幕词宣布大会结束。讲话稿的结语要简短有力。

(二)工作性讲话稿的写作要求

1.目标明确,中心突出

讲话稿的写作要有的放矢,开的是什么会,听众对象是谁,预期的效果是什么,都要心中有数,目标明确。讲话稿的主题要切合听众的实际,一次讲话一个中心,切忌信口开河,东拉西扯。如果是秘书代笔,更要想领导所想,设身处地考虑领导在这个问题上的观点,及该领导平时讲话的风格,否则讲话的效果会与预期目标大相径庭。

2.语言要"上口"、"入耳"

所谓"上口"就是说起来要顺口。用笔写出的讲话稿最终要用嘴说出去,因此要符合口语的习惯,尽量选用响亮的字眼,多用短句,言语的搭配要符合听觉习惯。所谓"入耳"是说听起来不含糊,能听明白,听懂,这就要求讲得通俗;若要听众爱听,那还要注意语言的生动性、活泼性。

二、演讲词

演讲是演讲者在特定的时境中,借助有声语言和态势语言,面对广大听众发表意见,抒发情感,从而达到感召听众并促使其行动的一种信息交流活动。演讲词就是演讲时用的文稿。

演讲有许多种,按表达形式划分有比赛演讲、即兴演讲、论辩演讲,按内容划分有政治演讲、生活演讲、学术演讲、法庭演讲、宗教演讲、就职演讲等。本节只介绍比赛演讲词的写作。

(一)演讲词的特点

(1)针对性。凡是比赛演讲,往往限定一个大主题,并且有固定的听众,因此在准备演讲词时,要根据比赛组织者限定的范围,根据听众的具体情况,了解他们的年龄、性别、文化程度、社会地位及兴趣爱好等,准确估计他们对演讲内容可能产生的反应,有针对性地设计出适合组织者和听众的演讲主旨和内容。

(2)鼓动性。凡是成功的演讲都具有强烈的鼓动性,没有了鼓动性也就不成其为演讲。

好的演讲,往往能激发听众的情绪,引发听众的深思,博得听众的好感,进而催发听众的行动,这就是演讲的鼓动性在起作用。

(3)可讲性。演讲词的写作目的不是为了阅读,而是为了口头表述,受者通过听觉来接受信息。因此一篇好的演讲词,对演讲者来说必须上口,可讲;对听众来说必须顺耳,好听,易懂。

(4)艺术性。演讲之所以能达到一般讲话达不到的目的,其魅力在于它的艺术性。演讲是由多种要素构成的综合性的实践活动,涉及到语言因素、声音因素、情感因素、形象体态因素、时境因素等。演讲时各要素应有机结合,协调中富于变化,各种演讲技巧综合运用,始终能紧扣听众的心弦,给人一种新鲜感。这一切使演讲具有了艺术魅力。

（二）演讲词的写法

演讲词是独特的艺术作品，因此并无一成不变的固定格式，这里讲的是演讲词的基本写作模式及写作要求。

演讲词的基本结构为标题、称谓和正文。

1.标题

演讲词标题的形式主要有两种：一种是一般文章式标题，即将演讲的主旨或范围用简练的语言概括为标题，如《洪水与猛兽》（蔡元培）、《爱国必先有文化》（廖仲恺）、《第一次吃螃蟹的人是很可佩服的》（鲁迅）；另一种是演讲的地点（或会议）＋文种，格式为"在……上的演讲"，如《在留法勤工俭学学生送别会上的演说》（吴玉章）、《最后一次演讲》（闻一多）。

2.称谓

绝大部分的演讲词都有称谓，演讲的对象就是听众。演讲词的称谓有时可以用泛称，有时可以具体化。如"同胞们"，"朋友们"，"同志们"，"各位来宾，尊敬的评委"，"老师们，同学们"，要酌情采用。

3.正文

演讲词的正文一般分开头、主体和结语三部分。

（1）开头。演讲词的开头非常重要，好的开头一鸣惊人，一下子就能抓住听众，给听众留下良好的第一印象。

先声夺人的方法有许多，可以是一个有趣的故事，也可以是一组与主题密切相关的数据；可以是一个预想的结果，也可以是一个发人深思的问题；可以引用名人名言，也可以用幽默的手法争得一个开场笑。不管用哪一种方式，其目的都是为了吸引听众，缩短演讲者与听众之间的距离，给整篇演讲定下基调，以便引人入胜。

（2）主体。这一部分要紧紧围绕演讲的主旨，逐层展开，观点要明朗，内容要充实，语言要有感召力，无论是叙述为主还是议论为主，都要注意内容的层层递进，注意事、情、理的相融。"事"，是抒情论理的基础；"情"，是因事而发，是自然地喷薄而出；"理"，是水到渠成的必然的令人信服的结论，是演讲的目的所在。另外，演讲还忌讳平铺直叙，它不同于一般的讲话，要求起伏有致，跌宕变化，在语言形式上可采用多种修辞手法，或反问以引起思考，或排比以加强语势，或采用散、整结合的句式，使信息的传递达到最佳状态。

（3）结语。演讲词的结语是整篇演讲词不可缺少的有机的组成部分，有时甚至就是演讲的一个高潮，所以要高度重视演讲的结语，千万不能平平淡淡，潦草收场。好的结束语，要用高度凝练的语言概括全文；要用具有鼓动性和感召力的语言唤起听众,把听众的情绪再次推向高潮;要言已尽而意无穷,给听众以无限的遐想和回味。当然这种种结尾的方式,都必须是水到渠成的自然收束,千万不能画蛇添足,节外生枝。

（三）演讲与朗诵的异同

演讲与朗诵,都有明确的内容,用的都是规范的口语,都要求在表现主题时充满激情,它们的区别主要在于:

（1）角色身份不同。朗诵者本人并不是作品中的主人公。虽然,朗诵者有时也表演自己的抒怀作品,但朗诵作为一门表演艺术,更多的时候还是在朗诵别人的作品。而演讲则不同,演讲词中的"我"在绝大多数情况下,就是演讲者本人,所抒发的就是自己的心声。徐志摩的《再别康桥》、朱自清的《荷塘月色》,谁都可以直接借用为自己朗诵的篇目;而闻一多的《最后一次演讲》,别人却很难直接选用。

（2）表达方式不同。朗诵侧重于展现个人抒情表意的能力,而演讲则侧重于表现个人说理表意的能力。因此,朗诵要求朗诵者在进入抒情高潮时,要忘掉本人,忘掉听众,全身心地进入角色,情感处理可以是戏剧化的;而演讲者则时时不忘宣讲自己的观点,始终不忘自己的听众,演讲也要抒情,但抒情是说理的辅助手段,是为了要讲的"理"更具感染力、说服力。因此,演讲者常常是夹叙夹议夹抒情,就是在抒情时,也不能偏离整个演讲的主旨,否则,容易使人产生朗诵的感觉。

第二节　论辩词

一、论辩的性质和类型

论辩,也称辩论,是指代表不同观点的各方用充足的理由来说明自己观点的正确,揭露对方观点错误的一种语言交锋的过程。简言之,论辩就是不同思想观点之间的语言交锋。

论辩是普遍存在的一种社会现象,它以语言为工具,以辩题、立论者、驳论者为组成要素,具有强烈的对抗性。论辩,不仅有利于扶持正义,攻击弊端;同时它还是一种自卫的武器,可以通过滔滔雄辩推倒强加在自己头上的诬陷不实之词,保护自己的声誉、利益乃至生命不受侵犯。

根据不同的论辩目的、内容和背景,论辩的类型有许多,常见的有学术争鸣、论文答辩、法庭辩论、日常辩论、谈判、赛场辩论（辩论比赛）等。本节专门介绍辩论比赛。

二、辩论比赛的特点

辩论赛是一种有组织的正规的竞赛活动，具有竞技的特色，它并不十分强调辩者的立场、观点的正确与否，而是比较突出论辩技巧和语言能力。一般讲，辩论赛具有以下特点：

（1）对抗性。在比赛中，正、反两方对同一辩题，持完全相反、相对的观点，要辩明是非，判出胜负，必然要与对手争一高低；角色的对立，观点立场的对立，必然导致强烈的对抗。

（2）攻守性。在比赛中，各方既要竭尽全力阐明己方观点的正确，又要千方百计地去论证对方观点的错误，要主动出击，不断地采取攻势，让对方落败；同时，辩手还要注意防止对方的攻击，时刻采取守势，保护己方的防线不被攻破。因此，辩论中，经常是攻守相济，交替运用。

（3）策略性。辩论，有争战的意味，要讲究"用兵之道"。辩论比赛在准备阶段，就应该先摸清敌我双方的情况，并在此基础上制定好攻击策略、防守策略、配合策略、攻心策略等方略，在辩论中逐步实行和调整，做到有备无患。

（4）临场性。赛场的情况千变万化，赛前的准备也不可能准确无误，计划好的立论步骤、驳论方法、攻守策略、论据材料等一切准备，都必须根据赛场的情况灵活处理。这种比赛的临场性要求辩手具有较强的应变能力。

三、辩手的能力要求

要想在辩论赛中获胜，就必须具备多方面的能力。一个口若悬河的论辩者，一般应该具备：缜密的思维能力，它可以使你在辩论中滴水不漏，无懈可击；快速的语言组织能力，它可以使你出口成章，语惊四座；深厚的知识积累，因为广博的知识是你旁征博引、纵横捭阖的基础；灵巧的应变能力，它能使你巧于周旋，进退自如；良好的心理控制能力，它能使你处变不惊，临危不惧。以上诸方面的有机组合，就构成了一个论辩者的综合能力。

四、论辩词的写作

辩论赛既是一种高水平的智力游戏，又是一种有组织的严密的竞赛活动，有一系列的组织程序，赛前要做许多筹备工作，如拟定赛题，制定辩论的规则、程序，聘请评委和主持人、点评人等。作为一个辩手，在抽到辩题之后，必须先审题,明确辩题中每个概念的含义,然后,写出论辩词,这是赛前必须要做的准备。

(一)论辩词的特点

(1)口语化。论辩词的写作与一般的写作不同,作者的思想观点要外化为有声的语言与对手交锋,因而应特别注意辩词的用语要明白易懂,说起来要琅琅上口,一般多用短句,忌用长句,并采用反问句、祈使句等多种句式,以增强语势。

(2)简洁性。辩论赛对每个选手的发言时间及每个队在自由辩论中的时间都有严格的规定,因而要格外注意辩词的简洁明快、干净利落,千万不能洋洋洒洒,铺陈渲染,不要过多占用宝贵的辩论时间。

(3)整体性。辩论赛是集体作战,要注意协调配合,不能各自为战。写作程序为:集体讨论——分头撰写——集体修改——定稿,每个队员根据各自不同角色,分担不同的写作任务,一经定稿,谁都无权擅自改动其中的内容,否则将打乱全盘的布局。

(二)论辩词的结构与写法

论辩词,应该将各方面的材料以及各辩手的陈词组合成一个新的统一的整体,从而给人以深刻、强烈的印象。为达此目的,常用的结构模式为:起、承、转、合。这原是古人作诗写文章常用的结构模式,因辩论赛由四人组队,又分工各异,套用这种结构,倒也甚为恰当,效果不错。

一辩“起”,开题,阐述本方立场和基本观点,为后面的辩论定好基调,开拓思路。

二辩“承”,在一个特定的角度深化本方的基本立场和观点,为进一步展开做铺垫。

三辩“转”,转换角度,或由论证转为反驳,或换一个角度,提出新的论据或问题。

四辩“合”,总结,先将对方的理论观点加以归纳,并进行总体反驳,然后把本方的观点提到一个新的高度。

“起、转、承、合”的结构形式,使上场的四位队员分工合作,相互配合,取得整体协作的效果。

按照辩论赛的程序要求,辩手的发言主要分程序发言、自由辩论、总结陈词三大类,四位选手根据各自的分工做不同的准备。

程序发言,是正反双方按一定顺序依次发言,应该以立论为主,兼有反驳,目的是让听众和评委对己方的立论和理由有一个清晰的印象。给己方的论题下定义时,一定要优选角度,明确定义,做到立论完整,说理透彻,条理清晰,语言形象;同时还要考虑到对方可能提出的观点和论据,准备好对应的材料,届时做出灵巧的应对。另外,还要"留一手",不要把所有的制胜法宝在第一阶段就悉数抖出,以免发生后备不足的现象。

自由辩论,是双方短兵相接的正面交锋,这个阶段的论辩词不可能完全事先设计好,因为场上的情况变化万端,要靠辩者敏捷的才思和机智,临场应变,但充分的准备是非常必要的。首先,要知己知彼,预计对方可能会向我方发难的问题,并设计好化解的方法;其次,当发生意外的问题时,要调动自己的知识积累和辩论技巧,灵巧应对,然后巧妙地转移话题,把辩论迅速地拉回到我方有准备的话题上来。因此,自由论辩词主要是充足的材料准备,包括立论材料和驳斥材料。

总结陈词,是辩论赛中双方最后一轮的较量,应事先做好充分准备,千万不能掉以轻心。总结陈词一般由四辩发言,要将己方在前两个阶段阐述的观点、理由以及对方的主要谬误在一个新的理论高度加以概括归纳。辩手要在事先有所准备的基础上,结合场上的情况,现场概括总结,有一定的难度。一般讲,先总结的一方,不能在发言中出现新的观点或新的攻击词,因为这是终止性发言,一旦遭到对方的反击,再也无法辩护;而后发言的可做两手准备,在己方总结概括的基础上,留出一定的时间,最后给对方以致命的一击。在写法上,多数是立论和驳论相结合,至于以哪一种为主,要视现场情况定夺,灵活处理。

五、辩论技巧

辩论是斗智,辩论语言充满了智慧。辩论语言不仅承载着丰富的内容,而且也体现了高超的技巧,是辩者所应具备的基本素质。在辩论赛中,辩论双方的命题并不代表正确与否,胜负的判断,往往取决于谁的辩论语言、辩论技巧、逻辑思维更能胜人一筹。

辩论的技巧有许多,这里只介绍最常见、最实用的几种。

1. 举例论证法

事实胜于雄辩。摆事实,讲道理,这是辩论中最基本、最常用的技巧。可以举事实来论证己方的观点,进行立论;也可以举事实反驳对方的观点进行驳论。

2. 引用论证法

在辩论中,引用字典上的概念给命题下定义,是辩手们常采用的方法。另外,权威的言论、国家的政策,甚至成语、典故,都可以拿来进行立论和反驳。由于这些材料本身具有权威性或约定俗成的公认性,因而,有较强的说服力。

3. 釜底抽薪法

这是用于反驳的一种重要技巧。论点都是建立在论据之上的,如果能证明对手论据的虚假或错误,就如釜底抽薪,其论点自然就站不住脚而倒台。

4. 二难辩驳法

这种方法是运用二难推理,即:从两个不同的角度去进行假设,得出包含两种可能的结论,使对方无论是肯定或是否定哪一种,可能都会陷入到左也不是、右也不是的两难境地。这种方法可以将对方置于无法解脱的困境中,使其败北。

5. 以退为进法

在辩论中,有时不便于或不利于直接地正面冲突,就可以做某些让步作为缓冲,实际上是调整策略,变换方向,再行攻击,以克敌制胜。这就是以退为进的谋略。

6. 欲擒故纵法

在辩论中,有时已经抓住对方的错误,但不直接批驳,而是故意鼓励、赞扬他,让他继续发挥那错误的观点,直至其丧失警惕,不再防备,致使其错误发展到极点,而暴露出明显的荒谬时,再穷追猛打,一举歼灭。这样故意纵容,也是一种进攻的方法。

7. 佯作愚钝法

这种方法,表面上佯装糊涂,实际上施用技巧。辩论中,对方有时会话中有话,隐含着潜台词。这时,可以佯装不懂,只是顺着对方的表面意思去说,而对潜台词不予理睬,使对方陷于被动。运用这种技巧,有时可以收到既生动幽默,又雄辩有力的效果。

例文

在金钱和知识之间我选择知识

——在隆回一中开学典礼上的讲话

同学们:

赶潮流似乎是某些人的一种嗜好,社会上流行什么,他们就一窝蜂地去赶什么。去年春节联欢晚会上唱出了一首《跟着感觉走》,这一下子就"走"遍了全中国。我认为凡事不能都跟着"感觉"走,因为感觉中有正确的还有错误的。比如,现在有些同学看到社会上经商赚钱,知识贬值,便"感觉"到知识无用,这种

"感觉"就是错误的。有人编了歌谣说:"手术刀不如杀猪刀,笔杆子不如秤杆子,研究员不如服务员,搞导弹不如卖茶蛋。"由于社会上这种"流行感冒"的感染,很多同学厌学情绪日益滋长。有些同学用电影片名来描述一个星期中心情的变化:星期一——《走向深渊》;星期二——《路漫漫》;星期三——《夜茫茫》;星期四——《黎明前的黑暗》;星期五——《归心似箭》;星期六——《虎口脱险》;星期日——《快乐的单身汉》。

同学们,知识,是一个民族强盛的法宝。试想:如果我们这一代人都不想读书,那么中华民族将面临又一个"最危险的时候"。我们永远不能忘记这样一个被历史所反复证明了的真理:哪个民族轻视知识,就决定着哪个民族的彻底衰亡!"文化大革命"十年,"知识越多越反动"的论调造成了人们知识的空白、心灵的愚昧、人才的青黄不接和科学的"无人区"。我们的民族整整落后了半个世纪:当别人的航天飞机从卡拉维纳尔角腾空而起的时候,我们却还在津津乐道于祖先的"四大发明";当别人驾着宇宙飞船到月球上去"作客"的时候,我们却还骑在牛背上唱《乡里妹子进城来》。无知就落后,落后就挨打!

人类的经验已经告诉我们:一味地赶热潮,大家都往"独木桥"上挤,桥会被踩断,人会被淹死。目前,知识贬值、经商吃香,这是由于新旧两种价值体系处于交替时期,难免会带来暂时的混乱,但我们可以大胆地肯定:再过几年,当新的体制趋于完善,"脑体倒挂"的现象会彻底颠倒过来。到那时,知识会以它耀眼的光芒成为人们追求的"热点",在价值的天平上,知识的砝码会使万物失去平衡! 到那时,你会后悔:我当初不该吊儿郎当地读书! 然而,悔之晚矣!

同学们,让我们记住德国哲学家孟德斯鸠的名言:"在金钱和知识之间我选择知识,在财产和知识之间我选择知识,在吃喝玩乐与知识之间我还是选择知识!"财产诚可贵,金银价更高,若为求知故,两者皆可抛。同学们,读书吧!

(周乐彬)

【评析】

知识贬值、经商吃香是一种畸形现象,可有的人对此津津乐道,而且跟着"知识无用"的感觉走,助长了这股歪风。演讲者从现实问题出发,对厌学风和"跟着感觉走"给予了严厉的批驳,并对不良的民谣和学生的"大作"给予了有理有据的否定。演讲者从民族和国家的角度,强调了知识的重要,指出"无知就落后,落后就挨打";以长远的眼光,大胆肯定了知识最终会成为人们追求的"热点"。

这篇开学典礼演讲就现象谈问题,深入浅出,通俗易懂,观点正确,思想积极。

演讲者对歌词、民谣、孟德斯鸠名言的引用恰到好处,特别是"在金钱和知识之间我选择知识……"的引用,意义深刻,让人警省。

第二十章　请帖　聘书

第一节　请　帖

一、请帖的概念与作用

请帖，又称请柬、邀请书。它是单位、个人为邀请有关人士参加某项活动而发出的礼节性文书。在公关活动越来越被人们重视的今天，请帖的使用率也越来越高。例如，召开会议（座谈会、庆祝会、业务洽谈会、订货会、纪念会、学术研讨会、茶话会、招待会）、举行典礼（开学、毕业、开业、开工、竣工典礼等）、参加仪式（开幕式、闭幕式、颁奖仪式）；也可因私使用，如婚礼、生日、乔迁、升职等各种私人邀请。

请帖的发送一方面表示对被邀请者的尊敬，另一方面也表明邀请者对此事的重视。此外，请帖还是入场的凭证。正因为请帖是请客用的，它表达了一种礼仪，所以即使宾客近在咫尺，也须递送请帖，而不能以当面的口头通知或电话通知代替书面的请帖。

二、请帖的写作格式

请帖的格式一般由标题、称谓、正文、结尾语和落款五部分组成。

1. 标题

标题写"请帖"或"请柬"字样，字体稍大，写于正文正上方。如果使用封面，可设计图案装饰，居中写"请帖"两字，常用隶书字体。

2. 称谓

抬头顶格书写被邀请者（个人或单位）的姓名或名称。在被邀请人的姓名后面加上"先生"、"女士"、"同志"、"老师"、"教授"、"主任"、"处长"、"经理"等相应的称呼，以示尊重。

3.正文

请帖的正文要告知邀请事项,即交代清楚被邀请人参加的活动或者会议的名称,并具体明确地告知活动或会议举行的时间、地点和注意事项。如果地点较偏,还应说明乘车路线。必要时,还应请对方确认能否应邀。

4.结尾语

另起一行,写结尾语。结尾语多用敬语,如"恭请光临"、"敬请惠顾"、"敬请莅临指导"、"敬请届时光临指导"、"请届时出席"等语;或写"致以　敬礼"、"顺致崇高的敬意"、"此致　敬礼"等。要根据不同的受请对象,写不同的结尾语。

5.落款

在结尾语的右下方署上邀请者的单位或个人名称。署名的下方注明发请帖的年、月、日。邀请者如是单位,应写单位全称,并加盖公章。

三、写作要求

1.强调简明

请帖的内容比较简单,语言要简洁、明确,不能使用模糊语言,如宴请时间、地点都应详细注明。

2.注重礼节

写请帖要十分注意礼貌问题,语言要庄重、文雅,措辞要谦恭、客气,富于热情和敬意,使对方能愉悦地接受邀请。

3.讲究装帧

为了表明对客人的尊重,请帖的制作必须注重形式的美观、大方,无论是版面制作还是文字书写都要讲究艺术性。一般说来,越是隆重的庆典、会议,请帖的装帧越讲究。现在,在文具商店里都有制作精美的空白请帖出售;有开合式的,也有正反式和单面式的;有一般字体的,也有烫金字的。发请帖者可根据不同情况,选择不同规格、不同版面的请帖,填写上具体的内容就可以了。

第二节　聘　书

一、聘书的概念与作用

聘书,又称聘请书。它是聘请有关人员担任某一职务或从事某项工作的凭证文书。聘请制度古已有之,据《孟子·万章》的记载:"伊尹耕之于有莘之野……汤使人以币聘之。"这是说商汤聘请伊尹辅佐他治国安邦,建功立业。商汤聘请伊尹有无文书,不得而知,但即使仅仅是口头聘请,也足以说明聘请之制由来已久。

随着我国经济体制和劳动制度改革的不断深入,相当多的单位在用人制度上采取聘任制,聘书也成为使用频率较高的应用文书之一。聘书的作用主要表现在以下几点:

1.加强单位间协作,促进人才交流

聘书作为聘请人才的文书,起着加强相互协作、促进人才交流的作用。社会是个大系统,为了使人力资源得到合理的配置,各单位的人才应该优势互补。利用聘书聘请外单位人才承担本单位的工作,既可以加强供需双方的联系,也在一定程序上促进了人才的流动。

2.可以增强应聘者的责任感

聘书是招聘单位颁发给应聘者的证书,在一定程度上说明应聘者具有某项才能。发给聘书,表示了聘任单位的郑重和诚信,标志着对应聘者的信任和尊重,因此,聘书的授予,能给应聘者带来一定的荣誉感;同时,也会加强应聘者的工作责任感,调动其工作积极性,激励他们更好地发挥聪明才智。

二、聘书的写作格式

聘书的书写格式一般由标题、称呼、正文、结语和落款等部分组成。

1.标题

聘书的标题写"聘请书"或"聘书",一般写在聘书的上方居中位置。如果有封面的话,也可将标题写在聘书的封面突出位置上。

2.称呼

被聘请者的姓名、称呼,可以写在第一行的顶格处,也可以写在正文中,套在"兹聘请×××(单位名称)×××(个人姓名)先生为本公司×××(职务名称)"的句式中。

3.正文

聘书的正文可繁可简。简单的一般只写被聘者任何种职务及其任职期限。繁复的可包括被聘者任何种职务、做何种工作、任职期限、工作报酬、对聘请者的希望和要求等具体事宜。

4.结语

聘书的结语常写"此聘"两字。正文结束后,另起一行,空两格,写"此聘"两字,后边不加标点。

5.落款

落款部分包括署名、日期和公章。署名写在结语下一行偏右处,要写清聘请单位的全称或规范化简称;在署名的下面写聘请年、月、日;在署名和日期上面加盖公章。

聘书如有附件,一般放在最后,并注明附件的名称和数量。

三、聘书的写作要求

1.表述要清楚简明

聘书聘请谁,为什么聘请,应聘者任何种职务,做何工作,何等待遇及报酬,聘任的起止时间等内容,在聘书中都要简洁明了地交代清楚。不然,被聘者将无法应聘,即使接受了聘书,也只能是盲目应聘,影响工作质量。

2.形式要庄重大方

聘书是对应聘者的敬重,因此,从形式到行文都要庄重、礼貌。聘书正文内容较少的,可在商店选购制作精美的空白聘书,填写上具体的内容就可以了。如果聘书正文的内容较多,应需要发聘书的单位自行设计、定做聘书。设计的原则是庄重大方、美观实用。

3.书写要工整得体

书写聘书应使用毛笔或钢笔,用工整的小楷书写,或用电脑打印制作聘书。

4.要加盖公章

因聘书是以单位名义发出的,所以一定要加盖公章后方能生效。

例文一

> # ╳╳公司开业典礼
> # 请　帖
>
> ╳╳先生：
>
> 　　本公司开业典礼定于二〇〇二年╳月╳日上午九时，在╳╳大酒店三楼第一会议厅举行。
>
> 　　敬请届时光临。
>
>

╳╳公司

二〇〇二年╳月╳日
>

例文二

聘　请　书

　　兹聘请╳╳╳同志为我所╳╳╳╳专业硕士研究生 ╳╳╳的学位论文答辩委员会委员。

　　此聘

╳╳市╳╳研究所(盖章)

2003 年 5 月 15 日

第二十一章　倡议书　海报

第一节　倡议书

一、倡议书的概念和特性

倡议书是首先公开提出某种建议，希望别人能够响应，以共同完成某种任务或开展某种公益活动的信件。倡议书有个人发起和集体发起两种，要合乎身份地写明在什么情况下、为了什么目的、发出什么倡议、希望别人怎么做、自己打算怎么做，等等。倡议的内容应是于国于民有利而又是可以做到的好事。因此，所提条件应当具有先进性与可行性，虽然很好但一时做不到的，就不要提出来，以免成为一纸空文。

二、倡议书的写作格式

1. 标题

在正文正上方写"倡议书"，字体稍大。

2. 正文

要写清楚发倡议的根据、原因和目的。因为发出了倡议是要大家响应的，只有交代清楚倡议活动的目的、意义，大家才能理解，才能完成自己的自觉行动。如果对倡议的目的、意图不交代，或者交代不清，别人莫名其妙，就很难响应。对倡议开展的活动和所要做的事情也要交代清楚，只有交代清楚倡议的基本内容，响应者的行动才有所依据，否则将造成盲目的行动。

正文的重点是倡议的具体内容和要求被倡议者应做到的具体事项。这是总的要求的具体化。这部分内容一般是分条分列，从几个方面提出各自的具体要求，这样写清晰、明确。

3. 结尾

要表示倡议者的决心和希望。有的还可以写上建议和信念。一般不写表示敬意和表示祝颂的礼节性结束语。

4.署名和日期

写上发倡议者的名称或姓名,发出倡议的年、月、日。

第二节　海　报

一、海报的含义与特点

海报是向公众报道或介绍有关文化娱乐和体育消息等与群众生活密切相关的消息的一种招贴,如球讯、晚会、电影、展览、演出等活动的动态消息。

海报通常张贴在有关活动的场所,或较为醒目的地方,告知有关活动的事项。海报具有广告一样的宣传效果,但不具备约束力。有的海报加以美术设计,以吸引更多的人参加活动。海报可以在媒体上刊登、播放,因此,其广告性的色彩极其浓厚。海报还有其商业性特点。海报是为某项活动作前期广告和宣传,其目的是让公众参与其中,如演出类海报。海报从内容上看,主要以报道文化、娱乐、体育消息为主。

二、海报的写作格式

海报一般由标题、正文和落款三部分组成。

(一)标题

海报标题的写法通常有以下三种:

(1)在正文上方中间醒目处写上"海报"字样。

(2)直接以活动内容为标题,如"舞会"、"球讯"等。

(3)可以是一些描述性文字,以渲染气氛而吸引群众,如"名角新秀同台献艺、轻歌曼舞、妙趣横生"。

(二)正文

海报的正文一般要求写清楚以下内容:

(1)活动的目的、意义。

(2)活动的主要项目、时间、地点等。

(3)参加活动的具体方法及一些必要的注意事项等。

(三)落款

写明主办单位或演出单位名称及发文日期,还可注明询问电话、联系人。

三、海报的写作要求

(1)海报的语言文字要准确、明了,活动的内容、时间、地点不能有遗漏和误差。文中介绍内容要形象具体,可用些鼓动性语句,具有吸引力,但不可夸大事实。

(2)海报的篇幅要短小精悍,文字简洁。

(3)海报的版式要新颖、活泼,文字说明可配备图片、图画,以激发公众的兴趣。

例文一

倡 议 书

——众志成城,战胜"非典"

"非典"是一场突如其来的重大灾害,党中央、国务院、省市政府高度重视,采取了一系列防范措施。我们学院党委也多次召开紧急会议,采取措施,周密部署,确保师生员工的身体健康和生命安全。在这非常时期,中国人民没有被击垮,反而更加坚定地团结在一起,众志成城,抗击"非典"。作为新时代的大学生,作为有着良好素质的年轻群体,我们更应该用实际行动参与到这场抗击"非典"的战役中去。在此,我们××学院学生会面向全院同学发出倡议:

一、坚定信心,坚决拥护,积极支持党、政府和学院为抗击"非典"所采取的一切措施!坚定"非典"可防、可治、可控的信念,积极配合,为夺取我院"非典"预防和控制工作的全面胜利而奋斗!

二、向关心和爱护我们的学院党政领导、医务工作者及全体老师表示真诚的感谢!

三、提高警惕,增强防范意识,坚持锻炼,保持良好的生活习惯,不要恐慌,以平静的心态面对这场突如其来的疾病!

四、积极配合学院的工作,服从安排,按要求及时上报有关情况,不缓报、不隐瞒,对自己和他人的健康和生命负责!

五、全院学生要向奋战在第一线的白衣战士学习,端正学习态度,认真学习科学文化知识,以优异的成绩报效关心和爱护我们的党、政府和学院!

六、全体学生党员、学生干部在防控"非典"的各项工作中要率先垂范,模范遵守学院的各项规章制度,带动广大同学打好防控"非典"这场硬仗。

非典型肺炎是对人类的挑战,也是对广大青年学生应对复杂局面能力的实际考验,更是对我们青年学生大局观念和社会责任心的实际考验。同学们,"非典"尽管猖狂,但并不可怕,我们坚信"非典"是可防、可治、可控的!让我们团结一致,众志成城,为取得抗击"非典"战斗的全面胜利而奋斗!

　　　　　　　　　　　　　　　　　　××学院学生会

　　　　　　　　　　　　　　　　　　2003 年 4 月 30 日

思 考 与 练 习

1.选定一个主题,写一篇演讲词,在班里进行演讲比赛。

2.求职材料包括哪些内容?

3.根据自己的情况写一则求职信。

毕 业 论 文

第一节 概 述

一、毕业论文的含义

毕业论文是学业论文的一种。学业论文是高等院校学生在校学习期间,在老师的指导下,运用所学的有关专业理论与知识,结合自己对有关课题的研究而写成的学术论文,有学年论文、毕业论文和学位论文三种。

1.学年论文

学年论文是高等学校的学生根据所学的知识,在教师的指导下针对某一问题进行尝试性的初步研究的论文。其目的在于使学生学会运用专业知识分析问题,阐释某一理论,并初步掌握科学研究的方法。因是初试论文写作,题目不宜过大,涉及的问题不宜过宽,论述的问题也不求过深。

2.毕业论文

毕业论文是高等院校毕业生在大学毕业时,就某一方面所学的知识,针对某一问题进行探讨、研究的理论性或应用性的论文。其内容要紧密结合专业,初步反映作者所学基础知识的综合程度,以及分析和解决本学科内某一问题的学术水平和能力。

3.学位论文

学位论文是由攻读学位者结业时向培养、审核单位提交的具有学术性的论文,也是考核申请者学术水平的重要依据。根据《中华人民共和国学位条例》,学位论文又分为学士学位论文、硕士学位论文和博士学位论文。学士学位论文是大学本科学生的毕业论文,要求能正确、灵活运用所学知识,分析和解决本学科内某一问题,能反映作者具备从事科学研究或专门技术工作的初步能力,篇幅在 1 万字左右。硕士学位论文要求对所论专题有比较独到的见解,能反映作者对本学科有比较扎实的基础知识,有独立从事科学研究的能力,篇幅为 2～3 万字。博士学位论文要求在科学或专门技术上提出创见性的成果,能反映作者对本学科有渊博的知识和相当高的科研能力,篇幅一般在 5 万字以上。

毕业论文不同于一般论文,它从属于学术论文范畴,因而又具有学术论文的特点,既要体现出有关专业、学科学术研究水准,又要对有关实践活动的现状和未来的发展起指导作用。为了保证这类论文的学术价值,就要在掌握该专业学科有关课题研究现状的基础上,在某些方面有所创造,并且对这些创造从理论上形成系统的阐述。

二、学术论文的特点

1. 学术性

科学水准、理论色彩是学术性最主要的特征。科学水准指学术论文的论点要能客观地反映事物的规律和本质,揭示客观真理,所引述的各类论据要准确,论证过程要做到推理严密;理论色彩指学术论文研究事物的抽象层次,不能就事论事,要进行抽象思维。

2. 创见性

科学研究的目的,就是要不断开拓新领域,有所发现,有所前进,从而推动科学技术的不断发展。毕业论文的创见性,不是要求论文所提出的见解是空前绝后、绝无仅有的,而是指在论文研究的范围内要有自己的看法,决不人云亦云,单纯重复他人的发现。一般说来,把前人未曾发现、未曾接触的问题,或者虽有接触而没详细阐述的,经过探索,提出新的看法,得出新的结论,就算有创见;或者能够把散见于许多作品中的精辟意见集中起来,经过独立思考,形成自己的独到见解,这也可以说是有所创见。

3. 应用性

科学技术是第一生产力。学术论文的价值,主要在于能对生产实践、社会发展起着一定的指导作用,对学科本身的发展,对相应的自然、社会领域的发展起着直接或间接的促进作用。在科技迅猛发达的今天,学术论文的应用性显得日益重要,因此,撰写毕业论文时应该注意适应社会实践的需要和学科发展的需要。我们撰写毕业论文的过程,也是把所学专业知识渗透于理论联系实际的应用。

第二节　毕业论文的选题

　　毕业论文是大学毕业生的"重头戏",既是其多年学习成果的全面汇报,又是其学术活动的起点,因此其选题,就是对科研课题的选择,即确定学术研究的方向与目标。

　　选题对论文具有重要意义。培根说过:"如果目标本身没有摆对,就不可能把路跑对。"对论文作者而言,选题是否正确、恰当,对以后整个研究工作能否顺利进行,工作有无成果都有着密切的关系。就论文写作过程而言,选题是论文写作中首要的环节,正如科学家希尔伯特所言:"问题的完善提法意味着问题已经解决了一半。"好的选题也是成功的一半。

　　选题本身也是一项科研工作,有一定的原则和方法可供遵循与参考。

一、选题的原则

　　毕业论文的选题,既要考虑客观的要求,选择有科学价值、实践意义的课题,又要考虑作者主观条件,选择有利于展开、易于驾驭和完成的课题。有机地将客观需要与主观条件相结合是选题的基本原则,因此,选题时可从以下几个方面考虑:

　　1.有价值

　　毕业论文写作应追求理论价值与实践价值。理论价值是指对现有的学科或学说的建设与发展有所完善、深化与突破;通过补充、修正使某些理论更系统、更全面、更适应发展中的实践。实践价值是指对现实社会政治、经济、文化生活中迫切需要解决的实际问题有直接的指导与推动作用。注重选题的价值,使之与社会发展的需要相一致,论文才具有现实意义。

　　2.具可行性

　　美国贝尔研究所前所长基赖曾说:"选题草率,如果根本没有实现的可能,选题就等于零。"这是说论文的选题要讲究可行性。可行性是指选题是否符合事物发展的客观规律。违背客观规律的课题,即使主客观条件皆备也不能选择,否则注定以失败告终。另外,可行性还表现在有无较充分的资源保证。物质生产需要资源,精神生产同样需要资源。研究工作所需要的资源包括文献资料、资金、时间和必要的实验设备等。

3.有浓厚兴趣

爱因斯坦曾经说过:"兴趣是最好的老师。"研究兴趣涉及工作积极性问题和灵感问题。对一课题有兴趣,科学研究就变成一种快乐,对资料信息也很敏感,容易发掘出对自己的"有用之物";而且兴趣的产生使大脑中枢处于兴奋状态,容易产生灵感,从而写出有独到见解的、有价值的毕业论文。

4.大小适中、难易恰当

选题的大小难易是相对于作者的主客观条件而言的。选题的时候,一方面要正确估计自己的主观条件,量力而行;另一方面,也要充分考虑客观条件,如时间、资料、技术、理论发展状况等与课题相关的因素。选题太大,不易写得深入透彻,难免失之肤浅;选题太小,没有足够的扩展空间,难以展现自身实力与水平;选题太难,结果可能心有余而力不足,最终也解决不了什么实际问题。

5.专业对口

选择专业对口的课题容易发挥作者的业务专长,反映其科研实力。业务专长是科学研究的基础,选择能充分发挥自己专长的课题,能使研究工作顺利展开,可望取得良好的成果。

二、选题的方法

具体的选题方法多种多样,因人而异。下面几种选题的方法可供参考。

1.选择亟待解决的课题

选择社会生活中没有解决而又亟待解决的课题。这些课题往往具有较高的科学价值或实践意义。古今中外科学史上,许多科学工作者由于把注意力和着眼点集中到社会实践方面,选择课题进行研究,导致了重大发现和发明。如杰出的地质学家李四光针对新中国成立初期,石油远远不能满足我国生产、生活需要的现状,把石油普查勘探作为研究课题,运用自己创立的地质力学理论,指出找油的关键不在于"海相"与"陆相",而是在于"生油"与"储油"的条件。在此理论的指导下,陆续发现了大庆、大港、胜利等一系列大型油田,摘掉了"中国贫油"的帽子,为中国社会的发展做出了巨大的贡献。

2.选择填补空白的课题

选择前人没有研究过的课题,这些课题可能是科学的空白区域,或是不同学科之间的交接地带。恩格斯说:"科学的两门学科的交界处是最有前途的。"控制论创始人维纳和他的同事正是在数学、生物学、神经病学科的边缘交叉地区奠定了控制论的理论基础。维纳曾说:"在科学发展上可以得到最大收获的领域是各科已经建立起来的部门之间的被忽视的无人区。"

3. 选择有争议的课题

这类课题虽然有不少人研究过或者正在研究，但各有所见，以致几种观点并存。研究这种带有争鸣性质的课题，在众说纷纭的情况下，另辟蹊径，提出自己的见解，或者是"择其善者而从之"，补充新的论据，改变论证的方法，使论证更为充分、严密。

4. 选择有矛盾的课题

这里的矛盾是指旧理论与新事实之间的矛盾、这种理论与那种理论之间的矛盾、不同学科之间的矛盾。这些矛盾就是很好的课题，从中可以开辟新的研究方向，还可以纠正和补充前人的理论，使之日臻完善。即使是已成定论的说法或权威们的科研成果，如果发现有矛盾之处、不妥之处，也可以大胆地作为自己的选题。

第三节　材料的搜集与分析

学术论文是描述、总结科研成果的文章。科研过程是一个知识生产的过程，也是一种创造性的思维活动过程。任何科研活动都不是凭空进行的，它必须以前人提供的知识为起点。要进行有价值的科学研究，首先必须全面地获取有关文献信息，及时了解各学科领域中出现的新问题、新理论与新观点。然而随着现代通讯技术的发展，信息高速公路的出现，通过各种媒体、形式与途径传递给人们的信息是铺天盖地、令人目不暇接的。在这信息爆炸的时代，任何一位科学工作者即使夜以继日地阅读有关文献，也只能浏览到5％的与其科研问题有关的文献。因此，能否快速、准确地搜集到所需的资料信息，在很大程度上影响着科研效率。

一、材料的搜集

（一）直接材料的搜集

直接材料又称第一手材料，是通过亲自参加社会实践和科学实验获取的材料。常用的获取直接材料的方法有观察法、访问座谈法、问卷调查法、实验试点法等。方法多种多样，任何一种都不是万能的，每种方法各有其适用的范围及优缺点。选用何种方法获取第一手材料，是由课题的性质、研究思路、研究关键和研究成果的形式决定的。当多种方法都适用于某个课题时，应优先选择效率较高、用时较短、经费较省的方法。一些复杂的课题，一般都将多种方法配合起来使用。

（二）间接材料的搜集

间接材料主要是指从各种文献及计算机网络中获取的第二手材料。

1.通过文献信息检索搜集资料

现代意义的文献根据其出版形式可划分为九类，即图书、期刊、报纸、科技报告、会议文献、专利文献、学位论文、档案文献和政府出版物。

图书是比较成熟的出版物。查找与课题相关的图书可利用图书收藏单位的卡片式馆藏目录、附录式书目或参考文献目录以及检索工具书刊（如综合性书目、专题性书目、征订目录、图书年鉴）等途径。具体而言，查找中文图书可利用《新华书目报——社科新书目》和《新华书目报——科技新书目》（新华书店北京发行所编辑出版）等；查找外文图书可利用 BBIP（British Books in Print）、IBIP（InternationaI Books in Print）及《西文图书联合目录》等。

期刊是各种新知识、新理论与新信息的主要来源。

报纸是了解各方面新动向、掌握各种新信息的最迅速、灵活的信息来源。

期刊和报纸习惯统称为报刊，可供查阅的常用报刊有《复印报刊资料》（中国人民大学书报资料中心）、《全国报刊索引》（上海图书馆）、《全国高等学校社会科学学报总目录》（高等学校社会科学学报编辑部）、《学术文摘卡片》、《新华文摘》、《中国近代期刊篇目汇录》、《国外社会科学论文索引》（中国社科院情报研究所）、RGPL（Readers' Guide to Periodical Literature，美国 Wilson 公司）、IBZ（International Bibliography of Periodical Literature Covering All Fields of Knowledge）等。

科技报告是可获得大量初生情报及某些属于保密的尖端项目资料的重要渠道。

会议文献是准确、及时掌握有关领域发展水平、动向等信息的不容忽视的渠道。可利用中国科学技术情报研究所编辑的《国内学术会议文献通报》、国际协会联合会编辑的《国际会议会议录、论文、报告、近期文摘书目》等来查阅。

专利文献是能及时提供产权信息、大量技术信息的重要信息源。

学位论文是具备选题较深（尤其是硕士、博士论文较为专、深、系统），带有一定的独创性，具有较高参考价值的信息源。可利用论文收藏单位的目录或学位论文数据库（如 CDDB）来查找有关学位论文。

档案文献是直接的历史记录，是许多科研不可缺少的基本资料，也是采用历史法进行调查研究的基础。

政府出版物包括国会记录、司法资料、方针政策、规章制度、公务文件、统计资料、各部门科研报告、技术政策文件等,这些对研究国际问题,了解各国政治形势、经济政策、科技发展具有重要的参考价值。

另外,检索科研所需重要论著的内容梗概,可使用学术性较强的综合性文摘,如《新华文摘》、《高等学校文科学报文摘》、《现代外国哲学社会科学文摘》、《学术文摘卡片》等;查阅各学科的专题摘要还可利用各种期刊式和书本式专题文摘。

利用文献搜集材料的具体方法有顺查法(按文献发表的时间由远及近地搜集材料)、倒查法(按文献发表的时间由近及远地搜集材料)、综合法(按选择的需要,划出一定的时间范围,将顺查法与倒查法综合运用)、追溯法(以文献后所附的参考资料及注释为线索,追溯查找原文)等。到底选用哪种或哪几种方法搜集材料,应结合具体需要灵活选用。

2.利用计算机网络查询信息、搜集材料

从信息资源的角度看,互联网(Internet)是一个集各个领域、各个部门的各种信息资源为一体,供网上用户共享的信息资源网。利用它,用户可以免费享用大量的信息资料,但是要快速有效地查到所需的信息资源,必须知道提供这种资源的计算机的地址。搜索引擎是一种非常有用的信息检索工具,它对于我们查询信息是非常重要的。

目前较为流行的搜索引擎主要有国外的 Yahoo!和 Alta visa,国内的新浪搜索、搜狐搜索、中国教育网的信息检索指南针等。

网上搜索方式主要有两种:一种是按分类索引的主题检索,另一种是关键词检索。通过这些方式,可以获得所需的与课题有关的大量信息材料。

提供几种常用的网站名称以供参考使用:

http:∥www. Yahoo!.com/(雅虎)

http:∥www. Gbchinese. Yahoo.com/(雅虎中文)

http: ∥www. Altavista. com/或 www. altavista. digital. com/(Altavista)

http:∥www.sina.com.cn/(新浪)

http:∥www.google.com.cn /(新浪)

http:∥www.edu.cn/(中国教育网)

http:∥www.nlc.gov.cn/(中国国家图书馆)

http:∥www.lib. Pku.edu.cn /(北京大学图书馆)

http:∥www.Confucius.cn.net/(中国人民大学书报资料中心)

http:∥ www. loc. gov/(美国国会图书馆)。

二、材料的分析

在搜集材料的过程中,材料的分析工作也同时展开,掌握材料的过程就是分析研究的过程。具体地讲,材料的分析过程包括分类、优选、从中提炼观点等活动。

详细占有材料后,要做好材料的分类工作。材料的分类有两种:一是按一定观点,由材料综合而成的观点或以自己拟定的观点,把材料分列编组起来;二是按材料的属性进行分类,例如理论类、事实类、随感类等。

分析材料的目的,是博采众长成一家之言,所以还必须注意材料的优选。在优选材料的过程中,重点应该是选择其精华之处,增补自己的感受;选择其有争议之处,阐明自己的理由;选择其欠缺、不足之处,开拓自己的思路;选择其独到之处,强化自己的创见。

分析材料的目的,主要是从中提炼观点。所以,在具体分析优选出来的材料时,要学会运用科学的思维方法,认真筛选,才能把获得的零散的、表面的、片面的感性材料联系起来,才有可能从中发现未被人认识的新事物、新问题;或从已知事物、问题中探寻出新的性质、答案与意义。分析材料、提炼观点的方法常用的有如下几种。

1. 比较法

比较法就是将两种事物放在一起,通过寻求它们的差异来提炼观点。比较法可分为纵向比较法与横向比较法,运用比较法时应注意所比较事物之间的可比性。

2. 表里法

表里法就是由表及里,用透过事物现象探求蕴含在材料之中的思想的方法。具体可以从两方面入手:一方面通过深挖材料中所蕴含的意义、思想来提炼观点;另一方面对于同一材料,从不同角度予以分析与选择,从中提炼出与课题相关的联系实际的有新意的观点。

3. 逆向思维法

逆向思维法就是以原来顺向思维所获得的结论为起点,反向进行思考,辩证地分析材料,提炼出与众不同的相反的观点。使用这种方法分析材料,往往能够实现突破,有所创新。

4. KJ 法

KJ 法即把所搜集的材料制成的卡片和自己的心得卡片排在一起,按照它们之间的联系和所能解决的问题依次编出小卡片群、中卡片群、大卡片群,然后再把大卡片群与中卡片群、小卡片群排在一起找出联系,组合成新观点,并用图表画出。这种方法实际上是发散思维与收敛思维的综合,它有利于充分利用已有资料并挖掘大脑潜力。

第四节　毕业论文的写作

一、毕业论文的写作程序

毕业论文与其他的学术论文一样,不仅要求论证严密,有较强的逻辑性,而且容量较大,篇幅较长。同时它又可作为衡量个人成绩的重要标志,所以应慎重从事。

一般而言,毕业论文的写作程序是编写提纲、撰写初稿、修改定稿三个步骤。如果是写作学位论文,编写提纲之后,还要进行"开题报告",通过之后,才能动手撰写论文。

(一)编写提纲

编写提纲就是按选题的主旨安排论文的结构层次,根据所掌握的材料,理清思路,考虑如何提出问题,怎样横向展开,分几个方面论证自己的观点;怎样纵向深入,层层递进,水到渠成地得出结论;哪些问题简略交代,哪些问题重点阐释,哪部分运用什么材料等,把这些内容列成纲目。

为了在行文时一气呵成,可把提纲写得尽量详尽些,有全文主要分论点,有分层论证各分论点的细目,还可列出作为事例、资料的名目或出处。

(二)撰写初稿

1.论文的内容

一般包括序论(提出问题)、本论(分析问题)和结论(解决问题)三部分。

(1)序论(前言)。即论文的开头部分,起着引入论题,引发论争,引出论证,统帅全文的作用。常见方法有:或提出问题的背景和意义;或明确观点,概括自己对问题的基本看法;或说明自己研究课题的方法或涉及的范围;或以阐释基本概念、定义、公式、定理等导入;或简要回顾历史,概述他人、前人的有关研究情况,以及本人的补充意见;如果是参加争鸣的,还可以先摆出几种不同的意见,然后简要表明自己的看法;或开门见山提出异议,或纠正阐明发展情况。不论哪种写法都要言简意赅,切合论题。

(2)本论。这是论文的主体,是论文成败的关键。作者在本论部分应依次充分阐述理由、安排论据、展开论证。本论的顺序应考虑事物本身发展的逻辑，也应考虑人们认识事物的规律。

在论证过程中，首先要注意论点准确、鲜明；其次是引用论据必须典型、真实，而且对论据的运用要从不同的角度来论证论点。比如要论证证券监督体制改革的必要性，罗列几个正面事例，就不如举一正一反两个事例更具说服力；罗列许多数据，就不如用一两个有说服力的统计数字说明面上的情况，再用一个典型事例说明点上的情况，这样点面结合，既有广度又有深度。

2.撰写论文的论证方式、方法和要求

论证的方式有两种，一是立论，一是驳论。"立论"就是从正面论证自己观点的正确性。"驳论"就是批驳别人观点的错误，间接证明自己观点的正确。无论"立论"还是"驳论"，实质上都是一种证明，都要进行论证。

论证的方法多种多样，常用的有以下几种。

(1)立论

① 归纳法。归纳法是从许多个别事例中，概括出它们的共同属性，得出一个反映普遍规律的结论的方法。其特点是从个别到一般，符合人类思维活动的规律。毛泽东关于"帝国主义和一切反动派都是纸老虎"的著名论断，就是归纳法论证的。

归纳法由于是从大量事实出发来证明论点的，因此，简洁明了，切实可信，具有较强的说服力。同时，由于运用归纳法总是举出一系列事例，造成表达上的排比句式，可以广文义，壮文势，表现出强烈的感情色彩。

归纳法有"完全归纳法"和"不完全归纳法"两种。"不完全归纳法"又叫"简单枚举法"。完全归纳法的结论是"必然的"；不完全归纳法的结论是"或然的"。

归纳法列举的事例，一要典型，二要真实。要认真分析事例的蕴涵，研究事例与论点之间的必然联系，防止轻率地归纳，以免造成以偏概全的谬误。

② 例证法。例证法就是举例说明的论证方法。通常是作者提出论点，然后选择典型的有代表性的个别事例，加以论证。

例证法与归纳法在逻辑思维形式上并无不同之处，因而容易混淆，其实两者是有区别的。其一，所使用依据的方法有所不同。归纳法先摆出若干事例最后归纳出结论，即是"从个别到一般"；而例证法则先摆出论点，然后以事例证明之。在实际运用上，归纳法虽然有时也会先提出结论，但举完事例后，必然再作归纳，突出结论。其二，例证法举的事例是个别的；而归纳法则必须举出若干事例，从众多的"个别"中找出"一般"，否则，就不成其为"归纳"了。

运用例证法关键在于选例。必须选择典型的有代表性的事例，真实可靠，为人熟知,而且与论点有密切关系。但也要防止以偏概全。

③ 演绎法。演绎法就是根据已知的一般原理,推断个别事物,得出新结论的论证方法。即由普遍性的前提,推出特殊性结论的推理方法。

典型的演绎法,是由"大前提"、"小前提"和"结论"三段组成的,因此,又称为"三段论"。它是利用大前提和小前提内在的必然联系,经演绎推导出新的结论。

运用演绎法,关键在于对作为论据的一般原理,必须全面准确,不可断章取义或曲解原意。其次是作为小前提的特殊事物的属性,必须包括有大前提的一般原理之中。因为公理和名言总是有一定的内容范围的。如果所推断的对象,确在公理、名言的范围之内,推出的结论就可靠,否则,牵强推导,就会出现谬误。

④ 类比法。类比法是类比推理在论证中的应用。它是通过同一类型的事例进行比较论述、证实论点正确的推理方法。这种类比论证有一定逻辑性,结论令人信服。但这是从个别到个别的一种推理,结论的可靠性,取决于前提中所提事物的相同属性与结论之间是否有内在的逻辑联系。联系越紧,逻辑性越强,结论越可靠,否则,结论就不可靠。

⑤ 对比法。对比法又叫对比论证法。它是以事物之间相对或相反的性质进行比较对照作为论据来论证论点的一种论证方法。对比法不同于类比法:类比法是拿相类似之点相比较,意在求同;对比法是拿不同之点比较,意在求异。前者在于显出共性,后者在于显出个性。

⑥ 喻比法。喻比法又叫比喻论证法。即通过打比方的办法,将相似的两种事物进行比较,从而得出新结论的论证方法。喻比法形象生动,深入浅出,易于理解。

⑦ 引证法。引证法又叫"引经据典"法。即通过引用经典著作的言论、众所承认的真理、尽人皆知的成语、格言、谚语等来证明论点的方法。

由于"引经据典"的内容已是公认的真理,无须再加证明,具有较大的权威性和鲜明的理论性,所以,引证法能增加文章的理论色彩,给人以确凿可靠,不容置疑的感觉,有力地支持文章的立论,很有说服力。

(2)驳论

驳论是从反面驳斥别人论证的一种方法。论证是由三种因素构成的,因此反驳也要从这三个方面着手。

① 反驳论点。反驳论点有直接反驳和间接反驳两种。

直接反驳又有两种:一是提出相反的事实,来论证对方的观点是假的。例如反驳"哺乳动物都是胎生的"这个观点，我们可直接举出相反的事实："鸭嘴兽虽然是哺乳动物，却不是胎生的。"所以说"哺乳动物都是胎生的"论点是不能成立的。二是由对方论点推出一个结论来，而这个结论是与事理相违的，荒谬的。例如毛泽东同志在《唯心历史观的破产》一文中直接反驳了"革命的发生是由于人口太多的缘故"这个谬论：

革命的发生是由于人口太多的缘故么？古今中外有过很多革命都是由于人口太多么？中国几千年以来很多次革命，也是由于人口太多么？美国一百七十四年以前的反英革命，也是由于人口太多么？艾奇逊的历史知识等于零，他连美国独立宣言也没有读过。华盛顿杰佛逊之所以举行反英革命，是因为英国人压迫和剥削美国人而不是什么美国人口过剩……蒙古土地那么广大，人口那么稀少，照艾奇逊的道理是不能设想会发生革命的，但是却早已发生了。

间接反驳就是不直接涉及对方错误论点，而是"旁敲侧击"地用间接方法驳斥对方论点，通常使用的方法有两种：一是反证法。即先证明与敌论相反的论点是正确的，然后非此即彼地驳斥敌论，是一种以证明为反驳手段的方法。反证法，可用于立论，也可用于驳论，其特点是：议论在彼，目的在此。运用时，正反论点必须是针锋相对的两个方面，再没有第三种情况。否则，证明了"此"，未必驳倒了"彼"。二是归谬法。又叫引申法。归谬就是导致谬误的意思。归谬法就是先假定对方论点是正确的，并对其作出引申，使其荒谬显示出来，从而将其驳倒。例如斯大林的《马克思主义与语言学问题》一文，驳"语言是生产工具"这个论点时，是这样引申的：

不难了解，假如语言能够生产物质资料，那么夸夸其谈的人就会成为世界上最富有的人了。从这个荒谬的结论，使人立即意识到对方论点的错误。

归谬法是将对方逼进自相矛盾的境地，从而显示出论辩的逻辑力量，使文章犀利、泼辣，带有幽默感和讽刺味。

② 反驳论据。反驳论据就是揭露敌论论据的虚假、荒谬来反驳论点。因为错误的论点往往是建立在虚假的、错误的论据之上的。驳倒了论据，往往就可使其论点站不住脚了。

论据有理论性论据和事实论据，因此，反驳要从两方面着手。或揭露事实论据的虚假，或批驳理论论据的荒谬。这种方法有人称它为"釜底抽薪"法。

③ 反驳论证。反驳论证就是揭露敌论论证方法的错误，揭示其论点和论据之间的逻辑矛盾，使敌论站不住脚。论证方法上的错误多种多样，常见的有：归纳论证中的"以偏概全"，类比论证中的"机械类比"，演绎论证中的"牵强推导"、"偷换概念"、"变换前提"、"循环论证"等，因而反驳论证的方法也多种多

样。

　　（3）论证的要求

　　论证的目的在于揭示论点和论据之间的逻辑联系，所以，论证一定要清晰、严密、合乎逻辑。

　　其次要认真构思论证的结构布局。论证的过程就是组织安排材料的过程。论文的主要材料集中在本论部分，整体结构的基础也落实在本论部分。因此，精巧构思，精心组织安排材料，严密地做好本论部分的论证，对成就整篇文章至关重要。本论部分论证的结构布局，一般有如下四种：

　　① 纵深掘进式格局，即由浅入深，由表及里，如同剥竹笋，一层一层地揭示，直至本质。把握时间坐标，按历史发展过程有规律地开展，这种格局强调论证的深度。

　　② 横扩推波式格局，即由此及彼，不断扩大有关方面的联系，同心协力说明中心论点。在表现形式上，或提出中心论点后，平列各分论点逐一加以论证；或平列各分论点逐一分析后，最后摆出被论证的中心论点。这种格局强调论证的广度。

　　③ 交叉结网式格局，其论证或向纵深掘进，或向横向拓宽。两者在掘进和拓展中互相联络，多重组合，结成有机网络，从多角度多层面论证中心论点，这种格局强调论证的角度。

　　④ 比较立体式格局，把相关事物放在一起加以比较。在比较中显现事物在数量、质量、特征等方面的差别，从而鲜明地树立中心论点。这种格局加强了论证的透明度。

　　论证的四种结构格局，可以单个使用，亦可以某个为主，兼用其他一个、或两个、或三个。无论采用哪个格局论证，都要逻辑严密，层次分明，具有强大的说服力。

　　结论是论文的结尾部分。或针对问题，提出建议；或概括全文内容；或照应序论，升华主旨；或对事物发展前景作预测；或对所论事物的意义或作用作评价。结论是最终的、总体的结论，不是正文中各段的小结的简单重复。

　　语言力求高度凝炼，并具有一定的理论深度。

　　（三）修改定稿

　　初稿写成之后，可以征求指导老师或富有实践经验的同志的意见，自己再反复斟酌，从论点是否正确、鲜明，论据是否准确、真实，论证是否充分；推理是否周密，结构是否严谨、合理，语言是否准确等角度思考，并予以修改，最后定稿。

二、毕业论文的写作格式及要求

我国于 1987 年制定了国家标准《科学技术报告、学位论文和学术论文的编写格式》，对论文写作做了明确的规范要求。毕业论文写作可按此格式编写。

其写作格式包括四大部分：前置部分、主体部分、附录部分、结尾部分。

（一）前置部分

前置部分主要包括封面（标题、署名），封二，题名页（封面上未列出的责任人的情况），序或前言（必要时），摘要，关键词，目次页（必要时），插图和附表清单（必要时），符号、标志、缩略语、首字母缩写、单位、术语、名词等注释表（必要时）。注"必要时"的项目是选择项，以下对论文必备项目作介绍。

1. 标题

它是论文的缩影和代表，对论文内容有重要的提示作用。好的标题，能透射出论文的主要内容，并能引发读者的注意力与兴趣。

论文的论题、标题、论点关系密切，又不尽相同。拟制论文标题，一般可以着眼于两个角度去考虑，因而，论文的标题大致就形成了两种类型：

一种是揭示课题的标题。这类标题所反映的只是文章所要证明的问题，而不涉及作者对问题的看法。论文写作中此类标题居多，使用频率较高。有只写问题，无文种标志类，如《分税制对农业投入的影响》、《金融市场开放与我国股指期货》。有标题前后标明文种的词语类"浅论"、"略论"、"试论"、"论×××"，"浅析"、"刍议×××"，或者"×××论"、"对×××探析"、"对×××分析"、"对×××研究"，与"×××商榷"等，如《现代市场经济中的银企关系分析》、《试论会计信息系统模式及其结构特征》这种形式，便于透视文种，使读者对文章类型一目了然。

另一种是揭示论点的标题。直接反映作者对问题的看法，或者标题概括文章内容要点。如《面对 WTO 中国银行业亟待金融业务创新》、《拓展代理清算业务　提高银行盈利能力》。

2. 署名

学生的论文，通常要写清楚作者的姓名、所在系、年级、班次、学号、指导教师。

在论文上署名，作用有三：一是对作者劳动的承认和尊重；二是表明版权所有；三是规定了相应的责任（法律责任、学术责任和道义责任）。对于毕业论文或学位论文，一般不允许两人或多人在同一篇论文上署名。

指导教师是主要对毕业论文与学位论文而言。在毕业论文、学位论文的写作中,指导教师起主导和指导作用。有些论文从选题到主要思想和相关实验等都有导师的参与指导,为了尊重指导教师的劳动,同时也规定指导教师的责任,一般应在作者之后署上"指导教师:×××"。

3.目录

目录可使读者或学位评审委员会的成员们从中了解论文的主要内容和结构安排,从而对论文的价值作出初步估价。篇幅较短的毕业论文,可以不设目录,但学位论文一般都设目录,并要求目录有三级标题。

4.摘要

摘要又叫内容提要,是对论文基本内容简短精要的介绍,目的在于使读者能先知道全文主要内容和观点的。国际标准化组织(ISO)在 ISO214—1976(E)中把"摘要"一词定义为:对文献内容的准确扼要而不加注释或评论的简略陈述。摘要的作用表现为三个方面:一是为情报人员提供准确无误的文摘;二是供计算机检索使用,缩短读者的检索时间;三是为读者选择文章提供捷径。

摘要的拟写要求简要而不简单,用概括的语言表述课题研究的背景、目的、内容、方法、结果或结论等信息,还可对研究成果作一简要的价值评估。中文摘要一般不宜超过 200~300 字,外文摘要不宜超过 250 个实词。

有两种实用而简易的写法可供参考:一是提纲法,即用概括性的语言把行文之前编写的提纲组成一篇短文,可形成一篇较好的文摘;二是标题法,即以论文中的一级标题为中心,再把二级、三级标题加上一些组织性语言以及能反映出标题之下重点内容的关键词,就可组织成一篇不错的摘要。

5.关键词

关键词是将论文中能表达论文内容特征和属性类别的关键性词语或术语选列出来,它是为文献检索服务的。每篇论文约选 3~8 个关键词,应尽可能利用《汉语主题词表》提供的主题词。关键词的标引次序应根据其含义由大到小、由内容到形式排列,中间用空格隔开,以显著的字符,排在摘要的左下方。

(二)主体部分

主体部分主要包括前言、正文、结论、致谢、参考文献、注释。

1.前言

前言即序论,也称引言、导言、绪言,是毕业论文的开头。

2.正文

正文又称本论,是毕业论文的主体,所有的论点、论据和论证都在这一部分中提出和进行,它是充分表达作者研究成果的部分。

3.结论

结论是整个研究过程的结晶,此部分应措词严谨,文字具体,不用"大概"、"可能"之类的词语。

4.致谢

致谢是对那些在学术论文的研究和写作过程中给予过帮助的人,以书面形式致以感谢,以表示对他人劳动的尊重。

5.注释和参考文献

作者在撰写论文时,或多或少地总要参考引用他人(包括自己过去)的研究成果中的观点、数据和材料等,为表示对他人的尊重,表明作者本人科学而严谨的治学态度,必须对注释和参考资料加以说明。

引用原文的,用注释标示出处;参考有关文献的,要列出参考文献目录。这一方面可以表明论文吸收了哪些已有的成果,表示对已有成果的创造者的谢意,另一方面也可以引导读者进一步研究已有的科研成果。写作格式如下。

(1)注释

注释类型有夹注、脚注和尾注三种。夹注是在正文中用圆括号的方法对注释对象加以解释。脚注就是把解释的内容列于本页的地脚,并用细线与正文隔开。脚注符号可用"＊"号,也可用数字"①……",写在脚注对象的右上角,地脚上每条脚注都要另起一行书写。尾注是把所有需要解释的内容集中列在正文之后的一种注释方法,其符号多用数字"①……","②……","③……"

(2)参考文献

① 报刊杂志

格式:作者名.文章(标题)名.刊物名,出版年份,卷号(期号),页次.

报纸以"①,②,③"标明版页。

② 著作

格式:作者.书名,版次(第几版不标注).出版地:出版者,出版年,页次.

一般参考文献列在文章的结尾页。

(三)附录部分

附录部分是学位论文主体部分的补充项目,而并非一般学术论文的必要项目。论文的写作过程中,有些材料与论文内容相关而又不宜于列入正文,这时可采用附录形式附在论文后面。这些材料可能是有损正文条理性和完整性的材料。篇幅太长的材料,第二手资料或属珍贵罕见的材料,或对本专业同行有重要参考价值的资料,则开列附录一项,"附录"两字居中书写,独占一行,再把相应材料统一编号列出。

（四）结尾部分

必要时为将报告、论文迅速存入电子计算机，可提供有关的输入数据。可以编排分类索引、著者索引、关键词索引等。封三和封底包括版权页。

论文的格式虽具标准化，但并不是绝对的，形式是为内容服务的，因此在拟写毕业论文的过程中，应根据实际需要，写全必备项目。

三、毕业论文的写作要求

1.提高理论水平，敏锐捕捉自己思想的火花

毕业论文是以一定的理论为基础的。作者的理论基础薄弱，决不可能写好论文。因此，提高自己的理论学习尤为重要。加强对马列主义、毛泽东思想、邓小平理论、"三个代表"重要思想和十六大等文献的学习，积蓄专业理论知识。科学的理论知识是我们认识世界的望远镜和显微镜，我们借助这两个镜子，既可从宏观上高瞻远瞩，又可以从微观上探微索隐。人们对事物的认识，常常在习以为常中偶然彻悟，豁然开朗，忽生奇想，这就是所谓思想闪光。思想所闪之光，有时就是一个惊奇的发现。多数闪光，瞬间即逝，人们难以留下深刻印象。但善于捕捉的人，抓住一闪之光，就能孕育一篇有价值的论文。

2.从实践出发，选写自己有兴趣的题目

任何一种文章，都有它的特质。撰写毕业论文，要考虑自己从事的专业、掌握的材料、撰文的能力等客观实际情况。从主观上看，自己应有这方面的兴趣。兴趣是主观改造客观的能动力量。作者根据自己的兴趣选做论文，一般能够全力投入，能够发挥创造性。否则，索然寡味，调动不起积极性，就难写出言必有中的毕业论文来。

3.注重表述，努力加强文章的说服力

写毕业论文，进行科学研究，是向人们阐明作者新认识、新见解的文章。要说服人们相信其观点的正确性。能不能达到这种效果，得依靠论文内容和形式表现的说服力。

首先，论文的论点一定要鲜明，不能模棱两可，一定要让人一目了然，这样才能达到撰写论文的最终目的。同时，一个新的发现必然涉及诸多领域，一篇文章不可能方方面面都论及，必须将最有价值、与众不同的内容重点突出地表述出来，而客观事物有其自身的复杂的规律，揭示这个规律必须有层次地加以表述。因此，条理清楚，层次分明就成为一篇毕业论文的基本要求。

其次，论文的语言要畅达、简练、生动。"畅"指语句要通顺；"达"指用词准确，就是用最贴切、最恰当的词汇，正确地反映客观情况，贴切地表达作者对客

观世界的认识,在此基础上力求简练、生动。那种认为论文的语言总是枯燥乏味的,是一种误解。如果语言准确、通顺,又有形象性,是会有巨大感染力的。

第五节　论文的评定或答辩

论文的评定或答辩是审查毕业论文的一种补充形式,是对论文水平的检验,是评定论文成绩的重要依据之一。其功能包括检验作者创作的真实性,了解作者基本理论和专业知识的掌握情况,锻炼和考察大学生的口头表达能力及应变能力。作为学生,论文答辩也是弥补论文不足或直接与专家们沟通的一个机会。

请教师组织论文评阅或由专家组成审查答辩,通过评定或答辩,可以检验学生的知识掌握情况和科研能力。

答辩中以下问题往往用来检验学生论文写作的真实情况:

(1)你的结论是如何得出的?有什么依据?你的论文创新出处在哪里?

(2)你采用了哪些研究方法?出示你的调查资料。

(3)某专家对此问题有不同观点,你如何看?

……

通过评定,考察学生对自己在论文中引用的理论和方法理解程度如何,同时也检验了学生对所学知识的灵活应用的能力,这样便于对学生科研功底作出实事求是的评价。有的学生写作能力不错,但口头表达能力及应变能力未必合格,需要在答辩时加以考核。

论文的评定或答辩也为学生就观点的进一步陈述和发挥提供机会。当提交论文后学生发现概念、观点、方法在论述方面存在明显的缺陷或不足,或答辩时出现比较大的分歧意见时,学生可以利用答辩的机会补充材料,或作进一步的陈述和发挥,以取得答辩组专家们的理解和认同。为了顺利通过评定或答辩,学生应认真修改誊写清楚论文,做好答辩准备。应对答辩包括:

(1)准备好论文介绍材料,注意分配好介绍论文的时间,最好事先写成书面材料,如果导论写得好,也可以导论为基础作介绍,应重点介绍研究的意义和论文的价值。

(2)准备好展示的材料,如挂图、投影机、胶片、幻灯片等。用多媒体手段介绍论文,既可以节省时间,增加信息密度,又可以加深听众的印象。

(3)准备好与论文有关的参考材料,如专著、报刊杂志等,以便回答专家提问时查阅。

（4）准备好应对专家可能提出的问题。

答辩时不要紧张，要从容沉着。要全神贯注地听取提问，并充满自信，以流畅的语言，得体的语气，谦恭作答。如果对所提问题没有理解清楚，切忌贸然回答，可请对方重复一遍，不可支吾搪塞不懂装懂。要虚心地说明尚未研究透彻的地方，表示今后一定继续认真研究。答辩结束，从容整理材料，礼貌退场。

例文一

金融创新与我国金融业的发展

陈柳钦

（天津市经济发展研究所，天津 300202）

摘要：金融创新推动了我国金融业的蓬勃发展，由于金融市场外部、内部及技术条件的制约，我国金融创新的发展存在自身的缺陷。我国金融创新的理性选择是要突出金融业的制度创新，优化金融市场的结构创新，加强金融机构的体制创新，规范金融衍生工具的品种创新。在注重创新数量的同时重点应放在提高创新质量和科技含量上。

关键词：金融创新　制度创新　金融发展

一、我国金融创新的历史回顾及特点

改革开放以来，我国金融创新的实践内容主要表现为：

（一）金融业务和工具的创新。金融业务从过去单一的银行业务发展为银行、证券、信托、租赁、保险等多种业务并存；银行业务也从传统的存、贷、汇三大业务发展为目前的本外币存款、贷款、结算、信用卡、证券、外汇业务及委托、代理、保管、咨询、评估等多种业务并行。从各类金融机构的负债工具看，先后出现了保值储蓄存款、邮政存款、住房储蓄存款、委托存款、信托存款、信用卡存款、有奖存款、教育储蓄等新品种。从资产业务看，出现了抵押贷款、质押贷款、按揭贷款等。从中间业务看，最具代表性的是银行卡业务，如牡丹卡、长城卡、龙卡、金穗卡、太平洋卡等已成系列。在金融业务方面的创新还有诸如通存通兑、电子汇兑、自动提款机、IC 卡业务等。近年来，我国曾引进了一些金融衍生工具，如外汇期货、股票价格指数期货、认股权证、国债期货、外汇远期和货币互换等，但大部分因法规不完善，过度投机而被迫停止交易，另一些也未形成规模。

（二）金融机构的创新。1979—1983 年，我国恢复和成立了四大国有专业银行和非银行金融机构。1984 年，建立中央银行制度，形成管理与运作相分离的二级银行体系；1986 年，中国第一家以股份制形式组织起来的商业银行——交通银行重新开业；1987 年，第一家由企业集团发起建立的银行——中信实业银行宣告成立；继后，第一家由地方金融机构和企业共同出资的区域性商业银行——深圳发展银行也开始营业；其后，又有十余家类似的股份制商业银行进入我国金融体系。1990 年，中国先后成立了深沪两个证券交易所，而后证券公司在全国雨后春笋般发展起来。1994 年，又成立了三家政策性银行。1995 年，民生银行及北京、深圳和上海的三家城市商业银行成为我国商业银行体系中的新成员。1997 年底，有 74 家城市商业银行开始营业，迄今为止，我国已建立了一个以中央银行为核心、以国有独资商业银行为主体、多种金融机构并存的初步完善的多元化金融机构体系。

（三）金融市场的创新。1986 年 1 月，国务院颁布了《中国人民银行管理暂行条例》，其中规定：为调剂资金头寸，"专业银行之间的资金可以相互拆借"。从这以后，我国拆借市场迅速成长，经过几个阶段的发展，于 1996 年 1 月 3 日启动了全国统一的同业拆借市场。1982 年，人民银行倡导推行"三票一卡"（汇票、本票、支票和信用证），可以说我国票据市场开始萌动，并于 1986—1988 间达到较大规模。1988—1995 年间我国由于各种原因基本停止了票据承兑与贴现活动，1995 年，《票据法》通过并于 1996 年开始在全国推进。1991 年我国国债回购市场运行试点，1996 年以来，回购市场有了跳跃性发展。我国目前已建立了以同业拆借、商业票据和短期的政府债券回购为主的货币市场。在我国资本市场发展中，国债市场是发展最早的一个市场。近二十年来，我国国债的规模从零到数千亿元，其经济性质从"准税收"到真正意义的政府债券，从行政性摊派到基本市场化，从单一的国库券到多样化品种，从单纯的财政手段到财政、货币政策的协调配合工具，都有了长足的发展。1990 年底上海和深圳两地的证券交易所开业，标志着股票市场正式进入我国经济体系，先后创立了 A 股市场、B 股市场、法人股的 STAQ 系统和 KETS 系统，通过十来年的发展，规模不断扩大，结构不断完善。此外，我国还建立了各种类型的外汇零售、批发市场，形成了初步完善的金融市场体系。

（四）金融制度的创新。信用卡的广泛应用，电子资金汇划系统的推广，是货币制度创新的主要表现。在金融管理制度方面，传统的以计划性、行政指令性管理为特征，以直接调控手段为主导的金融管理模式，正在向市场化的、以间接调控手段为主导的金融管理模式转变。对国有商业银行取消贷款限额控制，就是中央银行在信贷管理上向市场化方向靠拢，与国际惯例接轨的实际步骤。在外汇管理方面，1994年后相继实行了人民币汇率并轨和人民币在经常项目下的自由兑换。在投融资制度方面，金融创新改善了融资制度的结构，逐步实现了传统体制下单一主体和渠道的投融资格局向多元化的投融资格局转化。另外，2001年又对国内居民开放了B股市场及将股票上市程序由原来的审批制改为核准制等。

综观我国金融创新的历程，其特点如下：

第一，金融创新的模式为政府主导型。西方发达国家的金融创新是在比较完善的市场经济、金融体系下进行的，因而，其创新主体的动机是适应市场需要绕开管制追求利润的内在驱动力，因此，西方国家的金融创新是市场主导型。而我国市场不完善、金融结构不健全、金融机构体系不完善、内部机构不成熟、金融工具单一、竞争并不激烈。所以，金融主体追求利润和规避管制的欲望较小，市场很难在此前提下自发地进行大规模深层次金融创新，因而，我国目前进行的金融创新的模式主要是政府主导型。

第二，金融创新质量不高。由于我国的金融改革是在一个很低的基础上进行的，必须引进西方国家已有的先进的事物，因此，我国的金融创新范围虽广，但大部分是通过"拿来"的方式进行，单就金融工具的创新而言，85%为拿来的工具。我国现有的金融创新大多放在易于掌握、便于操作、科技含量小的外在形式的建设上，如金融机构的增设、金融业务的扩展等，而对一些势在必改的制度层面的问题，因为难度大，涉及面广，可能对现有制度框架和金融秩序形成较强的冲击力量，则尽可能回避和拖延，不愿采取迅速的创新行动。已面世的一些金融创新措施，也不过是借助了创新的外在形式，内容并没有发生质的变化，离市场化要求甚远。金融创新的主体素质不高、内容肤浅、手段落后使我国金融创新存在"三重三轻"的特点，即重增量，轻存量；重体制外，轻体制内；重金融组织与金融工具，轻金融制度。这势必使金融创新的收益递减。

第三，金融衍生工具的创新大多未成功。西方国家衍生工具的创新占金融创新的相当比重，对金融业的发展经营造成巨大的影响，而我国自改革开放以来，引进的各种衍生工具因种种原因大都中途夭折，究其原因主要有：①市场规范化建设严重不足，缺少必要的法律法规。②衍生市场投机性过高，从市场主体角度看，适当的投机者和套期保值者是市场运行的必需。但投机要有一定的限度，过高则会破坏衍生市场的发展。

二、我国金融创新的制约因素

（一）金融市场外部条件的制约。改革开放以来，我国虽已建立了包括资本市场和货币市场在内的金融市场体系，但还存在不少缺陷：市场主体尚不完善，政府筹资具有超经济强制性质；中央银行独立性不强，调控乏力；国有商业银行未真正商业化，国有企业预算软约束，居民金融风险意识差；市场客体缺乏，市场流动性不足，投资渠道不多，使绝大部分金融资产集中于银行存款；市场结构失衡，货币市场相对资本市场而言，容量小、结构不完善、运作不规范、发展严重滞后，制约了资本市场的进一步发展，加剧了股票市场的投机性和波动性；市场信用基础薄弱，各经济主体间未形成稳定的横向信用关系，违约甚至欺诈行为时有发生，导致金融工具流动性降低，金融风险加大；市场准入和退出机制不健全，一方面业绩好的企业无法进入金融市场交易，不利于资金的有效配置，另一方面，经营亏损、资不抵债甚至违规经营的企业仍然在金融市场上浪费资金，不利于金融风险的逐步消化。

（二）金融机构内部条件的制约。自我国金融改革以来，虽然建立了包括国有四大银行、商业银行、政策性银行和非银行金融机构在内的金融机构体系，也确立了建立现代商业银行和四大国有专业银行向商业银行转变的改革决定。但金融机构体系还存在不少的缺陷：国有商业银行商业化改革仍未取得实质性进展，缺乏商业化经营的产权基础；大量的不良债权存在；银企关系不顺；政策性业务与商业性业务分离不彻底；资本金补充存在问题。非银行金融机构运行很不规范，定位不明确，职能模糊。特别是合作金融机构，未体现其合作性质，而是盲目向商业银行方向发展。金融机构体系功能不健全，缺少能够推动企业资产重组、收购、兼并，为国企改革服务的投资银行；缺乏对中小企业发展起支持、扶持作用的风险型机构；缺乏以中央银行及其他金融机构为基础的体外信用监督体系，未形成规范的企业信用和个人信用档案制度；各专业银行内部无成熟的产业研究部门，从而使贷款无法规避风险；缺乏有利金融稳定的存款保险机构。

（三）金融技术条件的制约。由于我国经济发展水平的限制，我国金融技术还很落后，与西方国家银行业务的电脑化、自动化，经营管理的信息化相比还相距甚远，我国一些金融服务网点还处于十分原始的手工操作状态，我国落后的金融技术必然限制了一些金融产品在我国的推广运用，制约金融创新的发展。

三、我国金融创新的理性选择

（一）突出金融业的制度创新。利用金融制度创新，规范我国金融资产发展的基本思路可分为以下几点：①应构建一整套金融法规并形成一些开放性的金融危机处理机制;②要确保中央银行的完全独立地位,中央银行的金融宏观调控措施应由专家组根据实际经济形势而制定,不受行政干涉;③建立完全意义上的商业银行,允许银行所有制的多样化;④加强监管体系建设,形成中央银行宏观监管、同业工会同向约束、金融机构的自我监管相结合的三级监管体系,确保中央银行宏观调控的有效性。当然,我们不能忽视微观金融主体在金融制度创新中的作用,因为我国政府主导型的金融创新存在明显的缺陷,因此,应注意调动微观金融主体参与制度创新的积极性,发挥它们在制度创新中的作用。微观金融主体还是新制度的接受客体,其对新制度的认可和接受程度,是影响制度创新效果的重要因素。

（二）优化金融市场的结构创新。我国经济的实际证券化率 1996 年和 1997 年分别仅为 4.46% 和 7.55%,不仅与发达国家差距较大,且仅为发展中国家 1987 年平均水平的 1/2,我国资本市场发展远远落后于发达国家及周边发展中国家。现阶段,优化金融资产内部结构应以证券市场上的创新为重点,股票市场的发展,并不排斥金融中介的发展。我国金融中介和股票市场之间有某种程度的互补关系。目前,提高证券化比率的重点应从以下三方面着手:①加快国有股上市流通,国有股数额巨大,不具备条件急于上市会引起股市巨大波动,甚至危及金融安全,可采取企业间相互参股的形式循序渐进发行。②积极构建并完善二级市场,二级市场为中小企业的发展提供了机遇,在促进技术与经济发展方面起着不可低估的作用;条件成熟时可运作三级市场。③形成全国联网的柜台市场,柜台市场的建立为居民与企业的投资与融资提供了新的渠道,一方面促进了金融资产的多样化,另一方面扩大了证券市场的规模。

（三）强化金融机构的体制创新。货币化比率和金融相关率是反映一国经济金融化进程的核心指标,单从衡量我国经济金融化进程的这两个数量指标来看,不少经济学专家得出我国经济金融化进程已结束的结论。但仔细分析其指标的内部结构后,这些比率将大大下降。在金融总资产中有很大一部分是不能流通的国有股和法人股,国有商业银行的巨额呆账也夸大了 M2,这些问题的解决为金融机构的创新提供了空间。为推进国有股、法人股流通上市,可成立一些国有资产管理公司,促进国有企业间相互参股,试图建立专门的国有股流通市场。由于国有企业的借款而形成的国有银行的巨额呆账,在完善已经运行的四大金融资产管理公司的基础上,可成立专门的管理公司,实行"债转股"和"股转债"等的良性循环,优化国有商业银行的不良资产。此外,还应加快信托投资公司、金融租赁公司、企业集团财务公司、保险公司等非银行金融机构的发展,加快试办民营银行等民办金融机构的进程,特别要加大发展中小型金融机构的支持力度,从而形成多元化的金融机构体系,提高我国经济金融化进程的质量。

(四)规范金融衍生工具的品种创新。金融创新的主流是积极的,特别是作为创新金融产品代表的衍生工具有降低成本的明显优势。金融机构利用衍生工具实施其金融战略的成本,一般只是相应标的物货币市场工具的1/10到1/20。作为创新需求主体的企业和金融机构,对降低风险和交易成本的金融创新,仍然存在巨大的需求。但任何事物都难免有其负面影响,金融创新也不例外。世界上因管理不善而进行未授权的衍生工具交易导致亏损倒闭的事件时有发生,如著名的"巴林银行倒闭案"和"大和银行亏损案"等。我国前几年引进的金融衍生工具也因市场规范化建设严重不足、投机猖獗而大多归于失败。因此在我国创新金融衍生工具时,必须加强监管。市场经济条件下金融创新的监管过程,也是监管主体与创新主体之间的博弈过程。不过,这两者也具有统一性,通过持续不断的创新,创新主体获得了创新收益,监管主体通过监管提高了监管水平,创新水平和监管水平都上了一个新台阶。应更新监管理念,加快监管体制创新,缩小监管与创新之间的摩擦,形成一种鼓励和支持金融创新,自动协调和平衡金融创新供求的监管体制安排。在目前我国金融衍生市场发展条件不完善的情况下,金融衍生工具的创新和发展可考虑先从以下几个方面着手:①加快银行传统存贷工具的创新;②在外汇市场上试点远期交易;③选择适当的时机恢复国债期货交易;④积极创造条件推出和创新股指期货、期权交易品种。

另外,我国金融创新在注重创新数量的同时,重点应放在金融创新质量的提高上,充分运用金融数学和金融工程这类强有力的手段和工具,提高金融创新的科技含量。要加大金融网络应用和服务的创新,努力建设网络银行系统,不断完善网络支付结算,充分利用各类网络资源,积极拓展网络金融服务的新天地。

——摘自《经济纵横》2003 年 2 期

【评析】

这篇论文专业性很强,正确地反映客观情况,条理清楚,层次分明,语言表述畅达、简练、生动,读来不受专业羁绊,却能获得不少信息。

当前,如何进一步推进金融创新,促进金融业的发展,是我国经济体制改革的一个重要的理论和实践问题。作者选取了这亟待解决的重大理论和实践问题展开研究,旗帜鲜明地亮出论文观点:"我国金融创新的理性选择是要突出金融业的制度创新,优化金融市场的结构创新,加强金融机构的体制创新,规范金融衍生工具的品种创新,在注重创新数量的同时重点应放在提高创新质量和科技含量上。"贴切地表达作者对客观世界的认识,具有较高的学术价值和较强的现实指导意义。

论文采用并列式标题,揭示了研究的对象。以小标题形式安排全文,序论即"我国金融创新的历史回顾及特点",本论是"我国金融创新的制约因素",结论是"我国金融创新的理性选择"。遵循提出问题、分析问题、解决问题的思维规律,以交叉结网式格局展开论证。序论部分把握时间坐标,按历史发展过程有规律地开展,清晰地综观了我国金融的创新历程。然后以反证法揭示其不足。本论部分从金融市场外部条件、金融机构内部条件、金融技术条件三方面的制约,平列各分论点逐一分析指出我国金融创新发展的缺陷。结论则针对问题和矛盾提出对策。结尾强调论证的角度,进一步提升中心论点。

该论文主要采用了归纳推理及对比、事例论证,条分缕析,通俗明白。论文必备项目齐全,作为毕业论文写作,具有较好的借鉴意义。

例文二

广告语言与社会文化

学　　校:厦门大学
作　　者:阮清钰
年　　级:97级
学　　号:97022013
院　　系:新闻系
专　　业:广告学
指导老师:陈培爱(教授)

摘要:本文论述了广告语言与社会文化之间相互制约、相互影响的辩证关系,主要分两部分论证:从哲学思想、思维模式,民族心理、伦理道德、生活态度等方面,就中国广告语言实例,论证了中国社会文化对广告语言的深刻影响;同时,又从哲学思想、生活观念、消费观念、教育功能、娱乐文化等五方面论证了广告语言对中国社会文化的反作用。

关键词:广告语言　社会文化

引　言

东西方民族的思维模式是各异的。东方人重感情,擅长形象思维,讲究含蓄之美;西方人重理性,重有逻辑思想,注重直率之风。由此表现在语言上,东方人经常有"弦外之音、言外之意",需要揣摩一阵才能领悟;西方人却往往是"说一不二、开门见山",不用沉思片刻即可会意。然而,令人惊异的是,在广告语言方面,东西方的差异却反了过来。中国早期的很多广告乃至现在的一些广告在语言设计方面却并不含蓄、隐喻,而是"王婆卖瓜,自卖自夸";或曰首创,或曰最佳;或曰誉满全球,或曰质量第一;或曰祖传秘方,或曰科学制药;或曰荣获某某金奖,或曰得到××认证,如此夸夸其谈,令人不胜其烦。相反,西方的广告语却常常蕴藉、含蓄,"不着一字,尽得风流",让人作会心之一笑。这到底是怎么回事?

研究的范围与方法

本文是选题式论文,单就此命题而言,研究的范围十分广泛,依我个人看来,可以从三方面进行:

(1)考察社会文化与广告语言之间的辩证关系。即不但要考察社会文化对广告语言的影响,而且要考察广告语言对社会文化的发展所起的影响。

(2)横向考察东西方广告语言的差异及所反映的社会文化差异。即不但要探究中国广告语言所反映的社会文化,而且要讨论中外由于社会文化不同反映在广告语言上的差异。

(3)纵向考察中国不同时期的广告语言与当时社会文化之间的关系,从古今不同的广告语言看出不同时期的社会文化差异,并因此考察现代的广告语言对社会文化的传承与延续以及社会文化对广告语言的影响。

如此庞大的工程,决非三五千字能够尽述。限于本人能力及论文篇幅,本文仅就第一方面作粗浅的研究。

另外需要加以说明的是:

(1)广告语言包括标题、正文、歌曲等形式,为篇幅计,本文引用的多是标题语言。

(2)广告语言日新月异、变化无穷,由于搜集的资料有限,引用的一些资料可能是片面、陈旧的。

本　论

1.广告语言的界定和社会文化的概念说明

广告语言,顾名思义,就是在广告中所运用的语言,从广义上说,就是广告借以传递商品或服务信息的各种符号,包括语言符号和非语言符号(文字语言、声音语音、画面语言、动作语言);狭义的广告语言则是专指广告传播中使用的语言符号,仅仅包括文字语言和声音语言。(转引自林乐腾:《广告语言》)本文所论述的广告语言指的就是狭义上的广告语言。

文化的定义,既有东西之别,又有广狭之分。从广义上说,文化指人类社会历史过程中所创造的物质财富和精神财富的总称;从狭义上说,文化指社会意识形态,以及相应的制度和组织机构。(转引自李建立:《广告文化学》)本文所论述的社会文化采用的是广义上的定义。

一广一狭,我认为:从狭义上研究广告语言,使我们可以看得深入一些,而从广义上界定社会文化,则使我们可以望得宽广一点。当然这是我的一点见解,也是本文加以设定的。

2.广告语言和社会文化的关系之简要概括

广告具有双重属性,即经济属性和文化属性。因此,广告不但是一种经济现象,也是一种社会文化。广告文化是整个文化系统的一个有机组成部分,是历史和传统文化的继承,是现实社会政治文化和经济的折射,是人的本质的对象化。总而言之,广告文化和其他文化样式一样是一种复杂的文化存在。广告语言作为广告架构中的重要组成部分,它受社会文化的影响以及对社会文化的影响都是无需置喙的。

广告语言重要的职能是表现广告、服务广告,同时它也在记录文化、体现文化。本斯但认为,语言影响文化,也受文化影响,但后者的影响比前者大。语言符号和社会文化存在着相互体现的关系,社会文化必然会反映在语言系统中,一种社会结构与人们在这一社会结构中使用语言的方式有着直接的相互联系。一种社会结构会产生一种语言行为,而这种语言行为反过来又影响本来的社会结构。(转引自《语言符号与社会文化》)滴水可见太阳,广告语言是语言系统中的小系统,存在于一定的社会之中、民族之中、人群之中。因此,民族、社会的哲学观念、思维模式、文化心理、道德观念、生活观念、风俗习惯、社会制度乃至政治信仰等都不可避免地会对广告语言产生作用,任何一个社会的广告语言都无不带有该社会文化的痕迹。同时,广告语言"以其鲜明的时代性;深厚的民族性和普遍的人类性的特征,以其宏大的、严谨的、丰富的建构体系和蓬勃旺盛的自身发展态势,给现代社会政治、经济和文化以富有活力的影响"。(转引自李建立:《广告文化学》)

3.社会文化对广告语言影响的主要表现

(1)哲学思想

哲学观即世界观,任何民族、社会都有其独特的对世界的认识和表达,哲学观念曲折而深刻地影响着有关语言的结构和使用,当然也影响着广告语言的运用。

天人合一,这是中国传统哲学的基本观念,但在人类提出"可持续发展战略"的今天,依然有现实的意义。而这种思想在广告创作中,广告语言的设计也常常体现出来。如早期的太阳神口服液广告语——"当太阳升起的时候,我们的爱天长地久";绿的饮料——"自然的饮料,自然的选择";保险公司——"天有不测风云,我有人身保险";爱护绿地——"花草有情人有爱",等等,而这种观念表现最多还是在房地产广告语当中,因为中国人的"风水观"就是天人合一的最佳体现。

另外如阴阳五行、天道元气的物质观,知易行难的知行观,自强不息的运动观,逝者如斯夫的时间观,都是广告界喜闻乐见的素材。如步步高的广告歌曲——"世间自有公道,付出总有回报,说道不如做到,要做就做最好,步步高";爱多 VCD——"我们一直在努力";太阳牌电子表——"成功在于运用时间的精确";银燕牌滑冰鞋——"生命在于运动"。

当代的哲学思想不但是传统的延续,也有西方的融合,尤其是马克思主义哲学的加入。后两者在日常的广告语言中也或多或少有所体现。不必多言,哲学观念对广告语言影响的大小,大家是有目共睹的;然而,哲学观念对广告语言影响的好坏,可能很少有人考虑过。就如我上面所列举的广告语,自然都是比较成功的。但是,需要指出的一点是:现代的哲学观念是三教九流、纷繁复杂的,如果所倚恃的哲学标准不能契合产品的消费群,那么这种文化依托是苍白无力的。所以,我认为关键是要摸准受众心理,揣测他们所信奉的哲学观,联系自身产品可挖掘的哲学内涵,使两者合一,方能完美和谐,否则空白说教,是无谓的。

(2)思维模式

思维是语言的机器,语言来自于思维的外化:语言是思维的载体,思维有赖于语言的表达;思维制约着语言,什么样的思维模式,产生相应的语言表达;同时,语言又影响着思维,什么样的语言表达,折射出相应的思维模式。广告语言是语言的子系统。其受民族、社会的思维模式的影响和制约是不可避免的。

在引言中所提到的那个问题,我认为,一方面是中国的广告界在努力地学习西方,其思维模式逐渐脱离了传统的思维方式的轨道,画虎不成反类犬,而且他们传统的广告观就是"广而告之":让更多的人知道我的产品,是广告的终极目的。因此在广告语言方面,注重语气的平白直露、浅显易懂,强调产品的荣誉奖项、性能之最,尽量抬高自己,甚至欺骗受众。应该指出的是,他们忽视了广告作为一门艺术所应有的技巧，作为一种文化所应有的内涵。

当然，近来大陆广告界也有了一些比较委婉含蓄的广告语言，但是，这些广告语的委婉含蓄，很大一部分是因为产品本身内容的限制。如一些丰乳霜的广告语："没什么'大'不了的"、"做女人'挺'好"。还有一些是利用歧义双关，进行一些性暗示，如有些网站公然写出"上我一次，终身难忘"的广告语，在让人大吃一惊后，明白自己是误解。

曹志耘在《广告语言艺术》一书中也提到："与模糊性、意会性的传统习惯相关，我国很多广告过于忽视语言的精确、严密、明白。特别是在使用标点符号、异体字、同音词、多音词、多义词、模糊词语、歧义结构等方面，表现出严重的自由放任态度，结果使得广告语言词不达意，或者让人不知所云，甚至会让人产生与广告原意完全相反的理解。"

(3)民族心理

民族心理指的是由于历史的、地理的原因，深植于该民族的心理特征和文化性格，这些心理特征和文化性格影响着人们的日常生活和风俗习惯，也制约着人们的语言活动。同时，语言也反映着民族心理特征和文化性格。

重群体、轻个体，这是中国民族的心理特征。现在，面对入世后的挑战，许多中国企业都在打"民族牌"，如长虹——"产业报国"、中华牙膏——"四十年风尘岁月，中华在我心中"，等等，而这种一拥而上，造成"万物被文化之和，九天垂民族之露"的景象，正是中华民族的群体趋向心理作用的结果；一家独创，竞相模仿，而又同行相轻，竞相贬抑。

讲对称、爱整齐，这是中华民族的另一心理特征，广告语的对偶句式正是这种心理特征的最佳体现。如长虹——"太阳最红，长虹更新"；青蛙牌蚊香——"青蛙一现，蚊虫不见"；国内交通安全——"高高兴兴上班去，平平安安回家来"，等等，随处可见，信手拈来。这些对句整齐，琅琅上口，为人们喜闻乐见。但是，近年来这种讲求对偶、注重押韵的广告语热有些降温，有些广告逐渐向日常的白话发展，这也可以看出西方文化思想对中国人心理的影响。当然过分追求这种对称整齐也容易陷入形式主义，以辞害意。但是，作为中国优良的文化传统，我们还是应该在创新中继承，在继承中创新。

图吉利、讨口彩，这也是中华民族共有的文化心理。在我国，有关发财、幸福、美满、子嗣这些内容的语言在广告中比较常见，也比较受欢迎。如金利来领带——"恭喜发财迎新岁，长年好运金利来"；上海步云鞋店"祝君平步青云"；保险公司——"事事保险，岁岁平安"；法国人头马酒——"人头马一开，好事自然来"，等等，都是深谙中国人这种民族心理的典型范例。但是，值得注意的事，一旦这种因名造句、满纸空言成为套路，便收效甚微，令人生厌了。

相对地，避不祥、讳不雅也是中国人的心理特征。与生活、生命有关的带有不祥含义的或者会引起人们不祥联想的语言和有关生理缺陷、某些"不雅"的生理现象以及宗教信仰禁忌的语言在很多场合常常会加以避讳，在广告中，这种语言同样严加禁忌。恩威洁尔阴的电视广告语——"难言之隐，一洗了之"，便相当的委婉含蓄，符合中国人的表达和接受习惯。同时我们也看到一些电视直销广告和报纸的医疗广告，不但毫不顾忌，而且大书特书，实在违背了中国人的言语习惯和文化心理，其广告收效自然可想而知了。

怀旧思乡是中华民族比较突出的一个心理特征。对故乡的依恋，对往事的回忆，对先人旧友的怀念，往往胜过对未来的憧憬。对于身在异乡的游子、漂泊海外的侨胞来说，这种心理更为显著。"南方黑芝麻糊"（小巷篇）和"孔府家酒"（回家篇）的广告便很好地把握了中国人的这种文化心理，创作了极其成功的广告语言。

(4)伦理道德

中华民族重伦理道德。伦理是家庭的生活准则，道德是社会的行为规范。较之法律，它的约束力更为普遍，因此对于语言，它的影响性也十分深远。广告语言的运用自然也不可避免地要受到一定的道德观念的制约。

在中国，儒家思想深入人心，如"仁、义、礼、智、信"，"温、良、恭、俭、让"，"孝、悌、忠、信、礼、义、廉、耻"，"君惠臣忠、父慈子孝、夫和妻柔、兄友弟恭"等伦理道德。

"孝"是中国人最注重的伦理观念。家族本位、血缘关系、孝道观念在中国人的思想意识中根深蒂固。父子关系、夫妻关系、兄弟关系，是一个家庭体系中最基本的构成，要求的是"父慈子孝、兄友弟恭、夫和妻柔"的人际关系。家族本位决定了中国文化伦理至上的原则，孝道观念成为中国传统伦理道德的精粹。孝道思想在广告制作中也多有体现，如××龟鳖丸——"一片龟鳖丸，一片赤子心"；威力洗衣机——"威力洗衣机，献给母亲的爱"；××保险公司——"树欲静而风不止，子欲养而亲不待"。

"诚"是人们最看重的基本道德品质之一。真心诚意、以诚待人、精诚所至、金石为开等都可看出其中中国人交际的地位。而中国传统重农轻商的思想，在人们的心目中，商人、经商往往与奸滑、狡诈、不诚实联系在一起。针对这种情况，我国的广告必须在"诚实"两字上多下功夫，广告语言应该实事求是，坦诚相见。海尔集团的"真诚到永远"，于是赢得广大消费者的好评。相比之下，有些广告的语言有意无意地显得过于虚浮，"恭候光临"的客套话，"誉满全球"的夸张语,结果使本来就存在戒心的中国人对广告产生不信任感甚至反感。

"仁"、"爱"、"礼"等伦理道德也是广告中经常表现的主题,如汇仁肾宝——"仁者爱仁";万家乐——"爱使万家乐":雕牌牙膏(新妈妈篇)——"雕牌牙膏,真情伴你每一天"。

(5)生活态度

生活态度,指的是人们在日常生活中形成的态度和心理,一般包括消费心理、风俗习性、生存要求等。改革开放以来,由于各种思想观念、道德习俗、生活方式频繁接触,剧烈碰撞,特别是西方现代文明的冲击,中国人在保持一些传统的生活态度同时,也发生了急剧的变化。因此,广告宣传需要及时、紧密、准确、恰当地适应人们的生活观念和消费心理。我国的广告是改革开放以后才恢复的,这十多年来中国人在生活观念和消费心理方面的冲突、矛盾、疑惑、改革、适应都在广告语言中得到充分具体的反映。

积极进取,奋发向上是中国人历来的人生态度。执两用中、以和为贵,一直是中国人的处世哲学。《易经》上讲"天行健,君子以自强不息","潜龙勿用,亢龙有悔"。爱多VCD——"我们一直在努力"便是这种精神的体现。

"西化、港化、台化",这是大陆人的一些心理趋势。由于西方物质文明的发达,香港、台湾地区的生活水平高,随着中西各国文化交往的日益深入,随着香港与大陆的关系不断密切,随着海峡两岸的交流日趋频繁,港台文化对大陆的影响也越来越深广。超前消费,提前享受,这是中国人受西方文明生活思想冲击产生的新观念。中国建设银行——"用明天的钱,圆今天的梦"便顺应了这种观念。

4.广告语言对社会文化的反作用

广告语言是社会的时尚语言,因其日重月复、简单易记而深入人心,它对社会文化有继承的一面,同时也有创新的一面;有受其制约的一面,也有影响文化的一面。戈公振在《中国报学史》提到:"广告为商业发展的史乘,亦即文化进步之纪录。人类生活,以科学之发明日趋繁密美满,而广告,即有促进人生与指导人生之功能。"他认为:"广告不仅为工商界推销产品之一种手段,实负有宣传文化和教育群众之使命也。"

我试将语言广告对社会与文化的反作用简单归纳为以下几点:

(1)哲学思想

广告语言对人们的思想启迪也是很深远的。它们可以从日常的用品、无情的生物,去挖掘深沉的哲学概念,更遑论富有人情味的服务项目。

胡适曾经为某人寿保险公司写过这样一则广告:

人寿保险含有两种人生常识：

第一，"人无远虑，必有近忧"，所以壮年要做老年的准备，强健时要作疾病的计划。

第二，"日计不足，岁计有余"，所以细微的金钱，只须有长久的积聚，可以供重大的用度。

在今天我们看来，一是富有哲理意味，又蕴含文学色彩，说理浅显平白，易于接受；同时持论深刻有据，引人深思。值得我们借鉴。

而××热水瓶——"热心永驻"；台湾××涂改液——"人生没有橡皮擦"；新一代格力空调——"冷静处事、清爽待人"。从这些广告中我们可以看到，热水瓶、涂改液、空调都是无情之物，经这样一点化，变得人情味十足，而且哲理深远，回味无穷。

（2）生活观念

生活中，我们触目可见，随耳能听的就是广告语言。它不断重复，令你腻烦；它不断创新，令你瞠目；它简单易记，令你难忘。于是你说话中偶尔也会扯上一两句，写作时也有时敲上一些词，购买时脑袋瓜也会不时有广告语窜动……广告铺天盖地，充斥我们的生活，冲击我们的头脑，让人又爱又恨。

在这里，广告所起的作用不只是单纯地刺激需要，它更为微妙的作用在于改变人的习俗，《妇女》、《家庭指南》以及各种媒体上的广告就开始教导人们如何更好地生活，或者说更好地适应新环境、新地位，如何找到符合身份的生活。最初的变革主要在于行为举止、衣着服饰、饮食和趣味品位等方面。但或早或晚必将在更为根本的方面产生影响，如家庭的结构、儿童和青少年怎样作为社会上独立的消费者、道德观的范式及社会上有关成就、成功的含义。（摘自《全球文化风暴》）

广告语言对人们生活观念的影响于斯可见。如台湾某孕妇装——"挺身而出，展露女性最美的曲线"，我认为对人们的一些观念有改变。怀胎挺肚，本来形象不甚美观，但是此则广告这种带着赞赏的口气，作为一个将要当母亲的人来说，必然会欣喜地认同。另外，如铁达时手表——"不在天长地久，只要曾经拥有"，这种提法真的是新鲜的、违背传统的。然而，它毕竟代表了时代的新观念，适合年轻人的思想。而娃哈哈——"妈妈我要喝"很好地抓住了儿童的心理，运用儿童的语言，形象生动，深受儿童的喜爱。又如凤凰牌自行车——"独立，从掌握一辆凤凰车开始"，很好地表现了年轻人追求自主、要求独立的心声。

广告以强劲之势呼唤，引导着人们为享乐而消费，去消费而享乐，无须苛求,唾手可得,因为孩子"喝了娃哈哈,吃饭就是香",姑娘用了香皂"今年二十,明年十八",孕妇饮了孕宝营养液"产后风采依旧",老人也无须畏老"常饮老来福,再显青春活力",轻轻松松占据了广告文化的主题位置,浪漫优雅构成广告文化的氛围,实用满足界定了广告文化面。(转引自《当代中国大众文化研究》)

(3)消费观念

广告作为生产与消费之间相互沟通的桥梁,主要是通过语言、文字之影响,刺激人们的感觉器官,使商品信息循着感觉到知觉到印象的过程,逐步深入消费者的意识之中,诱发消费者对商品的注意和好感,刺激人们联想使用该商品后的美好情景,使其产生购买的欲望和行动,一起达到推销商品、促进和扩大再生产的目的。因此,广告语言对人们消费观念的影响是毋庸置疑的。广告语言在迎合消费者的心理、习惯以促成销售的同时,也对消费者进行一定的消费引导:灌输了一定的消费概念,提供了时尚的消费文化。

像"只买对的,不选贵的"(雕牌洗衣粉),"我选择,我喜欢"(安踏运动鞋),都对人们的消费观念有所影响,即在于鼓励人们显示个性,坚持自我。又如雀巢速溶咖啡所打出的"即冲即饮"、"味道好极了"的广告,很大程度上改变了人们日常熬煮咖啡的消费观念。

当然,广告传播更多的是求得认同,是强化固有的消费观念,而不是改变。消费者在受到新的消费概念冲击的同时,他们会理性地思考:是接受?是拒绝?美国广告大师大卫奥格威说得好:"消费者不是低能儿……若是你以为一句简单的口号和几个枯燥的形容词就能够引诱他们买你的东西,那你就低估了他们的智能了。他们需要你给他们提供全部信息。"因此,广告在影响人们消费观念时是渐进的,是潜移默化的。

但是,若干年前,由广告催发而掀起的消费热潮几度出现,比如矿泉壶大战所引发的买矿泉壶热潮,以及走至极端的"奇妙换肤霜"掀起的美容消费高潮,后者曾在短时间靠广告创造了一种社会奇观,女性为"旧貌换新颜"的广告语怦然心动,专售柜台人满为患,最终这股热潮以闹剧而告终。我们很容易指斥虚假广告的丧尽天良,也理当提醒消费大众提高辨析能力。广告之为消费文化,造就了消费群体的欲望,培养了消费者通过消费去奉时尚的观念,广告成为消费文化的兴奋剂,广告语言充当消费文化的急先锋,引导着人们依附时尚,追求实用、时髦。

(4)教育功能

被誉为"台湾广告界奇才"的郑智化,在自传中曾讲到使自己弃广告去唱歌的一件事:

那是一个黄昏,我在下班的路上,听到两个小孩子在反复念着我新近撰写的波罗蜜八宝粥的广告词:波爸波妈波哥波姐波弟波妹波罗蜜。我若有所思,终于离开了广告界。(摘自郑智化:《郑智化传奇》)

当时佛祖释迦牟尼在菩提树下看到天上的月亮而顿悟了,郑智化也从儿童吟念的"波罗蜜"而领悟到广告语言在社会中的教育作用,尤其对小孩子有着潜移默化的影响。

当今,大陆广告界出现了一些滥用成语,篡改成语的"换字广告"现象和"修改成语"旋风,使得一些儿童在做作业的时候也出现了类似广告语言中"别字"错误:衣衣不舍、默默无蚊、痔在必得等等。虽然,这种泉心泉意(甘泉天然矿泉水)的服务,默默无蚊(××牌蚊香)的奉献,随心所浴(北燕牌浴箱)的改造,骑乐无穷(金狮自行车)的潇洒,领鲜一步(红梅味素)的变革,在广告语言的创意上,有其独辟蹊径处,有其推陈出新处,但考虑到它的社会影响,造成民族语言的混乱,社会文化的歪曲,尤其是对儿童启蒙的误导,则这种做法实不足法。

倒是小霸王电脑学习机的新编儿歌:"你拍一,我拍一,小霸王出了学习机……"对儿童的启蒙教育非常有效,是很值得借鉴的。当然,广告的教育作用是广泛的,在我们每天接触的广告中医药广告有医理,服装广告有穿着学,牙膏广告告诉我们一些刷牙常识,保健品广告传授我们一些养生之道……

(5)娱乐文化

广告语言式对白现在已经作为一种戏剧语言的表现形式,在许多娱乐节目和电视连续剧中都可见其踪迹。它的对白往往诙谐巧妙,使戏剧富有幽默感,让人一听就知道是广告语言。

如张卫健主演的《小宝与康熙》中的鳌拜被囚禁在地牢中愤恨不已,小宝趁机作了一则地牢广告:

这里环境清幽,鸟语花香,270度无底海景,每天12个时辰的保安,附近有食堂、银行、购物中心、大型的娱乐中心,娱乐中的设施包括有台球、百家乐……应有尽有,月供千把块,真是有户籍的,都可以作屋主。

然而,值得深思的是:广告语言虽然已被广为引用、借鉴,但是这种广告语言模式用得太多太滥,只不过作为电视节目的一折调侃,让人大笑之余,更多的应该是悲哀:广告语言本来是一种力求创新的语言实体,它没有定势,没有常理,走在时代的前面,充当语言的先锋,不能停滞不前,也不能脱离实践。

结语

近年来,中国的广告有了长足的发展,一直梦想着夺标戛纳,走向世界;而外国的广告随着外企进军中国,努力着要征服中国。中国广告注重的是获奖的虚名,而外国广告却看重促销的实际。诚然,中国广告需要的是世界的肯定,来实现"后来居上"的愿望。而外国广告面对着中国的受众,不断地走"入乡随俗"的路子。东西方文化的差异摆在眼前,但任何"中化"或"西化"的讨论都是肤浅的。中国广告不宜妄自菲薄,只走外国路子,那是"老外";也不能夜郎自大,只向本土去挖掘,那是"老土"。我认为,崇洋但不媚外,厚古但不薄今,这是我们应采取的文化态度。广告是东西方交流的使者,语言是文化沟通的手段,广告语言应集东西文化之大成,才能完成沟通交流之使命。

【评析】

阮清钰同学的毕业论文《广告语言与社会文化》,从新的角度论述了广告语言与社会文化之间互相制约、互相影响的辩证关系,不仅从哲学思想、思维模式、民族心理,伦理道德和人生态度等方面阐述了中国社会文化对广告语言的影响,而且还从哲学思想、教育功能、娱乐文化等方面论述了广告语言对中国文化的反作用。

探索广告语言和社会文化之间关系的文章较多,但从正反两个角度,从哲学、思维,心理、伦理、观念、态度、功能等多方面进行系统分析的还不多。广告作为一个主要发挥商业信息传播功能的主要工具,其社会文化功能一直是各界广为关注的课题,广告中所提倡的、鼓励的、支持的或赞成的消费心理和意识,对社会观念和人的思想意识的潜移默化的作用,在媒体越来越发达的今天,广告无处不在、无时不在地影响着人们的消费观念和行为模式。广告语言是观念最直接的表达,对社会文化的意义是广泛而深刻的。作者站在文化角度上系统论述并非是高谈阔论不切实际,而是对我们对广告社会文化作用的理解很有裨益的。

论文作者思路清晰,文字规范,结构严谨,逻辑性较强,理论与实例相结合,有较好驾驭文字的能力,能够表现出作者较宽的知识面和较好的理论分析判断能力,是一篇较为优秀的本科毕业论文。但由于该选题涉及的问题是一个较大课题,作为本科的学位论文未必能面面俱到,因此有待作者今后进一步深入、充实。(厦门大学:陈培爱教授)

附录二

国 务 院 文 件

国发〔2000〕23 号

国务院关于发布《国家行政机关
公文处理办法》的通知

各省、自治区、直辖市人民政府，国务院各部委、各直属机构：

现发布《国家行政机关公文处理办法》，自 2001 年 1 月 1 日起施行。1993 年 11 月 21 日国务院办公厅发布，1994 年 1 月 1 日起施行的《国家行政机关公文处理办法》同时废止。

中华人民共和国国务院
二〇〇〇年八月二十四日
（印章）

附录三

国家行政机关公文处理办法

第一章　总　则

第一条　为使国家行政机关（以下简称行政机关）的公文处理工作规范化、制度化、科学化，制定本办法。

第二条　行政机关的公文（包括电报，下同），是行政机关在行政管理过程中形成的具有法定效力和规范体式的文书，是依法行政和进行公务活动的重要工具。

第三条　公文处理指公文的办理、管理、整理（立卷）、归档等一系列相互关联、衔接有序的工作。

第四条　公文处理应当坚持实事求是、精简、高效的原则，做到及时、准确、安全。

第五条　公文处理必须严格执行国家保密法律、法规和其他有关规定，确保国家秘密的安全。

第六条　各级行政机关的负责人应当高度重视公文处理工作，模范遵守本办法并加强对本机关公文处理工作的领导和检查。

第七条　各级行政机关的办公厅（室）是公文处理的管理机构，主管本机关的公文处理工作并指导下级机关的公文处理工作。

第八条　各级行政机关的办公厅（室）应当设立文秘部门或者配备专职人员负责公文处理工作。

第二章　公文种类

第九条　行政机关的公文种类主要有：

（一）命令（令）

适用于依照有关法律公布行政法规和规章；宣布施行重大强制性行政措施；嘉奖有关单位及人员。

（二）决定

适用于对重要事项或者重大行动做出安排，奖惩有关单位及人员，变更或者撤销下级机关不适当的决定事项。

（三）公告

适用于向国内外宣布重要事项或者法定事项。

（四）通告

适用于公布社会各有关方面应当遵守或者周知的事项。

（五）通知

适用于批转下级机关的公文,转发上级机关和不相隶属机关的公文,传达要求下级机关办理和需要有关单位周知或者执行的事项,任免人员。

（六）通报

适用于表彰先进,批评错误,传达重要精神或者情况。

（七）议案

适用于各级人民政府按照法律程序向同级人民代表大会或人民代表大会常务委员会提请审议事项。

（八）报告

适用于向上级机关汇报工作,反映情况,答复上级机关的询问。

（九）请示

适用于向上级机关请求指示、批准。

（十）批复

适用于答复下级机关的请示事项。

（十一）意见

适用于对重要问题提出见解和处理办法。

（十二）函

适用于不相隶属机关之间商洽工作,询问和答复问题,请求批准和答复审批事项。

（十三）会议纪要

适用于记载、传达会议情况和议定事项。

第三章　公文格式

第十条　公文一般由秘密等级和保密期限、紧急程度、发文机关标识、发文字号、签发人、标题、主送机关、正文、附件说明、成文日期、印章、附注、附件、主题词、抄送机关、印发机关和印发日期等部分组成。

（一）涉及国家秘密的公文应当标明密级和保密期限,其中,"绝密"、"机密"级公文还应当标明份数序号。

（二）紧急公文应当根据紧急程度分别标明"特急"、"急件"。其中电报应当分别标明"特提"、"特急"、"加急"、"平急"。

（三）发文机关标识应当使用发文机关全称或者规范化简称；联合行文，主办机关排列在前。

（四）发文字号应当包括机关代字、年份、序号。联合行文，只标明主办机关发文字号。

（五）上行文应当注明签发人、会签人姓名。其中，"请示"应当在附注处注明联系人的姓名和电话。

（六）公文标题应当准确简要地概括公文的主要内容并标明公文种类，一般应当标明发文机关。公文标题中除法规、规章名称加书名号外，一般不用标点符号。

（七）主送机关指公文的主要受理机关，应当使用全称或者规范化简称、统称。

（八）公文如有附件，应当注明附件顺序和名称。

（九）公文除"会议纪要"和以电报形式发出的以外，应当加盖印章。联合上报的公文，由主办机关加盖印章；联合下发的公文，发文机关都应当加盖印章。

（十）成文日期以负责人签发的日期为准，联合行文以最后签发机关负责人的签发日期为准。电报以发出日期为准。

（十一）公文如有附注（需要说明的其他事项），应当加括号标注。

（十二）公文应当标注主题词。上行文按照上级机关的要求标注主题词。

（十三）抄送机关指除主送机关外需要执行或知晓公文的其他机关，应当使用全称或者规范化简称、统称。

（十四）文字从左至右横写、横排。在民族自治地方，可以并用汉字和通用的少数民族文字（按其习惯书写、排版）。

第十一条　公文中各组成部分的标识规则，参照《国家行政机关公文格式》国家标准执行。

第十二条　公文用纸一般采用国际标准 A4 型（210mm×297mm），左侧装订。张贴的公文用纸大小，根据实际需要确定。

第四章　行文规则

第十三条　行文应当确有必要，注重效用。

第十四条　行文关系根据隶属关系和职权范围确定，一般不得越级请示和报告。

第十五条　政府各部门依据部门职权可以相互行文和向下一级政府的相

关业务部门行文;除以函的形式商洽工作、询问和答复问题、审批事项外,一般不得向下一级政府正式行文。

部门内设机构除办公厅(室)外不得对外正式行文。

第十六条　同级政府、同级政府各部门、上级政府部门与下一级政府可以联合行文;政府与同级党委和军队机关可以联合行文;政府部门与相应的党组织和军队机关可以联合行文;政府部门与同级人民团体和具有行政职能的事业单位也可以联合行文。

第十七条　属于部门职权范围的事务,应当由部门自行行文或联合行文。联合行文应当明确主办部门。须经政府审批的事项,经政府同意也可以由部门行文,文中应当注明经政府同意。

第十八条　属于主管部门职权范围内的具体问题,应当直接报送主管部门处理。

第十九条　部门之间对有关问题未经协商一致,不得各自向下行文。如擅自行文,上级机关应当责令纠正或撤销。

第二十条　向下级机关或者本系统的重要行文,应当同时抄送直接上级机关。

第二十一条　"请示"应当一文一事;一般只写一个主送机关,需要同时送其他机关的,应当用抄送形式,但不得抄送其下级机关。

"报告"不得夹带请示事项。

第二十二条　除上级机关负责人直接交办的事项外,不得以机关名义向上级机关负责人报送"请示"、"意见"和"报告"。

第二十三条　受双重领导的机关向上级机关行文,应当写明主送机关和抄送机关。上级机关向受双重领导的下级机关行文,必要时应当抄送其另一上级机关。

第五章　发文办理

第二十四条　发文办理指以本机关名义制发公文的过程,包括草拟、审核、签发、复核、缮印、用印、登记、分发等程序。

第二十五条　草拟公文应当做到:

(一)符合国家的法律、法规及其他有关规定。如提出新的政策、规定等,要切实可行并加以说明。

(二)情况确实,观点明确,表述准确,结构严谨,条理清楚,直述不曲,字词规范,标点正确,篇幅力求简短。

（三）公文的文种应当根据行文目的、发文机关的职权和与主送机关的行文关系确定。

（四）拟制紧急公文，应当体现紧急的原因，并根据实际需要确定紧急程度。

（五）人名、地名、数字、引文准确。引用公文应当先引标题，后引发文字号。引用外文应当注明中文含义。日期应当写明具体的年、月、日。

（六）结构层次序数，第一层为"一、"，第二层为"（一）"，第三层为"1."，第四层为"（1）"。

（七）应当使用国家法定计量单位。

（八）文内使用非规范化简称，应当先用全称并注明简称。使用国际组织外文名称或其缩写形式，应当在第一次出现时注明准确的中文译名。

（九）公文中的数字，除成文日期、部分结构层次序数和在词、词组、惯用语、缩略语、具有修辞色彩语句中作为词素的数字必须使用汉字外，应当使用阿拉伯数字。

第二十六条 拟制公文，对涉及其部门职权范围内的事项，主办部门应当主动与有关部门协商，取得一致意见后方可行文；如有分歧，主办部门的主要负责人应当出面协调，仍不能取得一致时，主办部门可以列明各方理据，提出建设性意见，并与有关部门会签后报请上级机关协调或裁定。

第二十七条 公文送负责人签发前，应当由办公厅（室）进行审核。审核的重点是：是否确需行文，行文方式是否妥当，是否符合行文规则和拟制公文的有关要求，公文格式是否符合本办法的规定等。

第二十八条 以本机关名义制发的上行文，由主要负责人或者主持工作的负责人签发；以本机关名义制发的下行文或平行文，由主要负责人或者由主要负责人授权的其他负责人签发。

第二十九条 公文正式印制前，文秘部门应当进行复核，重点是：审批、签发手续是否完备，附件材料是否齐全，格式是否统一、规范等。

经复核需要对文稿进行实质性修改的，应按程序复审。

第六章 收文办理

第三十条 收文办理指对收到公文的办理过程，包括签收、登记、审核、拟办、批办、承办、催办等程序。

第三十一条 收到下级机关上报的需要办理的公文，文秘部门应当进行审核。审核的重点是：是否应由本机关办理；是否符合行文规则；内容是否符合国家法律、法规及其他有关规定；涉及其他部门或地区职权的事项是否已协商、会签；文种使用、公文格式是否规范。

第三十二条　经审核，对符合本办法规定的公文，文秘部门应当及时提出拟办意见，负责人批示或者交有关部门办理，需要两个以上部门办理的应当明确主办部门。紧急公文，应当明确办理时限。对不符合本办法规定的公文，经办公厅（室）负责人批准后，可以退回呈报单位并说明理由。

第三十三条　承办部门收到交办的公文后应当及时办理，不得延误、推诿。紧急公文应当按时限要求办理，确有困难的，应当及时予以说明。对不属于本单位职权范围或者不宜由本单位办理的，应当及时退回交办的文秘部门并说明理由。

第三十四条　收到上级机关下发或交办的公文，由文秘部门提出拟办意见，送负责人批示后办理。

第三十五条　公文办理中遇有涉及其他部门职权的事项，主办部门应当主动与有关部门协商；如有分歧，主办部门主要负责人要出面协调，如仍不能取得一致，可以报请上级机关协调或裁定。

第三十六条　审批公文时，对有具体请示事项的，主批人应当明确签署意见、姓名和审批日期，其他审批人圈阅视为同意；没有请示事项的，圈阅表示已阅知。

第三十七条　送负责人批示或者交有关部门办理的公文，文秘部门要负责催办，做到紧急公文跟踪催办，重要公文重点催办，一般公文定期催办。

第七章　公文归档

第三十八条　公文办理完毕后，应当根据《中华人民共和国档案法》和其他有关规定，及时整理（立卷）、归档。

个人不得保存应当归档的公文。

第三十九条　归档范围内的公文，应当根据其相互联系、特征和保存价值等整理（立卷），要保证归档公文的齐全、完整，能正确反映本机关的主要工作情况，便于保管和利用。

第四十条　联合办理的公文，原件由主办机关整理（立卷）、归档，其他机关保存复制件或其他形式的公文副本。

第四十一条　本机关负责人兼任其他机关职务，在履行所兼职务职责过程中形成的公文，由其兼职机关整理（立卷）、归档。

第四十二条　归档范围内的公文应当确定保管期限，按照有关规定定期向档案部门移交。

第四十三条　拟制、修改和签批公文，书写及所用纸张和字迹材料必须符合存档要求。

第八章　公文管理

第四十四条　公文由文秘部门或专职人员统一收发、审核、用印、归档和销毁。

第四十五条　文秘部门应当建立健全本机关公文处理的有关制度。

第四十六条　上级机关的公文，除绝密级和注明不准翻印的以外，下一级机关经负责人或者办公厅(室)主任批准，可以翻印。翻印时，应当注明翻印的机关、日期、份数和印发范围。

第四十七条　公开发布行政机关公文，必须经发文机关批准。经批准公开发布的公文，同发文机关正式印发的公文具有同等效力。

第四十八条　公文复印件作为正式公文使用时，应当加盖复印机关证明章。

第四十九条　公文被撤销，视作自始不产生效力；公文被废止，视作自废止之日起不产生效力。

第五十条　不具备归档和存查价值的公文，经过鉴别并经办公厅(室)负责人批准，可以销毁。

第五十一条　销毁秘密公文应当到指定场所由二人以上监销，保证不丢失、不漏销。其中，销毁绝密公文(含密码电报)应当进行登记。

第五十二条　机关合并时，全部公文应当随之合并管理。机关撤销时，需要归档的公文整理(立卷)后按有关规定移交档案部门。

工作人员调离工作岗位时，应当将本人暂存、借用的公文按照有关规定移交、清退。

第五十三条　密码电报的使用和管理，按照有关规定执行。

第九章　附　则

第五十四条　行政法规、规章方面的公文，依照有关规定处理。外事方面的公文，按照外交部的有关规定处理。

第五十五条　公文处理中涉及电子文件的有关规定另行制定。统一规定发布之前，各级行政机关可以制定本机关或者本地区、本系统的试行规定。

第五十六条　各级行政机关的办公厅(室)对上级机关和本机关下达公文

的贯彻落实情况应当进行督促检查并建立督查制度。有关规定另行制定。

第五十七条　本办法自 2001 年 1 月 1 日起施行。1993 年 11 月 21 日国务院办公厅发布,1994 年 1 月 1 日起施行的《国家行政机关公文处理办法》同时废止。

附录四

中华人民共和国国家标准

国家行政机关公文格式
（GB/T9704—1999代替GB/T9704—1988）

前　　言

本标准根据国务院办公厅发布的《国家行政机关公文处理办法》的有关规定对 GB/T9704—1988 进行修订。本标准相对 GB/T9704—1988 作如下修订：

（1）将原标准名称《国家机关公文格式》改为《国家行政机关公文格式》；

（2）删去原标准中的引言部分；

（3）删去原标准中与公文格式规定无关的一些叙述性解释；

（4）对公文用纸的幅面尺寸作了较大调整，将国际标准 A4 型纸作为公文用纸纸型；删去国内 16 开型纸张的相应说明；

（5）对公文用纸的页边尺寸作了较大的调整；

（6）不设各标识域，而按公文眉首、主体和版记三部分各要素的顺序依次进行说明；

（7）增加了公文用纸的主要技术指标；

（8）增加了印刷和装订要求；

（9）增加了每页正文行数和每行字数以及各种要素标识的字体和字号；

（10）增加了主要公文式样。

本标准中所用公文用语与《国家行政机关公文处理办法》中的用语一致。

本标准为第一次修订。

本标准由国务院办公厅提出。

本标准起草单位：中国标准研究中心、国务院办公厅秘书局。

本标准主要起草人：孟辛卯、房庆、李志祥、刘碧松、范一乔、张荣静、李颖。

1.范围

本标准规定了国家行政机关公文通用的纸张要求、印刷要求、公文中各要素排列顺序和标识规则。

本标准适用于国家各级行政机关制定的公文。其他机关公文可参照执行。

使用少数民族文字印制的公文，其格式可参照本标准按有关规定执行。

2.引用标准

下列标准所包含的条文,通过在标准中引用而构成为本标准的条文。本标准出版时,所示版本均为有效。所有标准都会被修订,使用本标准的各方应探讨使用下列标准最新版本的可能性。

GB/T148—1997 印刷、书写和绘图纸幅面尺寸。

3.定义

本标准采用下列定义。

(1)字 Word

标识公文中横向距离的长度单位。一个字指一个汉字所占空间。

(2)行 Line

标识公文中纵向距离的长度单位。本标准以 3 号字高度加 3 号字高度7/8倍的距离为一基准行。

4.公文用纸主要技术指标

公文用纸一般使用纸张定量为 $60g/m^2 \sim 80g/m^2$ 的胶版印刷纸或复印纸。纸张白度为 85%~90%,横向耐折度≥15 次,不透明度 85%,pH 值为7.5~9.5。

5.公文用纸幅面及版面尺寸

(1)公文用纸幅面尺寸

公文用纸要用 GB/T148 中规定的 A4 型纸,其成品幅面尺寸为:210mm×297mm,尺寸的允许偏差见 GB/T148。

(2)公文页边与版芯尺寸

公文用纸天头(上白边)为:37mm±1mm

公文用纸订口(左白边)为:28mm±1mm

版芯尺寸为:156mm×225mm(不含页码)

6.公文中图文的颜色

未作特殊说明公文中图文的颜色均为黑色。

7.排版规格与印刷装订要求

(1)排版规格

正文用 3 号仿宋体字,一般每面排 22 行,每行排 28 个字。

(2)制版要求

版面干净无底灰,字迹清楚无断划,尺寸标准,版芯不斜,误差不超过1mm。

（3）印刷要求

双面印刷：页码套正，两面误差不得超过 2mm。黑色油墨应达到色谱所标 BL100％，红色油墨应达到色谱所标 Y80％，M80％。印品着墨实、均匀；字面不花、不白、无断划。

（4）装订要求

公文应左侧装订，不掉页。包本公文的封面与书芯不脱落，后背平整、不空。两页页码之间误差不超过 4mm。骑马订或平订的订位为两钉钉锯外订眼距书芯上下各 1/4 处，允许误差±4mm。平订钉锯与书脊间的距离为 3mm～5mm；无坏钉、漏钉、重钉，钉脚平伏牢固；后背不可散页明订。裁切成品尺寸误差±1mm，四角成 90°，无毛茬或缺损。

8.公文中各要素标识规则

本标准将组成公文的各要素划分为眉首、主体、版记三部分。置于公文首页红色反线（宽度同版芯，即 156mm）以上的各要素统称眉首；置于红色反线（不含）以下至主题词（不含）之间的各要素统称主体；置于主题词以下的各要素统称版记。

（1）眉首

1）公文份数序号

公文份数序号是将同一文稿印刷若干份时每份公文的顺序编号。如需标识公文份数序号，用阿拉伯数码顶格标识在版芯左上角第 1 行。

2）秘密等级和保密期限

如需标识秘密等级，用 3 号黑体字，顶格标识在版芯右上角第 1 行，两字之间空 1 字；如需同时标识秘密等级和保密期限，用 3 号黑体字，顶格标识在版芯右上角第 1 行，秘密等级和保密期限之间用"★"离开。

3）紧急程度

如需标识紧急程度，用 3 号黑体字，顶格标识在版芯右上角第 1 行，两字之间空 1 字；如需同时标识秘密等级与紧急程度，秘密等级顶格标识在版芯右上角第 1 行，紧急程度顶格标识在版芯右上角第 2 行。

4）发文机关标识

由发文机关全称或规范化简称后加"文件"组成；对一些特定的公文可只标识发文机关全称或规范化简称。发文机关标识上边缘至版芯上边缘为 25mm。对于上报的公文，发文机关标识上边缘至版芯上边缘为 80mm。

发文机关标识推荐使用小标宋体字，用红色标识。字号由发文机关以醒目美观为原则酌定，但最大不能等于或大于 22mm×15mm。

联合行文时应使主办机关名称在前,"文件"两字置于发文机关名称右侧,上下居中排布;如联合行文机关过多,必须保证公文首页显示正文。

5)发文字号

发文字号由发文机关代字、年份和序号组成。发文机关标识下空 2 行,用 3 号仿宋体字,居中排布;年份、序号用阿拉伯数码标识;年份应标全称,用六角括号"〔〕"括入;序号不编虚位(即 1 不编为 001),不加"第"字。

发文字号之下 4mm 处印一条与版芯等宽的红色反线。

6)签发人

上报的公文需标识签发人姓名,平行排列于发文字号右侧。发文字号居左空 1 字,签发人姓名居右空 1 字;签发人用 3 号仿宋体字,签发人后标全角冒号,冒号后用 3 号楷体字标识签发人姓名。

如有多个签发人,主办单位签发人姓名置于第 1 行,其他签发人姓名从第 2 行起在主办单位签发人姓名之下按发文机关顺序依次顺排,下移红色反线,应使发文字号与最后一个签发人姓名处在同一行并使红色反线与之的距离为 4mm。

(2)主体

1)公文标题

红色反线下空 2 行,用 2 号小标宋体字,可分一行或多行居中排布;回行时,要做到词意完整,排列对称,间距恰当。

2)主送机关

标题下空 1 行,左侧顶格用 3 号仿宋体字标识,回行时仍顶格;最后一个主送机关名称后标全角冒号。如主送机关名称过多而使公文首页不能显示正文时,应将主送机关名称移至版记中的主题词之下、抄送之上,标识方法同抄送。

3)公文正文

主送机关名称下一行,每自然段左空 2 字,回行顶格。数字、年份不能回行。

4)附件

公文如有附件,在正文下一行左空 2 字用 3 号仿宋体字标识"附件",后标全角冒号和名称。附件如有序号使用阿拉伯数码(如"附件:1.×××××");附件名称后不加标点符号。附件应与公文正文一起装订,并在附件左上角第 1 行顶格标识"附件",有序号时标识序号;附件的序号和名称前后标识应一致。如附件与公文正文不能一起装订,应在附件左上角第 1 行顶格标识公文的发文字号并在其后标识附件(或带序号)。

5)成文时间

用汉字将年、月、日标全;"零"写为"○";成文时间的标识位置见 6)。

6）公文生效标识

① 单一发文印章

单一机关制发的公文在落款处不署发文机关名称，只标识成文时间。成文时间右空 4 字；加盖印章应上距正文 2mm～4mm，端正、居中，下压成文时间，印章用红色。

当印章下弧无文字时，采用下套方式，即仅以下弧压在成文时间上；

当印章下弧有文字时，采用中套方式，即印章中心线压在成文时间上。

② 联合行文印章

当联合行文需加盖两个印章时，应将成文时间拉开，左右各空 7 字；主办机关印章在前；两个印章均压成文时间，印章用红色。只能采用同种加盖印章方式，以保证印章排列整齐。两印章间互不相交或相切，相距不超过 3mm。

当联合行文需加盖 3 个以上印章时，为防止出现空白印章，应将各发文机关名称（可用简称）排在发文时间和正文之间。主办机关印章在前，每排最多排 3 个印章，两端不得超出版芯；最后一排如余一个或两个印章，均居中排布；印章之间互不相交或相切；在最后一排印章之下右空 2 字标识成文时间。

③ 特殊情况说明

当公文排版后所剩空白处不能容下印章位置时，应采取调整行距、字距的措施加以解决，务使印章与正文同处一面，不得采取标识"此页无正文"的方法解决。

7）附注

公文如有附注，用 3 号仿宋体字，居左空 2 字加圆括号标识在成文时间下一行。

（3）版记

1）主题词

"主题词"用 3 号黑体字，居左顶格标识，后标全角冒号；词目用 3 号小标宋体字；词目之间空 1 字。

2）抄送

公文如有抄送，在主题词下一行，左空 1 字用 3 号仿宋体字标识"抄送"，后标全角冒号；回行时与冒号后的抄送机关对齐；在最后一个抄送机关后标句号。如主送机关移至主题词之下，标识方法同抄送机关。

3）印发机关或印发时间

位于抄送机关之下（无抄送机关在主题词之下）占 1 行位置；用 3 号仿宋体字。印发机关左空 1 字，印发时间右空 1 字。印发时间以公文付印的日期为准,用阿拉伯数码标识。

4）版记中的反线

版记中各要素之下均加一条反线,宽度同版芯。

5）版记的位置

版记应置于公文最后一页,版记的最后一个要素置于最后一行。

9.页码

用4号半角白体阿拉伯数码标识,置于版芯下边缘之下一行,数码左右各放一条4号一字线,一字线距版芯下边缘7mm。单页码居右空1字,双页码居左空1字。空白页和空白页以后的页不标识页码。

10.公文中表格

公文如需附表,对横排A4纸型表格,应将页码放在横表的左侧,单页码置于表的左下角,双页码置于表的左上角,单页码表头在订口一边,双页码表头在切口一边。

公文如需附A3纸型表格,且当最后一页为A3纸型表格时,封三、封四（可放分送,不放页码）应为空白,将A3纸型表格贴在封三前,不应贴在文件最后一页（封四）上。

11.公文的特定格式

（1）信函式格式

发文机关名称上边缘距上页边的距离为30mm,推荐用小标宋体字,字号由发文机关酌定;发文机关全称下4mm处为一条文武线（上粗下细）,距下页边20mm处为一条武文线（上细下粗）,两条线长均为170mm。每行居中排28个字。发文机关名称及双线均印红色。两线之间各要素的标识方法从本标准相应要素说明。

（2）命令格式

命令标识由发文机关名称加"命令"或"令"组成,用红色小标宋体字,字号由发文机关酌定。命令标识上边缘距版芯上边缘20mm,下边缘空2行居中标识令号;令号下空2行标识正文;正文下一行右空4字标识签发人签名章,签名章左空2字标识签发人职务;联合发布的命令或令的签发人职务应标识全称。在签发人签名章下一行右空2字标识成文时间。分送机关标识方法同抄送机关。其他要素从本标准相关要素说明。

（3）会议纪要格式

会议纪要标识由"×××××会议纪要"组成。其标识位置同4）,用红色小标宋体字,字号由发文机关酌定。会议纪要不加盖印章。其他要素从本标准相关要素说明。

12.式样

A4型公文用纸页边及版芯尺寸见图1；公文首页版式见图2；上报公文首页版式见图3；公文末页版式见图4；联合行文末页版式1见图5；联合行文公文末页版式2见图6。

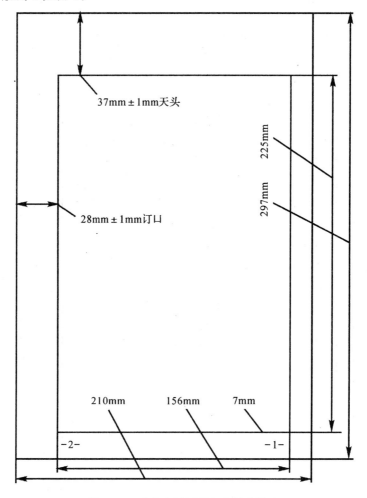

图1　A4型公文用纸页边及版芯尺寸

注：版芯实线框仅为示意，在印制公文时并不印出。

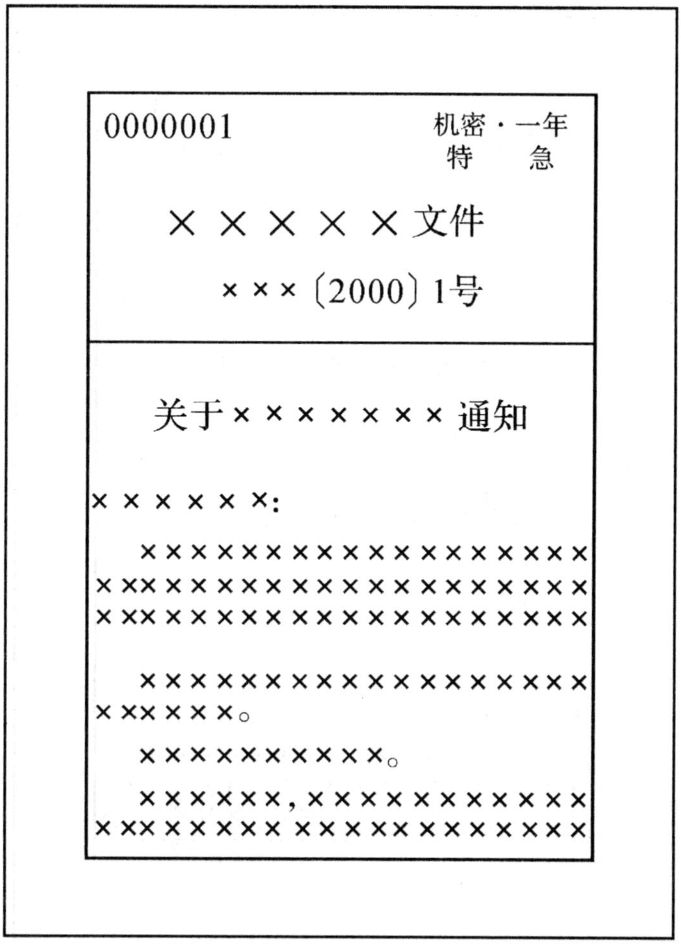

```
0000001                    机密·一年
                           特　　急

            ××××文件

          ×××〔2000〕1号


       关于×××××××通知

× × × × ×:
    × × × × × × × × × × × × × × ×
× × × × × × × × × × × × × × × × ×
× × × × × × × × × × × × × × × × ×

    × × × × × × × × × × × × × × ×
× × × × × ×。
    × × × × × × × × ×。
    × × × × ×,× × × × × × × × × ×
× × × × × × × × × × × × × × × × ×
```

图 2　公文首页版式

注:版芯实线框仅为示意,在印制公文时并不印出。

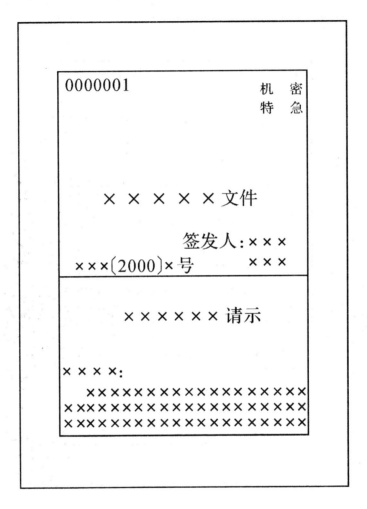

图 3　上报公文首页版式

注:版芯实线框仅为示意,在印制公文时并不印出。

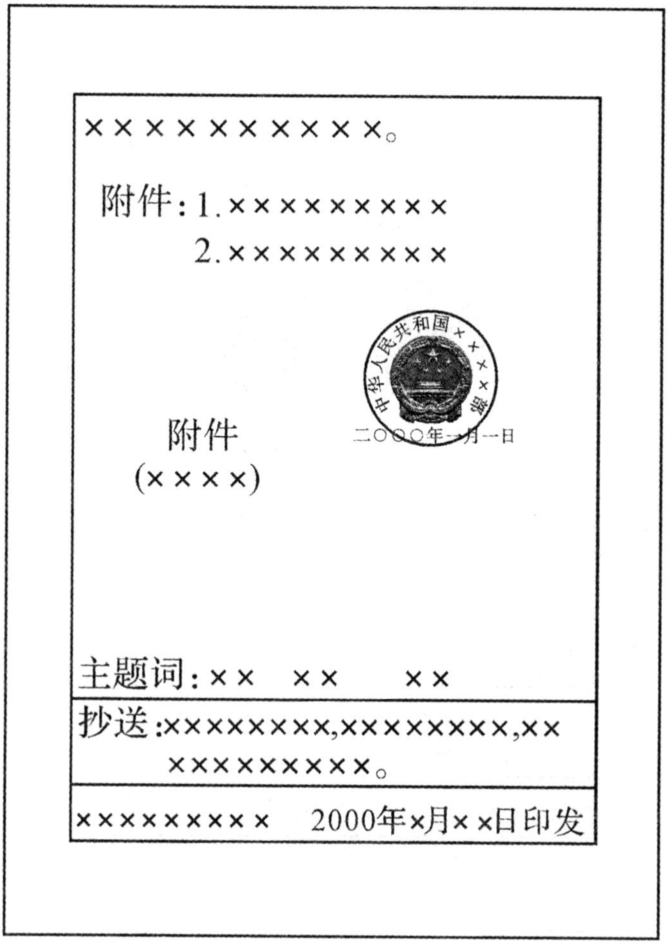

××××××××××。

附件：1.×××××××××

2.×××××××××

附件

（×××）

二〇〇〇年一月一日

主题词：××　××　　××

抄送：×××××××,×××××××,××

×××××××××。

×××××××××　　2000年×月××日印发

图4　公文末页版式

注：版芯实线框仅为示意，在印制公文时并不印出。

××××××××××。

附件:1.×××××××××

2.×××××××××

一〇〇〇年一月一日

主题词:××　　××　　　××

抄送:×××××,××××,××××,××××
×××××××。

×××× 　　　　2000年×月×月印发

图 5　联合行文公文末页版式 1

注:版芯实线框仅为示意,在印制公文时并不印出。

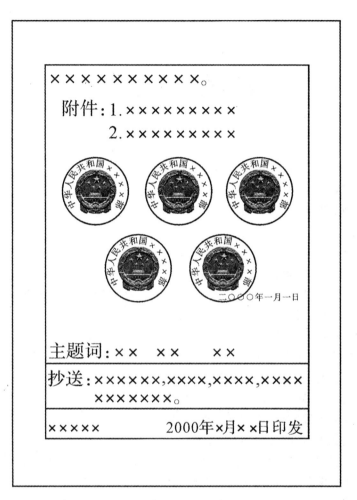

图 6　联合行文公文末页版式 2

注:版芯实线框仅为示意,在印制公文时并不印出。

参考书目

1. 徐玉敏,宫日英.广告语言分析.北京:中国物资出版社,1988
2. 林乐腾.广告语言.济南:山东教育出版社,1992
3. 曹志耘.广告语言艺术.长沙:湖南师范大学出版社,1992
4. 李建立.广告文化学.北京:北京广播学院出版社,1998
5. 厦大外语研究所.语言符号与社会文化.福州:福建人民出版社,1996
6. 陈培爱.文案撰稿人.厦门:厦门大学出版社 1995
7. 黄会林,尹鸿.当代中国大众化研究.北京:北京师范大学出版社,1998
8. 杨志歧.广告语言妙用.武昌:武汉大学出版社,1992
9. 陈原.社会语言学.上海:学林出版社,1983
10. 胡辉杰,黄星海主编.当代财经应用写作.长沙:湖南大学出版社,2002
11. 邱平主编.新编应用文写作.广州:中山大学出版社,2002
12. 洪威雷,王颖主编.应用文写作学新论.武昌:武汉大学出版社,2001
13. 雷仲康主编.财经应用文写作.武昌:华中理工大学出版社,1999
14. 闵庚尧主编.财经应用写作.北京:中国财政经济出版社,2000
15. 喻国明主编.毕业论文精选精评.新闻卷.北京:西苑出版社,2002
16. 黄津孚编著.学位论文写作与研究方法.北京:经济科学出版社,2002
17. 丁柏铨主编.广告文案写作教程.上海:复旦大学出版社,2002
18. 胡晓云著.广告文案写作.杭州:浙江大学出版社,2002
19. 植条则夫(日)著.广告文案策略.上海:复旦大学出版社,1999
20. 高志宏,徐智明著.广告文案写作.北京:中国物价出版社,2002
21. 孙春旻.传媒写作.西安:西北大学出版社,2002
22. 陈果安.实用写作教程.长沙:中南大学出版社,2002
23. 韩景洪,张岳石.新闻采写技巧.济南:山东人民出版社,2002
24. 许有强.常用经济应用文写作教程.上海:立信会计出版社,2002

后 记

本书系《21世纪经济金融类高等职业教育实用教材》之一,在浙江大学出版社和编委会的策划和指导下,由浙江金融职业学院沈培玉主编。参加编撰的有朱新华(概论,第1—6章,19章),许锦云(第7—9章,附录一),董肖曼(第10章,第14—15章),沈培玉(第11—12章,第16—17章),夏慧(第13章),王瑛(第18章,第20—21章),全书由沈培玉拟订大纲并总纂、定稿。本书由浙江省大学语文研究会会长、浙江大学张梦新教授,浙江金融职业学院姜进副教授审定,同时得到浙江金融职业学院教材建设基金专项资助。本书的编写,参阅了国内一些著名专家、学者专著及兄弟院校的教材,参阅了报纸、杂志上的大量文章,在此一并致谢!

作 者

2003 年 6 月 28 日